Werkbuch 9/10

Religion entdecken – verstehen – gestalten

9./10. Schuljahr

Herausgegeben
von Gerd-Rüdiger Koretzki / Rudolf Tammeus

Erarbeitet von:

Hans-Günter Gerhold
Kerstin und Hendrik Heizmann
Martin Rehermann
Carolin Schaper
Kathrin Stoebe

Vandenhoeck & Ruprecht

ISBN 3-525-61479-9

Satz: Text & Form, Garbsen
Druck und Bindearbeiten: Hubert & Co., Göttingen

Inhalt

Folgende Abkürzungen bzw. Symbole werden häufig verwendet:

SB	Schülerband
WB	Werkbuch
Sch.	der/die Schüler/in die Schüler/innen
L.	der/die Lehrer/in die Lehrer/innen
ZM	Zusatzmaterialie
☐	Tafelbild

Vorwort der Herausgeber

Seit dem schlechten Abschneiden deutscher Schülerinnen und Schüler bei der OECD-Studie PISA ist die Krise des deutschen Schulwesens in aller Munde. Eine genaue Durchsicht der umfangreichen deutschen PISA-Untersuchung macht deutlich, dass die hinlänglich bekannten alten bildungspolitischen Rezepte nicht mehr zur Kur taugen. Vielmehr steht das gesamte Reformtableau wieder auf der Tagesordnung der Schulpolitik.

PISA ist die bislang umfangreichste und ausgeklügeltste Bildungsstudie; sie ist wissenschaftlich fundiert. Getestet wurden die Bereiche Lesekompetenz sowie die mathematische und naturwissenschaftliche Grundbildung. In Anlehnung an die angelsächsische *Literacy*-Konzeption testete PISA dabei weniger materiale Wissensbestände als vielmehr Basiskompetenzen, „die in modernen Gesellschaften für eine befriedigende Lebensführung in persönlicher und wirtschaftlicher Hinsicht sowie für eine aktive Teilnahme am gesellschaftlichen Leben notwendig sind". Vielleicht liegt darin *ein* Grund für das schlechte Abschneiden der deutschen Schülerinnen und Schüler, dass in unseren Schulen nach wie vor eher Wert auf Wissensanhäufung als auf Kompetenzerweiterung gelegt wird.

Religious Literacy wurde von PISA nicht getestet. Dass der Religionsunterricht aber wichtige Kompetenzen im Sinne der in PISA untersuchten *Literacy* vermitteln kann, liegt auf der Hand. Schon vor PISA stellte die ‚Arbeitsgemeinschaft Evangelischer Erzieher in Deutschland' im Jahr 2000 fest, dass im Religionsunterricht Kompetenzen vermittelt werden, die die kritische Aneignung eines religiösen Selbstbezuges unterstützen, die Teilhabe an einer von Religion geprägten Kultur gestatten, ethisch verantwortetes Handeln in der Gesellschaft fördern und die Fähigkeit zur Teilhabe an religiöser Praxis ausbilden.

Im Sinne eines umfassenden Bildungsauftrages, dem es um die Bildung des ganzen Menschen geht, nimmt der Religionsunterricht die Dimension des Unbedingten auf und hält das Bewusstsein von der transzendenten Wirklichkeit in der Schule wach. Mit dem Lehrwerk RELIGION ENTDECKEN – VERSTEHEN – GESTALTEN hoffen wir einen spezifischen Beitrag zur Förderung von *Religious Literacy* in deutschen Schulen zu leisten. Der schülerorientierte, erfahrungsbezogene und kommunikative Ansatz unseres Lehrwerkes und die Verschränkung der drei im Titel genannten didaktischen Dimensionen religiösen Lernens bieten dafür eine gute Grundlage.

Schließlich untersuchte PISA zusätzlich die Fähigkeit zum selbstregulierten Lernen als fächerübergreifender Kompetenz. Auch hier schneiden die deutschen Schulen schlecht ab. Das „heimliche Script deutschen Unterrichts" ist nach wie vor eher die Instruktion im Frontalunterricht und das von der Lehrkraft gelenkte fragend-entwickelnde Unterrichtsgespräch als das selbstständige und selbstverantwortete Lernen der Schülerinnen und Schüler. Dringend notwendig ist laut PISA ein neues Nachdenken über die Unterrichtsgestaltung und die Lernorganisation in unseren Schulen. Davon ist auch der Religionsunterricht nicht ausgenommen. Stärker als bisher üblich müssen auch hier differenzierende und individualisierende Lehr- und Lernmethoden erprobt und neben analytischen auch entdeckende sowie handlungs- und produktionsorientierte Unterrichtsverfahren ermöglicht und außerschulische Lernorte in den Unterricht einbezogen werden. Auch die Zusammenarbeit mit anderen Fächern muss intensiviert werden. Dazu bietet das vorliegende Lehrwerk sowohl in der Ideenecke und den Arbeitsaufträgen im Schülerbuch als auch in den Unterrichtsideen im Werkbuch eine Fülle von Anregungen.

Im vorliegenden Lehrwerk ist der Titel RELIGION ENTDECKEN – VERSTEHEN – GESTALTEN Programm:

RELIGION ENTDECKEN: Eine „Religion zu haben" ist für Heranwachsende heute keine Selbstverständlichkeit mehr. Im Religionsunterricht geht es deshalb darum, die vielfältigen „neuen" Formen von Religion in Phänomenen und Problemen der eigenen Lebens- und Alltagswelt Jugendlicher, aber auch die häufig fremd gewordene christliche Religion und ihre Tradition neu oder wieder zu entdecken. Im Kontext ökumenischen und interreligiösen Lernens kommen dabei auch nichtchristliche Religionen durchgehend aus der Binnensicht selbst zu Wort.

RELIGION VERSTEHEN: Das sorgfältig ausgewählte und erprobte Materialangebot schafft Lernsituationen, die auf eine wachsende Kompetenz im Verständnis religiöser Sprach-, Symbol- und Ausdrucksformen hinzielen und solides religiöses Wissen vermitteln. Neben der Erschließung der biblischen Tradition wird auch eine Reflexion der Alltagsreligiosität und ein erstes Verstehen der Nachbarschaftsreligionen angebahnt. Dies ermöglicht das positionelle Gespräch über den religiösen Wahrheitsanspruch.

RELIGION GESTALTEN: Religion wird erfahrbar im gestaltenden Umgang mit ihren Traditionen, Liedern, Symbolen und Ritualen. Erst recht verlangt der weitgehende Wegfall einer familiären und/oder kirchlichen religiösen Sozialisation einen Religionsunterricht, der neben der intellektuell-kognitiven Reflexion von Religion auch die rituell-gestalthafte Dimension berücksichtigt und den Schülerinnen und Schülern ermöglicht, religiöse Sprach- und Ausdrucksformen erprobend zu gestalten.

Die positiven Reaktionen auf die bisher erschienenen Schülerbände für die Klassen 5/6 und 7/8 sowie die dazu gehörigen Werkbücher haben uns ermutigt, auch für die Klassen 9 und 10 auf der Grundlage der dort zugrunde gelegten Konzeption fortzufahren. Auf die ausführliche Darstellung unserer Konzeption durch PETER BIEHL im Werkbuch 5/6 (S. 10–21) sei hier noch einmal nachdrücklich verwiesen. Gerade die Praktiker haben uns in unserer Überzeugung bestätigt, dass der komplexen Situation des Religionsunterrichts heutzutage ein einzelnes religionspädagogisches Konzept nicht mehr gerecht werden kann; diese erfordert vielmehr eine *Verschränkung* verschiedener religionspädagogischer Konzeptionen und didaktischer Strukturen. Der Schülerband 9/10 weist deshalb ebenso wie die bisherigen Schülerbände das von BIEHL geforderte *Zusammenspiel zwischen traditionserschließenden, problemorientierten* und *symboldidaktischen Strukturen* auf.

RELIGION ENTDECKEN – VERSTEHEN – GESTALTEN 9/10 berücksichtigt die von den geltenden Lehrplänen vorgegebenen Themen ebenso wie die Lebenswelt heutiger Jugendlicher. Der Band enthält 12 Kapitel, die aus wiederkehrenden Bausteinen bestehen: Eine EINSTIEGSSEITE präsentiert das Thema mit einem eröffnenden Material, das bereits einen zentralen Aspekt des Kapitels vorstellt. Jedes Kapitel ist so angeordnet, dass jeweils DOPPELSEITEN einen wichtigen Aspekt thematisieren. Dieser wird durch ORIENTIERENDE ÜBERSCHRIFTEN verdeutlicht. Für die Erarbeitung der einzelnen Themen stellt jeder Band ein breit gefächertes Spektrum sorgfältig ausgewählter, unverbrauchter Materialien bereit: Texte, Bilder und Lieder ermöglichen in ihrer Kombination unterschiedliche methodische Zugangs- und Erschließungsweisen. Herausgeber und Autorenteam haben sich bei der Auswahl und Präsentation der Materialien von den oben angesprochenen konzeptionellen Überlegungen leiten lassen. In besonderer Weise waren dabei die folgenden Grundsätze wirksam:

- *Offenheit ohne Beliebigkeit:* Das heißt, mit ihrem jeweiligen unterschiedlichen Aussage- und Bedeutungspotenzial wie auch in ihrer spannungsreichen, Multiperspektivität eröffnenden, Anordnung und Verknüpfung sollen die Materialien zur Auseinandersetzung anregen und positionelle Beliebigkeit verhindern.

- Nur solche Materialien finden Aufnahme, die in unterrichtlichen Situationen und in verschiedenen (altersgleichen) Lerngruppen *praktisch erprobt* sind.
- Alle Materialien werden, soweit nur irgend möglich, *in ihrem ‚Eigenwert'*, d.h. ohne Beschränkung ihres Aussage- und Bedeutungspotenzials, dargeboten.
- Das Lehrwerk soll die Unterrichtenden in ihrer fachlichen und didaktischen Kompetenz *unterstützen*, sie aber *nicht gängeln*. Der Spielraum für eigenverantwortliche Entscheidungen soll durch das Lehrwerk erweitert, nicht eingeengt werden.
- Die Materialien des Lehrbuchs sollen die Schülerinnen und Schüler motivieren und sie zu einer eigenständigen Auseinandersetzung anregen sowie solides fachliches Lernen und Arbeiten ermöglichen.

Diesen Grundsätzen entsprechend

- ▶ werden Bilder möglichst großformatig und – zur Wahrung ihres ästhetischen Eigenwertes – ohne „verräterische“ Angaben, wie etwa des Titels, wiedergegeben.
- ▶ werden religiöse Texte, die der christlichen Religion ebenso wie der Nachbarschaftsreligionen, prinzipiell aus der „Innensicht“ dargeboten.
- ▶ finden sich die Arbeitsvorschläge nicht direkt bei den Materialien selbst, sondern sind bewusst ans Ende des Lehrbuchs gestellt, damit eine Einengung der Perspektiven durch steuernde Vorgaben vermieden und die eigene Auseinandersetzung mit den Materialien offen gehalten wird. Ungeachtet ihrer Platzierung sind die Arbeitsvorschläge integraler Bestandteil der Kapitel und sehr genau auf die Materialien bezogen, zu deren Erschließung sie detaillierte und konkrete Hilfen bieten. Da sie den „Extrakt“ der unterrichtspraktischen Erfahrungen ebenso wie der didaktischen Überlegungen darstellen, wird niemand auf diese Hilfen und Impulse verzichten wollen und können.
- ▶ wird den Unterrichtenden die Möglichkeit offen gehalten, Materialien kapitelübergreifend und in anderen thematischen Zusammenhängen zu verwenden. Querverweise fordern hierzu ausdrücklich auf.
- ▶ bietet die Ideenecke in jedem Kapitel Anregungen zur Weiterarbeit. Hier finden sich insbesondere Impulse für handlungs- und projektorientiertes Lernen, gestaltende Arbeitsformen sowie Hinweise auf außerschulische Lernorte in Stadt, Region und Worldwideweb.
- ▶ sorgt der Abschnitt Zum Festhalten, mit dem jedes Kapitel schließt, für eine Vergewisserung und Festigung des Gelernten. Mit seiner Zusammenstellung zentraler Inhalte, Begriffe, Fragestellungen oder Sachinformationen will dieser Abschnitt zudem deutlich machen, dass auch im Religionsunterricht aufbauendes Lernen, klar konturierte Lerninhalte, vorweisbare, festhaltenswerte Ergebnisse und Fragestellungen sowie eine eigene Fachterminologie ihren festen Platz haben.

Mit den beschriebenen Kapitel-Bausteinen stellt auch der Schülerband 9/10 gewissermaßen ein „selbsterklärendes System“ dar, d.h. er ist grundsätzlich ohne zusätzliche Hilfen und Erläuterungen aus sich heraus für Fachleute verständlich und verwendbar.

Zeitgleich zum Schülerband 9/10 ist das Werkbuch 9/10 erschienen. Es wird eröffnet mit einem Beitrag des Hannoveraner Soziologen und Erziehungswissenschaftlers Prof. Dr. Thomas Ziehe „Von der Notwendigkeit wohl dosierter Fremdheiten in der Schule“, der das Konzept unseres Lehrwerks auf eindrückliche Art und Weise in der Sache bestätigt. Wir sind Herrn Ziehe dankbar, dass er uns diesen Aufsatz für das vorliegenden Werkbuch überlassen hat.

Ziehe geht aus von der These, dass die „Enttraditionalisierung“ in der Gegenwart sich unumkehrbar durchgesetzt hat und dass die Alltagskultur in ihrer Wirkungskraft für die Jugendlichen die traditionale Kultur ersetzt. In dieser Situation bekommt *Fremdheit* eine neue Bedeutung: Sie kann verhindern, dass ein zu schneller Anschluss an die Alltagskultur vorgenommen wird. Nicht Verdoppelung ihrer längst vorhandenen Alltagserfahrungen in die Schule hinein benötigen die Jugendlichen, sondern Gegenerfahrungen, Abstand und Differenz zu ihrer Alltagskultur. Die religionspädagogischen Konsequenzen für den Religionsunterricht bestehen nach Ziehe darin, zu zeigen, dass es nicht nur *eine* Wirklichkeit gibt, Weltzugänge freizulegen und Unsagbares anzusprechen. Mit seinen Inhalten und Fragestellungen ermöglicht der Religionsunterricht die Öffnung für andere Erfahrungen als diejenigen, welche das Alltagsleben und die Alltagshorizonte sowieso bieten.

Ziehes Überlegungen stellen somit eine wertvolle Stütze für einen Religionsunterricht (und für das Konzept des vorliegenden Lehrwerks) dar, der seinen Schüler/innen zwar sehr wohl in pädagogischer Hinsicht emotionale und kognitive „Anschlussmöglichkeiten" bietet, ihnen aber die Zumutung von „wohl dosierter Fremdheit" nicht vorenthält. Mit anderen Worten: Das vorliegende Lehrwerk versucht christliche – und überhaupt religiöse – Überlieferung nicht etwa schamhaft zu verstecken, sondern sieht in dieser weithin fremd gewordenen Tradition ein unersetzliches Potenzial, die engen Grenzen der Alltags- und Popkultur zu überschreiten und den Jugendlichen andere Weltzugänge offen zu halten.

Wertvolle Hilfen und Anregungen für die Unterrichtspraxis bieten darüber hinaus aber besonders Ausführungen der Autor/innen zu den einzelnen Kapiteln des Schülerbandes 9/10:

Der Abschnitt Theologische und Didaktische Aspekte dient der Einführung in das Thema: Hier werden die wesentlichen Sach- und Hintergrundinformationen sowie die biblischen und theologischen Bezüge des Kapitels knapp und übersichtlich dargestellt, die dem/der Unterrichtenden einen schnellen Überblick über das Thema und eine solide Grundlage für die Unterrichtsplanung geben.

Der Abschnitt Intentionen stellt die pädagogisch-didaktischen Überlegungen und Zielsetzungen in konzentrierter Form zusammen. In dem Abschnitt Literatur zur Vorbereitung ist ausschließlich solche Literatur angeführt, die von den Unterrichtenden mit unmittelbarem Gewinn für ihre Einarbeitung in das Thema und für die Vorbereitung ihres Unterrichts herangezogen werden kann.

Den Schwerpunkt jedes Lehrerband-Kapitels bildet der umfangreiche Abschnitt Unterrichtsideen, der detaillierte Erläuterungen zu jedem einzelnen Material des Schülerbandes gibt. Materialbezogene Sachinformationen, differenzierte Bildbeschreibungen usw. werden verknüpft mit methodischen Hinweisen und Anregungen. Außerdem bieten die Unterrichtsideen über das im Schülerband Dargebotene hinaus Alternativen, für die ein eigener Abschnitt zusätzliche Materialien und Medien (ZM) bereitstellt.

Dass der Religionsunterricht – und schließlich auch die Arbeit an einem Lehrbuch – ungeachtet aller Mühen durchaus Vergnügen bereiten kann, dies haben uns auch die Autor/innen dieses Bandes gezeigt. Dafür und für ihre Beharrlichkeit sowie für ihren Elan, der sogar unvermeidbarer Wochenend- und Ferienarbeit standhielt, sagen wir ihnen als Herausgeber Dank.

Dr. Helmut Witte, Göttingen, danken wir für die sorgfältige und kenntnisreiche Beratung bei dem Buddhismus-Kapitel, Katharina Ness für den Beitrag „Kunst im Religionsunterricht". Eine große Hilfe waren uns die sachkundigen Hinweise von Dr. Albrecht Willert, Recklinghausen, der sich, wie schon bei den vorangehenden Bänden, auch diesmal wieder als stets scharfsinniger und aufmerksamer Berater erwiesen hat. Unser Dank richtet sich erneut auch an Prof. Dr. Peter Biehl, dessen religionspädagogische Überlegungen dieses Lehrwerk geprägt haben und der nicht zu Unrecht als „spiritus rector" dieses Unternehmens gilt. Schließlich danken wir dem Verlag Vandenhoeck & Ruprecht, der auch diesen Band mit Engagement und Sachverstand betreut hat.

Göttingen, im März 2002

Gerd-Rüdiger Koretzki / Rudolf Tammeus

Von der Notwendigkeit wohl dosierter Fremdheiten in der Schule

Thomas Ziehe[1]

Die Veränderung der Alltagskultur

1. Die Eröffnung einer Parallelkultur

Jugendliche sind heute in eine Alltagskultur eingebunden, die in sehr hohem Maße von der Populärkultur geprägt ist, also von Videoclips, Filmen, Werbung, Handys, Internet, Outfit-Stilen, Hängehosen, Anglerhüten, Piercing und dergleichen. Diese Alltagskultur erlaubt es Jugendlichen, eine Parallelwelt zur Welt der Eltern und zur Welt der Schule aufzubauen. Es gab natürlich auch schon in früheren Jugendgenerationen das Bestreben, eine Distanz zur Erwachsenenwelt zu errichten, aber dass man als Jugendlicher heute das Angebot vorfindet, ganze eigene Zeichen- und Stilwelten für sich aufzubauen, das ist in der Tat in dieser Verschärfung ein neues Phänomen. Wenn Sie heute ein Teenager-Zimmer betreten, sehen Sie die Wände plakatiert mit „Bravo"-Postern von *Blümchen* bis zu den *Backstreet Boys*; diese Poster sind natürlich kulturindustriell hergestellt und damit hoch standardisiert, aber für die Jugendlichen in diesem Alter sind solche Poster psychisch in sehr intimer Weise besetzt. Das würden Sie spätestens dann mitbekommen, wenn Sie diese Poster einfach einmal abnehmen wollten. Aus der Sicht des betreffenden Mädchens oder Jungen wäre dies ein empfindlicher Eingriff in dessen Eigenwelt. Jugendliche nehmen eine solche Parallelwelt für sich wahr, und sie ist im Grunde der Ort, an dem sie mit den Gleichaltrigen Relevanzen aufbauen, also Maßstäbe für das, was in ihren Augen als wichtig und bedeutsam gilt. Da diese Parallelwelt dezidiert nicht pädagogisch ist, und das natürlich aus der Sicht der Jugendlichen eben deren Attraktivität ausmacht, kann man durchaus Folgendes sagen: Je einflussreicher diese Alltagskultur geworden ist, um so mehr handelt es sich beim Aufwachsen junger Menschen heute um Sozialisation und um so weniger um Erziehung. Es gibt demnach in modernen Gesellschaften ein Mehr an Sozialisation (im Sinne von pädagogisch nicht planbaren Prozessen) und ein Weniger an Erziehung. Die Alltagskultur bekommt in den Lebensstilen der Jugendlichen eine Leitfunktion und eine so starke Legitimität, dass man ohne Übertreibung sagen kann: Sie ist so einflussreich geworden, wie es früher kulturelle Überlieferung bzw. Tradition gewesen ist. Die Alltagskultur ist sozialisatorisch an die Stelle von Tradition und kultureller Überlieferung getreten.

2. Verhandelbarkeit im Alltagsleben

Allerdings funktioniert die Alltagskultur in anderer Weise als früher Tradition und kulturelle

[1] Thomas Ziehe, Jahrgang 1947, ist Professor für Pädagogik an der Universität Hannover.

Überlieferung. Diese waren nämlich *präskriptiv*, also vorschreibend. Sie bestanden aus einem dichten Netz von Normen, Bedeutungen und Regeln, in das man gleichsam hinein erzogen wurde, und dieses Netz beinhaltete unbedingt bindende Verhaltensbestimmungen für alle Situationen: Wie man Erwachsene anredet, wie man um Butter bittet, welche Themen man anschneiden kann, wie man sich selbst vorstellt, usw. Aufwachsen hieß, in sehr dichte und verbindliche Regelsysteme hineinzuwachsen. Im Gegensatz dazu ist die heutige Alltagskultur interessanterweise nicht im gleichen Sinne präskriptiv. Sondern sie ist eher ein relativ offenes Feld, in dem sich die Akteure erst mal verständigen müssen, was in einer Situation „los ist" und worauf es gerade ankommt. Ein typisches Beispiel aus dem Familienleben: Ein Bekannter von mir hat einen achtzehnjährigen Sohn und er erzählte mir die folgende kleine Begebenheit. Er, der Vater des Sohnes, kommt morgens ins Badezimmer, und da ist schon jemand – nämlich ein junges Mädchen im Nachthemd! Und er hat es bisher noch nie gesehen. Nun sind die jungen Leute heute ja überwiegend recht freundlich und so sagt sie: „Ich bin gleich fertig", und er ist – ein bisschen verlegen – wieder herausgegangen. Und dann ruft das junge Mädchen noch hinter ihm her: „Wann gibt's denn eigentlich Frühstück?" Das ist nun eine aufschlussreiche und, wie ich meine, typische Alltagssituation, für die es eben keine festen Regeln mehr gibt. Es dürfte heute nur noch eine verschwindende Minderheit sein, die hierzu sagen würde: Das ist ein eindeutiger Fall von Sünde und damit ein klarer Verbotsfall. Nein, natürlich erkennen wir den jungen Menschen ihr Recht auf Erotik und Sexualität zu, jedenfalls ab einem bestimmten Alter, und das ist ja hier gegeben. Andererseits ist es jedoch für die Eltern nicht ganz akzeptabel, in ihrem Intimbereich (Badezimmer!) derartig „überrumpelt" zu werden. Die kleine Geschichte geht noch einen Schritt weiter: „Ich habe dann später noch mit meinem Jungen geredet", erzählte mir der Vater, „und gesagt, das ist völlig in Ordnung, wenn du ab und zu über Nacht Besuch hast. Aber lieber wäre es uns, wenn du das machtest, wenn wir nicht zu Hause sind." Hier ist der Punkt: Das hätte natürlich früher als noch viel schlimmer gegolten!

Kulturhistorisch gesehen handelt es sich um eine *Veränderung von Situationsdefinitionen.* Vor dreißig oder vierzig Jahren wäre die beschriebene Situation eindeutig als moralischer Konflikt aufgefasst worden. Heute hingegen sagen die Eltern eher, es sei ihnen nicht angenehm, wenn im Nachbarzimmer zu viel Aktivität herrsche. Sie drücken also ein Unbehagen aus, und dieses Unbehagen ist im Kern ein ästhetischer Affekt und nicht ein moralischer. Das heißt für die heutige Alltagskultur: In gewissem Umfange werden früher als moralisch betrachtete Fragen jetzt in einen anderen, einen *ästhetischen* Code überführt. Dass es billigenswert ist, was der Junge anstrebt, das steht nicht zur Debatte; es geht eher um die Umstände, um die Frage, wie der Junge sein Ansinnen so gestalten kann, dass es mit den Interessen der Eltern verträglich ist. Ein weites Feld von Alltagssituationen, das früher moralisch definiert war und präskriptiv verregelt wurde, ist heute sozusagen freigegeben. Das heißt natürlich keineswegs, dass wir heute keine Moral mehr haben. Aber es zeigt, dass wir moralische Kriterien auf sehr viel weniger Typen von Situationen beziehen als früher. Die Frage etwa, wie lang das Haar des Sohnes sein darf, oder die Frage, ab wann die Tochter sich die Nägel lackieren darf, wird eher als Frage der ästhetischen Verträglichkeit unter Zusammenlebenden behandelt.

Jugendliche (und zum Teil auch schon Kinder) sind recht geübt darin, in Konfliktsituationen mit den Erwachsenen darüber zu verhandeln, was „angesagt" ist und welche Regeln künftig gelten sollen. – Ein Kollege von mir bietet nebenberuflich an Schulen pädagogisches Rollenspiel an: Da kommt er dann in die Klasse und hat einen typischen Konflikt konzipiert, der von zwei Rollenspielern argumentativ ausgehandelt werden soll. Der Kollege erzählt mir nun, nicht ganz ohne Ironie, das klappe kaum noch, denn jetzt seien seine Protagonisten meist schon nach neunzig Sekunden mit dem Rollenspiel fertig. Beide sagen nach kürzester Zeit, „Ich sehe das anders, aber wenn du das so siehst, ist es auch okay."

Die heutige Alltagskultur ist also im Unterschied zur Traditionalität nicht mehr vorwiegend präskriptiv, sondern sie bedarf der Interpretations- und der Aushandlungsprozesse, bevor verbindliche Regeln vereinbart werden können.

3. Die Relativierung der Hochkultur

Wenn diese Alltagskultur - mit der massiven Hereinnahme der Populärkultur - so einflussreich geworden ist, dann hat dies einen weiteren Effekt: Die Bedeutung der Hochkultur wird hierdurch in erheblichem Maße relativiert. Früher war die Hochkultur eine Art symbolisches Dach der Gesellschaft, auf das die Menschen sich normativ zu beziehen hatten (oder zumindest so tun mussten, sonst wäre dies für sie rufschädigend gewesen). Damit meine ich nicht, dass sich früher im empirischen Sinne die gesamte Bevölkerung für Hochkultur interessiert hätte. Aber man kann wohl - im Sinne sozialer Geltung - sagen, dass die Hochkultur als ein Symbolbestand fungierte, auf den man sich beziehen musste. Also keine Festrede ohne Goethe-Zitat! Nicht, weil die meisten Menschen Goethe gelesen hätten, aber weil Goethe als Symbol unverzichtbar war. Das hatte erhebliche Effekte bis hinein in alle Bildungsbereiche. Denken Sie nur an die Dankbarkeit, die zu früheren Zeiten Menschen empfunden und ausgedrückt haben, die zunächst biographisch keinen Zugang zu Bildungswissen hatten und denen sich dann nachträglich über einen zweiten Bildungsweg oder die Volkshochschule eine Teilhabe an Bildungsprozessen eröffnete! Solch erleichterte Dankbarkeitseffekte können Sie heute lange suchen. Denn die Situation hat sich radikal geändert. Jetzt hat sich ein viel weiterer Kulturbegriff etabliert, und es wird zur individuellen Option des Einzelnen, inwieweit er sich auf die Hochkultur oder die Populärkultur einlassen möchte. Das frühere Prestigegefälle zwischen Hochkultur und Populärkultur ist heute in einem enormen Ausmaß enthierarchisiert. Wir alle haben heute doch wohl keinerlei Problem damit, an einem Tag in eine Kunstausstellung der Klassischen Moderne zu gehen und anderntags in ein Designmuseum, das die Geschichte der Micky Maus zeigt. Insbesondere höhere Bildungsinstitutionen verstanden sich früher ganz selbstverständlich als Bollwerk gegen die „verderbliche“ Populärkultur. Für einen Gymnasialschüler reichte es ja schon, von einem Lehrer vor dem falschen Kino erwischt zu werden, um erheblichen Ärger zu bekommen. Heute hingegen ist die Populärkultur nicht nur bei Jugendlichen geradezu zur Primärwelt geworden, sie ist flächendeckend und generationsübergreifend „im Bauch der Gesellschaft“ angekommen. Das geht so weit, dass die Hochkultur immer öfter Anleihen bei der Populärkultur machen muss, um noch Zugang zu einem breiteren Publikum zu finden. Auf der Expo in Hannover gab es zum Beispiel ein Konzert der Berliner Philharmoniker mit den *Scorpions*. Oder die drei Tenöre haben ein Konzert auf Mallorca zusammen mit den *Spice Girls* angekündigt. Es gibt also Bestrebungen des Hochkulturbetriebs, Akzeptanz dadurch zu erhalten, dass sie sich streckenweise mit der Populärkultur verbündet, auf die sie früher herabgeschaut hat. Ein positiver Effekt dieser Relativierung der Hochkultur ist, so kann man vielleicht sagen, dass der Einschüchterungsgehalt des Bildungskanons extrem abgenommen hat und dass dadurch Affekte einer Bildungsscham kaum noch auftreten.

Für die Schule ist allerdings ein gravierendes Erschwernis entstanden. Die frühere Selbstverständlichkeit der Hochkultur hatte die Lehrkräfte erheblich entlastet, denn diese konnten den Schülern gegenüber die Botschaft vertreten, nur wer sich in der Hochkultur einigermaßen auskenne, könne sich als im vollen Sinne erwachsen betrachten. Das ist jetzt schwerer geworden. Wenn Sie vor die Klasse treten und im Deutschunterricht zu den Schülern sagen: „Ich finde es wichtig, dass ihr Kafka kennen lernt“, dann gibt es nun immer mehrere Schüler, die sagen werden: „Tut mir wirklich Leid, aber ich fürchte, dieser Kafka gibt mir nichts.“ Und dann stehen Sie da! Nach meiner Erfahrung ist das heute die Kernanstrengung des Lehrerseins: Die Lehrerin oder der Lehrer ist immer in der Position, etwas zu wollen, was die Schüler *wollen sollen*. Und wenn man immer etwas will, was die wollen sollen, ist das doch eine erhebliche Anstrengung. Es ist eine andere Art von Anstrengung als die, den ganzen Betrieb unter dichter Kontrolle zu halten, wie sie die früheren Lehrer sehr beschäftigt hat. Wir haben heute schulpädagogisch auf Selbstmotivierung umgestellt - und das ist auch ein lobenswerter humaner Vorgang - aber es hat wohl niemand geahnt, dass dies ein so aufzehrendes Geschäft würde.

Die Relativierung der Hochkultur führt also einerseits zur Abnahme von Einschüchterungseffekten, aber sie bedeutet andererseits für die Lehrkräfte die Bürde, für alle Unterrichtsthemen „gute Gründe“ finden zu sollen, die für die Schülern in deren Alltagshorizont plausibel sein könnten.

4. Die Relativierung des Sozialen

Einen vierten Aspekt der Veränderung von Alltagskultur sehe ich in der gesteigerten Möglichkeit, subjektive Welten aufzubauen und diesen eine Kompassfunktion für die eigene Welt- und Selbstdeutungen zuzusprechen. Nicht nur, wie eben ausgeführt, die Hochkultur, sondern auch das Soziale relativiert sich – also die Regeln, die Werte, die Vorstellungen, die Konventionen, die eine Gesellschaft hervorgebracht hat. Im Kontext einer modernen Alltagskultur kann jedes Individuum seine eigene subjektive Welt genauso wichtig nehmen wie die Geltungssphäre des Sozialen. „Ich seh′ das aber so“, heißt nicht umsonst der Vortrag, der diesem Text zugrunde liegt. Die alltagstypische Formulierung soll Ausdruck dafür sein, dass für jeden Einzelnen die subjektive Welt eine Referenz darstellen kann, die gleichberechtigt neben der sozialen Außenwelt steht.

Ich habe kürzlich eine kleine Streitszene mitbekommen: Eine Mutter setzte sich recht heftig mit ihrer widerstrebenden siebenjährigen Tochter auseinander, und die Tochter stampfte mit dem Fuß auf die Erde und empörte sich: „Kann ich nicht mal mein eigenes Leben leben?!“ Ich will damit sagen: Die sozialen Regeln können vom Einzelnen aus einer subjektiven Distanzposition wahrgenommen werden. Sie sind nicht mehr im gleichen Sinne fraglos und identitätsnah, wie es etwa die eigene Muttersprache ist, sondern man kann das Soziale auf Distanz stellen und der subjektiven Eigenwelt ein höheres affektives und kognitives Gewicht geben.

Auch für die Adoleszenz hat das tief gehende Folgen. Die Kultur wirkt in diesem veränderten Kontext nicht mehr in erster Linie über Verbote, strenge Regelsysteme und Tabus auf die Individuen ein. Natürlich erfährt der einzelne Jugendliche noch Verbote, aber sie machen nicht mehr den Kernkonflikt der Adoleszenz aus. Das frühere adoleszente Grunderleben – „Ich bin umstellt von einem allgegenwärtigen *Das darfst du nicht!*“ – hat sich hin zu anderen Konfliktzonen verschoben. An die Stelle des kulturellen Über-Ichs, das eine stets mitlaufende Selbstzensur auferlegte, treten nun kulturelle Selbst-Ideale, die dem Individuum eher nahe legen, wie es sein könnte oder werden möchte – kommunikativ, beliebt, erfolgreich, bewundert usw. Solche Idealbilder, die die Individuen aus dem Symbolmaterial der heutigen Kultur für sich errichten, werden zur vorrangigen Quelle psychischer Konflikte. Diesen Idealbildern nicht zu genügen, evoziert Schamgefühle und Selbstwertverletzungen. Weniger jedoch den „klassischen“ adoleszenten Schuldkonflikt zwischen dem eigenen Begehren und den kulturellen Tabus und Verboten. Es treten, vereinfacht gesagt, an die Stelle von Verbots- und Schuldkonflikten in gewisser Hinsicht Konflikte mit unerfüllten Selbstidealen und Anerkennungswünschen. Sozialtheoretisch drückt sich in der Gewichtsverschiebung vom Verbot zum Ideal eine begrüßenswerte Liberalisierung unserer Alltagverhältnisse aus.

Weite Bereiche der früheren Sozialkontrolle sollen nun durch psychische Selbstkontrolle ersetzt werden. Dies aber bedeutet im Endeffekt lediglich eine psychostrukturelle *Verlagerung* von Leidenspotenzialen – und keineswegs deren Ermäßigung.

Folgen für die Schulkultur

1. Die Erosion von Kanon, Aura und Askese

Eine gewisse Basisliberalität von Schulleben und Unterricht ist heute Teil des Normalmodells von Schule geworden Diese Basisliberalität empfinden Schüler nicht mehr als ein Geschenk. Das hat natürlich Folgen für die Rezeption der Lehrerstile durch die Schüler. Der liberal-progressive Typus hat auf Grund der veränderten Konstellation bei den Schülern nicht mehr den gleichen Startvorteil wie vor dreißig oder zwanzig Jahren, als er sich vorteilhaft von seiner eher konservativen

Kolleginnen und Kollegen unterscheiden konnte. Heute bleiben Dankbarkeitseffekte gegenüber der schulischen Liberalisierung eher aus.

Damit will ich nun nicht dafür plädieren, solche Liberalisierung wieder zurückzunehmen. Aber die Haltung vieler Pädagogen meiner Generation, die explizite oder implizite Botschaft „Ihr wisst ja gar nicht, was wir früher alles für euch erkämpft haben", – diese Haltung hat keine Rezeptionsbasis mehr. Die Jugendlichen verstehen sie nicht oder reagieren sogar mit heftiger Abwehr. Sie erleben die unaufhörliche, allgegenwärtige Enttraditionalisierung ganz alltäglich, und sie sehen keinerlei Grund, das zu feiern. Sie sind aber auch nicht dagegen.

Diese Verlagerung affektiver Generationslagen hat sich auch deutlich in der Veränderung der Schulkultur niedergeschlagen. Drei tragende Säulen der älteren Schulkultur – so möchte ich es einmal bündig nennen – sind durch diese Prozesse abgeschliffen worden. Zum einen hat die ältere Schule von der Wirkkraft eines *Kanons* gelebt, der kulturell fest verankert gewesen war, man könnte fast sagen, der so verstanden wurde, als sei er geradezu metaphysisch gegeben. Diesem Kanon wurde eine nahezu übergeschichtliche Geltung angesonnen, die an die Intentionen der späteren Curriculum-Diskussion noch gar nicht denken ließ; jedenfalls war es noch vollkommen außerhalb des Möglichkeitshorizonts der damaligen Gesellschaft, diesen Kanon als etwas zu betrachten, das problematisiert, reflektiert und intentional verändert werden könnte. Kurzum, der Erfahrung von Kontingenz, die heutzutage alle kulturellen Sinnbereiche zu Artefakten macht, die so oder auch anders sein könnten, war der Kanon noch nicht ausgesetzt.

Als zweite tragende Säule der älteren Schulkultur betrachte ich eine spezifische *Aura*, die die Schule als Institution und als symbolisches Feld ausstrahlte: eine Atmosphäre, die symbolisch für einen umfassenden und in die Poren aller Situationen eindringenden Respekt vor der Erwachsenenwelt stand. So erinnere ich mich beispielsweise, dass ich während meiner gesamten Schulzeit am Gymnasium nicht ein einziges Mal im Lehrerzimmer gewesen bin. Dort durfte man als Schüler nicht hinein. Ihm vorgelagert war der so genannte Verwaltungstrakt, und selbst dort sollte man sich nur sehen lassen, wenn man wirklich gute Gründe hatte. Als Schüler ließ mich das annehmen, das Lehrerzimmer müsse so etwas wie das Gehirn oder das geheime Sinnzentrum der Schule sein. Und diese Vorstellung hat natürlich auf eigentümliche Weise den auratischen Respekt gegenüber der Schule als Ganzes abgesichert. Übrigens war ich später, als ich nach dem Abitur einmal hinein durfte, regelrecht enttäuscht, dass es da bloß Tische und Reihen von Postfächern gab und dass von einem Sinnzentrum wenig zu spüren war.

Und schließlich sehe ich als dritte Säule der älteren Schulkultur ein typisches Selbstbild-Muster. Nämlich eines, das im Kern auf *Askese* abzielte und das jedem jungen Menschen auferlegte, die unmittelbaren Bedürfnisse der Gegenwart hintanzustellen zugunsten der Anforderungen des späteren Lebens.

Diese überkommene Trias von Kanon (auf der Ebene des Wissens), Aura (auf der Ebene der Sozialformen) und Askese (auf der Ebene der Selbstbeziehung) ist durch tief greifende Veränderung der alltagskulturellen Selbstverständlichkeiten und Mentalitäten erodiert. Sie ist zwar nicht völlig verschwunden, aber doch höchstens noch in schwachen Restbeständen anzutreffen. Was ist aus diesen Säulen geworden, bzw. was trägt die Schulkultur heute?

2. Stattdessen: Veralltäglichung, Informalisierung, Subjektivierung

Ich sage es hier stark gerafft: An die Stelle des Kanons tritt die Bezugnahme auf das Alltagsleben bzw. die *Nähe zur Lebenswelt*. An die Stelle der Aura tritt ein hohes Maß an *Informalität* und Saloppheit. Und die Stelle des Askesemusters nimmt eine tief greifende Tendenz zur *Subjektivierung* ein. Diese drei neuen Säulen der heutigen Schulkultur sind natürlich erst in einem langen Prozess seit Ende der 60er-Jahre durchgesetzt, erstritten und teilweise auch erlitten worden. Wie man deren allmähliche Durchsetzung im Verlaufe der Zeit auch empfunden haben mag – heutzutage setzen diese drei Säulen bei den Beteiligten, Schülern wie Lehrern, ebenfalls keine Euphorie mehr frei. Wo gäbe es heute Schüler, die es als Geschenk empfänden, wenn die Lehrerin in den Unterricht käme mit dem Angebot: „Heute sprechen wir einmal über eure Situation." Oder: „Heute sprechen wir mal über ‚Bravo'. Die Reaktion wäre vermutlich: „O je, muss das sein?" Dass die eigene Situation der Jugendlichen thematisiert werden kann, das ist rundum selbstverständlich geworden, auch im Alltagsleben außerhalb der Schule. Das hat nicht mehr den Hauch eines thematischen Durchbruchs.

Es euphorisiert auch nicht mehr die alltagskulturelle Möglichkeit, das eigene Verhalten erheblich informeller und lockerer ausgestalten zu können als zu früheren Zeiten. Es wäre diagnostisch bestimmt aufschlussreich, dokumentarische Filmaufnahmen von Einschulungsritualen, Morgenbegrüßung, Zeugnisvergabe oder Aula-Feiern zu betrachten, sagen wir beispielsweise von 1961. Ich glaube, die damalige alltägliche Formalität würde uns heutigen Betrachtern ins Auge springen – und damit auch das Ausmaß der Veränderung bis heute hervortreten, das Ausmaß der abgelaufenen Informalisierung. Aber wie gesagt: Diese Informalisierung wird von den Jugendlichen heute als völlig selbstverständlich empfunden.

Und auch die neue dritte Säule der Schulkultur, die Subjektivierung, die Zug um Zug an die Stelle der alten Askesemuster getreten ist, die Möglichkeit, dem eigenen Gefühls- und Motivationshorizont hohe innere Aufmerksamkeit und Gewicht geben zu können, auch dies ist heutzutage vollkommen alltäglich geworden. Den Schülern heute das „Angebot" machen zu wollen, einmal in sich selbst hineinzuschauen, wäre wohl kaum eine spektakuläre Eröffnung neuer Erfahrungen. Es wäre – genau umgekehrt! – für viele Jugendliche eine ungewöhnliche Erfahrung, einmal *nicht* in sich hineinzuschauen und von der gewohnten Subjektivierungsmöglichkeit abzusehen.

3. Wohl dosierte Fremdheiten

Es ist also die Alltags- und Populärkultur, die an Terrain gewinnt, die zunehmend Mentalitäten, Verhaltensstile und innere Motivhaushalte der Schüler mit Kriterien versorgt. Die Alltags- und Populärkultur wird damit für die symbolische Struktur der Schule, für das Feld der intersubjektiven Bedeutungen und Relevanzen, zu einem enorm einflussreichen Kontext. Und damit komme ich zu einer abschließenden These. Einer Grundannahme der Reformpädagogik wird meines Erachtens zunehmend der Boden entzogen. Diese Grundannahme lautet seit der Jahrhundertwende bis heute, das Schlüsselproblem der Normalschule sei ihre Ferne zum Leben. In der reformpädagogischen Schulkritik wird die Schule als eine lebensverschlossene Anstalt ausgemalt und daraus – metaphorisch gesprochen – die Schlussfolgerung gezogen, wenn man die Fenster dieser Anstalt weit öffnete und gleichsam „das Leben" hereinließe, dann sei das der entscheidende Durchbruch zu subjektnäheren, authentischen Bildungs- und Selbsterfahrungsprozessen.

Ich hoffe, ich habe zeigen können, warum diese Leitmetapher den heutigen kulturellen Kontext so nicht mehr trifft. Denn ob wir „die Fenster aufmachen" oder nicht – „das Leben" ist sowieso immer schon da! Nicht im alten emphatischen Sinne, zugegeben, aber im Sinne der Allgegenwart alltagskultureller Maßstäbe und Relevanzen in den Horizonten der Schüler. Wenn ich es ein wenig flapsig sagen darf: Das „Leben" ist auch nicht mehr das, was es einmal war, und schon gar nicht taugt es zur utopischen Generalmetapher für das schlechthin Bessere. Das Leben ist, auf ebenso normale wie triviale Weise, in der Schule gegenwärtig, insbesondere in den Schülerköpfen.

So gesehen, kann Öffnung von Schule heute nicht mehr bedeuten, die Schule topographisch, also als „Ort", zu öffnen, sondern Öffnung von Schule müsste paradigmatisch verstanden werden. Und damit meine ich: als Öffnung für andere Erfahrungen als diejenigen, welche das Alltagsleben und die Alltagshorizonte sowieso bieten. Die *Differenz* zum „Leben" ird gerade das Interessante!

Den beliebten Hauptvorwurf an Schule, sie sei künstlich, halte ich daher für unscharf und oft sogar verfehlt. Ein besonders drastisches Beispiel für das, was ich hier meine, zeigt sich zur Zeit in der Schulpolitik, wenn allen Ernstes suggeriert wird, die flächendeckende Versorgung mit Computern würde für die Schule eine entscheidende Erneuerung bedeuten. Nicht dass ich etwas gegen Computer in der Schule hätte; aber zu behaupten, dies sei eine Neuheitserfahrung für die Schüler, ist doch eine arge Fehlinterpretation. Wenn sie von ihrer Alltagserfahrung her an eines bereits gewöhnt sind, dann doch an Computer. Jetzt auch in der Schule vor einem PC sitzen zu können, ist also für die Jugendlichen eher die Duplizierung einer längst vorhandenen Alltagserfahrung in die Schule hinein als eine Öffnung für neue Erfahrungs- und Lernprozesse.

So gesehen, wird Schule gerade dann bedeutsam, wenn sie auf der Wissensebene, auf der Ebene der Sozialformen und auf der Ebene des Selbstbezugs Erfahrungen anbietet, über die die Jugendlichen im Alltag typischerweise *nicht* verfügen. Von daher sollte die Schule (auch) künstlich sein wollen und sich in Differenz zum Alltagsleben begreifen. Schule braucht, wenn sie produktiv sein will, ein bestimmtes Maß an Fremdheit, an wohl dosierter (nicht überwältigender, sondern anregender) Fremdheit.

Auf der Ebene des Wissens gebietet das meines Erachtens, die weit verbreitete Denunziation des Kognitiven als „Trichterlernen" u.ä. nicht mitzutragen. Kognitionen sind bedeutsam, weil sie ermöglichen, im Kopf andere Welten aufzubauen als die vorhandene empirische Welt, zum Beispiel theoretische, mathematische oder ästhetisch-fiktionale Welten. Es handelt sich im Grunde um die Ausbildung eines Sensoriums für Konstruktivität, also für das Herstellen-Können von weiteren Welten.

Auf der Ebene der Sozialformen wird es für die Schule bedeutsam, der umfassenden Informalisierung mit der Ermöglichung einer Gegenerfahrung zu begegnen. Ich denke hierbei an zweierlei. Zum einen wird die Stilistik des Lehrerverhaltens wichtiger, der kommunikative Stil, der von den Schülern wahrgenommen und bis in die Feinheiten „gelesen" wird. Dazu gehört, dass der schulische Raum auch als ein symbolischer Raum verstanden wird, in dem Formen und Rituale aufmerksam geschützt werden sollten. – Zum anderen wird ein bestimmtes Moment von Kontraktualität, von Vertraglichkeit, wichtig. Damit meine ich eine teilweise Umstellung vom pädagogisch-moralischen Appell auf quasi-vertragliche Bindungen und feste Regelvereinbarungen. Auch dies ist, im Hinblick auf die hohe Informalität der alltäglichen Verhaltensstile, ein Moment von wohl dosierter Fremdheit.

Auf der Ebene des Selbstbezugs besteht die alltägliche Normalerfahrung, wie ich gesagt habe, in einer beständig mitlaufenden Innenaufmerksamkeit und in entsprechenden Motivkonflikten. Der bloße Appell an die Selbstmotivierung löst diese Motivkonflikte keinesfalls, bisweilen verstärkt er sie noch. Daraus resultiert die mitlaufende introspektive Dauerfrage: „Will ich das jetzt überhaupt?" Auf dieser Ebene besteht ein zentraler Lern- und Erfahrungsprozess gerade in dem, was ich „das affektive Futur II" nennen möchte. Um es kurz an einem Beispiel zu verdeutlichen: Wenn ich lernen will Gitarre zu spielen, muss ich in der Lage sein, einem nahe liegenden Affekt begegnen zu können, der üblicherweise auftritt. Nämlich dem Affekt, dass ich nach dem dritten Akkordgriff erlebe: „Das ist ja doch anstrengender, als ich gedacht habe, vielleicht versuche ich es lieber mit dem Schlagzeug", und so fort ad infinitum. Was ich affektiv lernen sollte, ist doch das Folgende: Ich sollte mir beim Gitarre Üben vorstellen können, was für eine Freude es für mich sein wird, wenn ich Gitarrespielen gelernt *haben werde*. Und das ist das affektive Futur II; es ist die Fähigkeit, mich projektiv in einen (für später) erhofften Selbstzustand hineinversetzen zu können. Und diese Fähigkeit zur affektiven Zukunftsprojektion versetzt mich in die Lage, die Anstrengungen und die partielle Unbehaglichkeit der Zwischenschritte aushalten zu können, weil die Vorfreude auf den angestrebten längerfristigen Selbstzustand stärker ist. Die Fähigkeit zu solch einem „affektiven Futur II" hat natürlich auch eine wichtige kognitive Komponente; denn es hilft mir enorm, wenn ich auf Erinnerungsbilder zurückgreifen kann, wie es mir denn bei anderen, vergleichbaren Lernprozessen mit ähnlich unangenehmen Zwischenschritten schon einmal gegangen ist, zum Beispiel, als ich Englisch zu lernen begann.

Ich will mit diesen abschließenden Bemerkungen dafür werben, dass Schule durchaus auch „künstliche" Bedeutungsdimensionen haben sollte, die ich als wohl dosierte Fremdheiten zu beschreiben versuchte und die gerade in einem *Abstand*, in einer Differenz zu den Erfahrungsformen stehen, die die Alltagskultur im laufenden Leben und ganz außerpädagogisch sowieso schon liefert.

Sehnsucht nach Gerechtigkeit

1. Theologische und didaktische Aspekte

„Gerechtigkeit" ist in vieler Hinsicht ein Schlüsselbegriff: Er taucht sowohl in der öffentlichen Debatte wie auch in privaten, familiären Diskussionen auf, er wird in innen- wie außenpolitischen Zusammenhängen verwendet, er ist eines der drei Leitthemen der neueren ökumenischen Sozialethik (Gerechtigkeit, Frieden und Bewahrung der Schöpfung), er wird politisch, moralisch, sozialethisch, theologisch oder als Erfahrungsbegriff verwendet.

Erfahrungen mit Ungerechtigkeit bzw. Gerechtigkeit haben die meisten der Sch. bereits gemacht, in der Familie ebenso wie in der Schule. Gerade der „Zwischenstatus" der Sch. im Alter von 14–16 Jahren und ihre ungeklärte Rechtsposition zwischen Kind- und Erwachsensein, Abhängigkeit und angestrebter Unabhängigkeit macht sie in besonderer Weise sensibel (und auch verletzbar) für Rechtsüberschreitungen aller Art.

Spätestens in der Schule lernen Jugendliche auch, mit der Existenz unterschiedlicher Gerechtigkeitsmodelle zu rechnen: So stehen im Kontext Schule das Prinzip der absoluten Gerechtigkeit (gleiche Chancen bzw. Behandlung für alle), das der relativen Gerechtigkeit (Orientierung am Leistungsbeitrag des Einzelnen) sowie das Prinzip der Bedürftigkeit (Orientierung an der Bedürftigkeit des Einzelnen) z.T. konkurrierend nebeneinander.

Viele Jugendliche in diesem Alter haben auch bereits erste Erfahrungen im Engagement für Gerechtigkeit gesammelt, positive, wenn etwas zu bewegen war, oft aber auch solche, die sie das Fazit ziehen ließen, „dass sich das alles doch nicht lohnt".

Häufig „verpacken" die Betroffenen als Folge ihre „Tiefensehnsucht" nach Gerechtigkeit und den damit verbundenen heilen Lebensbezügen (Frieden, Angenommen werden, ...) in Alltagspragmatismus[1] oder verdrängen sie. Die zynische Haltung vieler Erwachsener bietet entsprechende Vorbilder (Autoaufkleber: „Eure Armut kotzt mich an!").

Pragmatisch betrachtet, resignieren Jugendliche (und Erwachsene) dann, wenn die eigenen oder von außen herangetragenen Erwartungen ein soziales Engagement fordern, das unrealistisch hoch ist, für das sich keine Verbündeten oder kein Aktionsspielraum finden lassen oder das von anderen nicht ernst genommen wird. Die politische Abstinenz (vgl. die Begrenztheit politischen Interesses bei Jugendlichen laut Shell Jugendstudie 2000[2]) und die Beschränkung auf private Ziele stellen dabei nur eine Variante dieser Resignation dar.

Psychologisch kann der Wunsch von Menschen, in einer Welt zu leben, in der es gerecht

[1] Thomas Ziehe, Vortrag gehalten in Loccum 6/2001 „Von der Notwendigkeit wohldosierter Fremdheit" s. S. 9ff.

[2] Deutsch Shell (Hg.), 13. Shell Jugendstudie, Leske + Budrich, Opladen 2000, S. 263 u. 270.

zugeht, als Versuch verstanden werden, Kontrolle auszuüben: „Indem man an eine gerechte Welt glaubt, erhält man sich den Glauben daran, dass man optimistisch in die Zukunft sehen, erfolgreich seine Pläne verwirklichen und sich sicher fühlen kann.“[3]

Der Gerechte-Welt-Glaube wird durch Sozialisation erworben: „Gutes“ Verhalten zahlt sich aus, während „schlechtes“ bestraft wird. Die Konfrontation mit dem wahrgenommenen Leiden anderer Personen stellt diesen Glauben in Frage. Zur Wiederherstellung der Wahrnehmung einer gerechten Welt kann der Versuch unternommen werden, die entstandenen Schäden auszugleichen (also z.B.: sich sozial zu engagieren), aber auch der, die Opfer abzuwerten, sodass am Ende die Schlussfolgerung steht, das Opfer habe bekommen, was es verdiene.

Fazit: Die Erfahrung eigener Erfolglosigkeit im Einsatz für Gerechtigkeit, psychische Abwehrmechanismen und gesellschaftliche Werte, die der Leistungsgerechtigkeit vor dem Prinzip der grundsätzlichen Gerechtigkeit den Vorrang geben, führen Jugendliche (und Erwachsene?) dazu, sich in Fragen einer umfassenden Gerechtigkeit für alle Menschen zurückziehen. Hinzu kommt, dass die gesellschaftliche Orientierung auf Leistungsgerechtigkeit es vielen Jugendlichen auch in Bezug auf sich selbst erschwert, sich als gerechtfertigte, „richtige Menschen“ jenseits des eigenen Könnens oder Versagens zu empfinden. Wo es also schon für den einzelnen Jugendlichen selbst oft nicht „reicht“ an (Selbst-)Akzeptanz und rechtfertigender Wertschätzung, liegt es nahe, den Blick auf die eigenen Bedürfnisse gerichtet zu halten und den auf andere zu vermeiden.

An dieser Stelle setzt die Konzeption des vorliegenden Kapitels didaktisch an: Sein Ziel ist die Aufrechterhaltung der *Sehnsucht nach Gerechtigkeit.*

Diese Formulierung kennzeichnet zugleich die Schnittstelle von Didaktik und Theologie.

In biblischen Bildern und Visionen wird an der Vorstellung einer Gerechtigkeit festgehalten, die die Grenzen der Wirklichkeitsvorstellungen überschreitet und sich an einem „Mehr als das, was ist“ (Max Horkheimer)[4] orientiert. Biblische Bilder der Gerechtigkeit unterbrechen dabei die gewohnte Sicht der Wirklichkeit und regen an zu neuen Deutungen der wahrgenommenen Zusammenhänge. Sie bauen mit an unseren Vorstellungen von dem, was „Gerechtigkeit“ bedeuten darf. Ihre Qualität liegt in der besonderen Mischung von Konkretion und Unverfügbarkeit, die den eschatologischen Überschuss des Begriffes kennzeichnet: Gerechtigkeit ist nicht bloß ein Ideal, sondern sie wird – entsprechend ihrer jüdischen Tradition – umfassend irdisch-konkret erwartet. Daran festzuhalten, im vollen Bewusstsein, dass dies die Grenzen des politisch Machbaren übersteigt und eine vollendete Gerechtigkeit in der säkularen Geschichte nie realisiert werden kann, macht die Dynamik des biblischen Gerechtigkeitsbegriffes aus.

Im Alten Testament bezeichnet „Gerechtigkeit“ (zedakah) den „höchsten Lebenswert“, das „worauf alles Leben, wenn es in Ordnung ist, ruht“.[5] Damit ist zum einen die „gute“, rechte Ordnung gemeint, die Gott der Welt gegeben hat und die auf ihn als Schöpfer zurückweist (Ps 97,6). Zum anderen bezeichnet Gerechtigkeit – anders als das abendländische Verständnis von Gerechtigkeit als Maßstab, z.B. für Wohlverhalten oder das, was dem Einzelnen innerhalb einer Gemeinschaft vernünftigerweise zusteht – eine Relation, und zwar die des Menschen zu Gott.

Die zentrale Frage lautet nach Auffassung Israels: Wie kann der Einzelne oder das Volk Israel kollektiv das Gefühl (wieder)bekommen, in seiner Existenz berechtigt zu sein?[6]

Der Bereitschaft Gottes, seinem Volk die universelle Gabe der Gerechtigkeit zuzuwenden (Jer 31,31–34; Jes 11,3–6), steht auf Seiten der Menschen der Glaube (Gen 15,6) und das Einhalten der Gebote (Dtn 6,25) entgegen. Eine besondere Option in der Zuwendung Gottes gilt dabei den sozial Schwachen, Unterdrückten und Armen. Diese wird in der z. T. scharfen Sozialkritik der

[3] Hans-Werner Bierhoff, Sozialpsychologie, Kohlhammer, Stuttgart [5]2000, S. 106.

[4] Max Horkheimer, Die Sehnsucht nach dem ganz Anderen, Hamburg, 1971; zitiert nach Ritter, S. 16.

[5] Gerhard von Rad, Theologie des alten Testamentes Bd.1, München [4]1962, S. 382ff.; zitiert nach Ritter, S.16.

[6] Eugen Drewermann, Das Johannesevangelium, Walter Verlag, Düsseldorf 1997, S.6.

Propheten immer wieder betont (Am 5,4ff.; 21-24; Jes 1,11,5-18).

Gerechtigkeit und Frieden als Markierungspunkte der biblischen Vision von gottgewolltem Leben gehören dabei unzertrennbar zusammen: Kein Frieden ohne Gerechtigkeit - „Schalom" im umfassenden Sinne des Heil-Seins von Mensch und Welt baut zwingend auf einer gerechten Ordnung auf.

Die oft lyrische Sprache der Beschreibungen verrät etwas von der Sehnsucht der Propheten und Psalm-Beter nach diesem Zustand: „Der Gerechtigkeit Frucht wird Friede sein" (Jes 32,17), „Auf dem Weg der Gerechtigkeit ist Leben" (Spr 12,28) oder: „Gerechtigkeit und Friede küssen sich" (Ps 85,11).

Auch im Neuen Testament wird die bedingungslose Bejahung des Menschen durch Gott als Voraussetzung für seine Befähigung, „richtig" leben zu können, betrachtet. Diese andere, schenkende Gerechtigkeit Gottes lässt sich z.B. am Gleichnis vom verlorenen Sohn (Lk 15,11-32) erkennen, aber auch im Gleichnis von den Arbeitern im Weinberg (Mt 20,1-17).

Lukas interessiert an der neuen Gerechtigkeit, die mit Jesus in die Welt gekommen ist, vor allem sein Eintreten für die Armen und Entrechteten (Lk 1,46-55; 4,16-21); die matthäische Tradition fasst in der „Goldenen Regel" zusammen, was zu tun nötig ist, um Gerechtigkeit Raum zu verschaffen (Mt 7,12) und weist auf den hohen Anspruch der Gerechtigkeit hin, zu der die Jesus Nachfolgenden aufgerufen sind (Mt 5,20). Dem entspricht die radikalisierte Form des Gebotes der Feindesliebe (Mt 5,43-48).

In der Bergpredigt gelten zwei der Trost- und Mutsprüche ausdrücklich denen, die sich nach der Gerechtigkeit Gottes sehnen bzw. sich für sie einsetzen: So wie Hunger und Durst die Gottesferne signalisieren, weist „Sättigung" auf das Gegenteil, die Nähe des Gottesreiches hin (Mt 5,6). Angst als wichtiges Thema derer, die sich für Gerechtigkeit einsetzen, wird ausgesprochen und nicht verleugnet (Mt 5,10).

Sehnsucht nach Gerechtigkeit wird in diesem Kapitel symbolisch in dem Motiv des Herzens aufgenommen. Während in unserem Alltagsverständnis das zentrale Lebensorgan Herz als Sitz der Gefühle gilt und mit Mut und Liebe, Angst und Hass in Verbindung gebracht wird, versteht es die Tora als den Ort, wo religiöses Wissen memoriert werden soll. Erinnerung, Gewissen, Weisheit und Erkenntnisvermögen wohnen im Herzen - gelernt wird nicht „auswendig" sondern „inwendig": Worte sollen „zu Herzen gehen" (Dtn 6,6; Jer 31,33).[7] In vielen unserer Redewendungen und Sprichwörtern finden sich ähnliche Konnotationen, vgl. auch französisch „savoir par coeur" oder englisch „learning by heart".

Die Verschränkung der beiden Bedeutungsebenen im Symbol Herz verdeutlicht das zentrale Anliegen in der Behandlung des Themas „Gerechtigkeit": Sensibilisierung für die eigenen Gefühle im Umgang mit der Thematik - auch: Sprachfähigkeit und Vorstellung schulende Auseinandersetzung mit der biblischen Vision von Gerechtigkeit und Frieden.

2. Intentionen

Die Sch. sollen

- sensibel werden für eigene positive wie negative Gefühle im Zusammenhang mit dem Thema „Gerechtigkeit". Dazu gehört auch, dass sie angemessene (Sprach-)Formen finden, die diese ausdrücken
- die Bereitschaft entwickeln, ungerechte Situationen „anzuschauen" und zu erinnern, statt „wegzuschauen" und zu vergessen
- die eigene Hilflosigkeit als einen Grund des Wegschauens erkennen und den Umgang mit ihr trainieren
- das Motiv „Herz" als zentrales Symbol der Thematik in den verschiedenen Bezügen der

[7] Helmut Ruppel/Ingrid Schmidt (Hg.), Gerechtigkeit lernen 7/8. Lehrerband, Klett, Stuttgart 1997, S. 20.

Unterrichtsreihe interpretieren bzw. gestalterisch bearbeiten
- in der biblischen Vorstellung von Gerechtigkeit und Frieden ein herausforderndes Deutungsmuster der Wirklichkeit entdecken und sein visionäres Potenzial ausloten
- nach dem Gottesverständnis fragen, das hinter der biblischen Vision von Gerechtigkeit und Frieden steht
- Taktiken der kleinen Schritte im Einsatz für Gerechtigkeit und Beispiele gelungener Anfänge kennen lernen
- evtl. ein eigenes Gerechtigkeits-Projekt planen, umsetzen und auswerten

3. Literatur zur Vorbereitung

- Hans Werner Bierhoff, Sozialpsychologie, Kohlhammer, Stuttgart [5]2000, S. 73–122
- Frauke Büchner, Der Jude Jesus und die Christen, in: Studienbuch Religionsunterricht 3, Vandenhoeck & Ruprecht, Göttingen 1993, S.64f.;102ff.
- Eugen Drewermann, Das Johannesevangelium, Walter Verlag, Düsseldorf 1997, S.6f.
- EKD/Deutsche Bischofskonferenz (Hg.), Für eine Zukunft in Solidarität und Gerechtigkeit - Wort des Rates der Evangelischen Kirche in Deutschland und der Deutschen Bischofskonferenz zur wirtschaftlichen und sozialen Lage in Deutschland, in: Gemeinsame Texte 9, Hannover 1997
- Evangelischer Erwachsenenkatechismus. Glauben – erkennen – leben, Gütersloher Verlagshaus, Gütersloh 2000, Stichwort: Gerechtigkeit
- Wolfgang Lienemann, Gerechtigkeit, in: Ökumenische Studienhefte 3, Vandenhoeck & Ruprecht, Göttingen 1995
- Werner Ritter, Wenn „Gerechtigkeit und Frieden sich küssen“, in: Schulfach Religion, Jg. 17/1998, Nr. 1-2, S. 13-30
- Helmut Ruppel/Ingrid Schmidt (Hg.), Gerechtigkeit lernen, Religion 7/8. Lehrerband, Klett, Stuttgart 1997

4. Unterrichtsideen

A. Symbol „Herz"

Die Arbeit an dem Symbol „Herz“ kann die gesamte Unterrichtsreihe begleiten und vertiefend zu einer abschließenden Gestaltungsarbeit führen: Z.B. können persönlich wichtige Fragen oder Erkenntnisse in der kreativen Auseinandersetzung mit dem Motiv Herz als „Sitz der Weisheit und Erinnerung“ festgehalten werden.

Begleitend zur Unterrichtsreihe können die Sch. auch selbst Herzmotive sammeln, die als Vorbereitung eigener Arbeiten oder zur Kontrastierung der im SB abgebildeten Herzmotive herangezogen werden. Es lässt sich eine Herzsammlung an der Pinnwand im Klassenzimmer anlegen oder eine Ausstellung aufbauen. Die Herzen können thematisch gruppiert werden. Gespräche von Herz zu Herz können entworfen werden.

Wichtig bei der längerfristigen Arbeit mit einem gleich bleibenden Symbol ist es, die unterschiedlichen Aspekte, die erschlossen werden, voneinander abzugrenzen und als Erkenntnisse festzuhalten. So kann die Progression der Arbeit am Symbol für die Schüler verdeutlicht werden. Ebenfalls wichtig: methodisch abwechslungsreiches Arbeiten.

Die Bereitschaft, sich auf das Symbol „Herz“ einzulassen, ist unserer Erfahrung nach von Lerngruppe zu Lerngruppe sehr unterschiedlich. Auch wenn der L. im Verlauf der Reihe die Arbeit an diesem Symbol zurückstellt, sollte er zum Abschluss der Reihe noch einmal darauf zurückgreifen, um das Thema auch auf der symbolischen Ebene abzuschließen. Dieser Rückgriff kann durchaus kritisch sein und z.B. die Suche nach einem angemessenen Symbol für das Thema „Gerechtigkeit“ einleiten.

⇨ *durchlaufende Leiste mit Herz-Worten*
Die Leiste kann von den Sch. ergänzt werden, die einzelnen Redewendungen können in ihren Bezügen zu den Bildern oder Texten der jeweiligen Seite diskutiert werden.
Zu einzelnen Redewendungen oder Wörtern können Kontexte entworfen werden: Bilder oder Geschichten, die den Sinn der sprachlichen Äußerung „auspacken". Dies ist auch als Langzeitaufgabe möglich:
Wähle eine Redewendung oder ein Wort des Wortfeldes „Herz" und schreibe eine Geschichte dazu, die den Sinn verdeutlicht. Tipp: Das Wort selbst muss dazu in deiner Geschichte gar nicht unbedingt vorkommen.

⇨ Bild: *Helge Ackermann, Ohne Titel,* 2000 (SB, S. 1)
Für die Erstbegegnung mit dem Bild wäre eine Präsentation über Folie oder Episkop ohne die Kapitelüberschrift besonders geeignet.
Interessant für die Interpretation des Bildes sind folgende Aspekte:
Wie ist der Hintergrund des Bildes zu deuten? Befindet sich das Herz im freien Fall?
Im Zusammenhang mit einer Interpretation unter dem Thema „Gerechtigkeit": Aus wessen Perspektive erscheint das Bild passend (Täter, Opfer, Zuschauer)?
Alternative zu den Arbeitsaufträgen im SB: Das Bild wird als Folie oder als Arbeitsblatt für Gruppen vorbereitet. Im stillen Schreibgespräch schreiben die Sch. ihre Assoziationen um das Bild herum.

B. Bestandsaufnahme

⇨ *Variation* zu den Arbeitsaufträgen im SB: Biblische Erzählungen wie Der barmherzige Samariter (Lk 10,25–37), Das Scherflein der armen Witwe (Mk 12,41–44), Zachäus (Lk 19,1–10), Der reiche Kornbauer (Lk11,16–23) können von den Sch. als strukturierende Elemente für die Collagen verwendet werden: Jeder Sch. wählt einen oder mehrere Bibeltexte für seine Bearbeitung, die thematisch passend erscheinen. Die Bibeltexte müssen als Kopien vorbereitet vorliegen – evtl. farbig kopieren. Ausdrucksvoller Effekt: gerissene, farbige Texte.

Weiterarbeit:
Verfassen eines persönlichen oder fiktiven Gespräches mit Gott zu der angefertigten Collage.
Zum Reich-Gottes-Gedanken: Es bietet sich ein Vergleich mit dem Interview von Dorothee Sölle an (SB, S. 14f.).

⇨ Bild: *Michael Raka Weckerle, Imagination,* 2000 (SB, S. 7)
Das vorliegende Bild ist in drei Bereiche aufgeteilt, die durch entsprechende Bildabdeckungen sichtbar gemacht werden können. Eine sukzessive Entdeckung des Bildes lohnt sich.
Im Vordergrund liegt ein in embryonaler Haltung zusammengekauerter junger Mensch, der mit seinen in die Ärmel zurückgezogenen Händen einen Teil des Gesichtes, den Mund, verdeckt. Über die vorgestellte oder probeweise eingenommene Körperhaltung lassen sich Gefühle, wie Angst, Einsamkeit, Verlorenheit und Trauer, zugänglich machen.
Im mittleren Bereich des Bildes fällt, im Farbton hervorgehoben, das Bild eines medial übermittelten Bettes in einer intakten Natur ins Auge. Das Fernsehbild hat Ähnlichkeit mit entsprechenden Szenen der Werbung. Gegenüber Vorder- und Hintergrund erscheint es strahlend, Licht verbreitend.
Im hinteren Teil des Bildes trennt eine Mauer Innenraum und Außenwelt, die Scheiben des Fensters sind zerbrochen. Der Raum wird als Ruine in einer zerstörten Umgebung erkennbar. Ein Flugzeug am rötlich gefärbten Himmel wirft Bomben ab.
Die surreale Atmosphäre des Bildes lädt ein, das Dargestellte als Traumszene zu deuten.
Entwurf eines Traumes zum Bild: Welche Szenen könnten vorangehen oder sich anschließen? Wie endet der Traum? Was für Gefühle begleiten ihn? Welche Gedanken tauchen beim Erwachen auf? – Diese Interpretation verdient eine kritische Nachfrage: Lässt sich das Bild auch als Darstellung einer realen Situation verstehen?
Vertiefung: Diskussion über die Bedeutung von Medien bei der Bestimmung dessen, was wirklich ist. Kritische Auseinandersetzung mit der Wirksamkeit der Berichterstattung bei Terroranschlägen (z.B. in New York).

C. Ein Herz haben

⇨ Lied: *Die Prinzen, Du musst ein Schwein sein* (SB, S. 8)
Günstig wäre eine Präsentation des Textes als Lied.
Ergänzung der Arbeitsaufträge: Vorbereitung und Durchführung von Interviews zu Strophe 2. Kann arbeitsteilig – Jungen interviewen Mädchen! – durchgeführt werden.

⇨ Bild: *Letizia Volpi 'Cara Carla'*, 1991 (SB, S. 8)
Entwurf eines Menschen, der dieses Herz in seiner Brust trägt (Gefühle, Verhalten, Beziehungen).
Vorstellungsübung „Knotenlösen": Was passiert, wenn der „Knoten gelöst ist"? Welche Bedeutung kommt dem Bindfaden auf übertragener Ebene zu? Was hält ein zerbrochenes Herz zusammen?
Als *vertiefende Lektüre* bieten sich folgende Märchen an: Gebrüder Grimm, Der Froschkönig; Wilhelm Hauff, Das gläserne Herz.

⇨ Text: *Steinmeditation (Auszug),* Kirchentag Hannover, (SB, S. 9)
Die Meditation kann mit Sch., die bereit sind, sich darauf einzulassen, real durchgeführt werden: Sch. und L. sitzen in entspannter Körperhaltung im Kreis, Stuhl und Blick sind nach außen gerichtet. Wer mag, kann die Augen schließen. In der Hand hält jeder Sch. einen Stein, den er zuvor gesammelt, ausgewählt oder mitgebracht hat.
- Einführung in die Meditation über das bewusste Atmen.
- Der Lehrer liest den Text langsam vor.
- Nach einem Ruhemoment und der Rückkehr in den Kreis mit Blickkontakt leitet der L. über in eine Auswertungsrunde: Wie ist es mir während der Meditation ergangen? Was habe ich von meinem Stein wahrgenommen? Mitteilungen freiwillig und unkommentiert.

Vertiefungen: Einen Tagebucheintrag über den Verlust des Steins verfassen.
Sich selbst als in einem Stein eingeschlossen zeichnen oder malen.

D. Hunger nach Gerechtigkeit

⇨ Text: *Dorothee Sölle, Fulbert Steffensky (Hg.) Glückselig nenne ich...* Auszug aus dem *Politische Nachtgebet* (SB, S. 10)
Erweiterung: Lektüre des ganzen Textes *Politisches Nachtgebet* z.B. in: Sigrid Berg und Klaus Berg (Hg.), Biblische Texte verfremdet Bd. 8, Bergpredigt, Kösel-Verlag, München 1988, S. 22–24.
Alternativen zu den Arbeitsaufträgen im SB: Konkretisierung: Der Text wird nur bis zum Doppelpunkt Z. 9 ausgegeben und gelesen. Die Sch. schreiben die Erklärung zu der angeführten Bibelstelle selbst.
Der Text kann, als ganzer gelesen, um andere Fälle ergänzt werden, in denen Verheißung zugesprochen wird.
Sich in den Text „einmischen": Der Text kann als Vorlage verwendet werden (vergrößert auf ein DIN-A4-Blatt mit viel weißem Rand), in den sich die Sch. mit verschiedenen Farben, Symbolen, eigenen Äußerungen oder kleinen Zeichnungen einmischen.
Je nach Gestaltung können die kommentierten Texte wiederum in einer szenischen Lesung vorgetragen werden.

⇨ Bild: *Danielle Kwaaitaal, Videostill, live recorded* 1998 (SB, S. 10)
Das Bild wird von Betrachtern erfahrungsgemäß sehr unterschiedlich, immer aber als starker Impuls empfunden. Die Assoziationen können sich auf der Bandbreite zwischen „fröhlich", „singend" über „verzweifelt", „angstbesetzt" bis „ekelerregend", „deformiert" bewegen.
Diese Offenheit des Kunstwerkes sollte bei der Bearbeitung erhalten bleiben. Ein Hinweis darauf, dass auch die Bedeutung menschlicher Gestik oder Mimik oft nur aus dem Kontext einer Situation erschlossen werden kann, begegnet dem Vorwurf der Beliebigkeit und lenkt den Blick auf den Interpretationsrahmen. Kriterium für die weitere Arbeit ist nicht die Festlegung auf ein bestimmtes „richtiges" Verständnis, sondern die Stringenz der Deutung innerhalb eines gewählten Kontextes.
Ausgangspunkt der Bearbeitung kann das

Zuordnen passender Redewendungen aus der Wortleiste „Herz" sein.
Alternativen zu den Arbeitsaufträgen im SB: Angemessene Musik und einen Liedtext schreiben oder auswählen, der dem Herz „in den Mund gelegt" werden könnte.
Präsentation vorbereiten: Bild über Episkop oder Folie im abgedunkelten Raum – die Sch. stellen ihre musikalische Umsetzung vor.
Einen Hintergrund entwerfen: Wo und wie bewegt sich das Herz? Wohin? Woher kommt es? Eine Geschichte schreiben, die der dargestellten Szene einen Kontext gibt. Titelvorschlag: „Eine Geschichte zwischen Himmel und Erde".
Vertiefung: Formuliere eine Verheißung, die diesem Herzen gelten könnte.
Die drei Bestandteile der Verheißung (Zuschreibung: glückselig; Adressat: die nach Gerechtigkeit hungern; Konkretisierung der Verheißung: denn Gott wird sie satt machen) sollten zuvor geklärt sein, da sie den Sch. eine Strukturierungshilfe bieten.

⇨ Predigt: *Hans Treu, Erneuerte Menschen* (SB, S. 11)

Der Bearbeitung dieses Textes könnte sinnvoll ein Referat vorangehen, das die Sch. über die historische Ausgangssituation informiert und z.B. die Chronologie des Herbstes 1989 veranschaulicht.
Die Auswahl der beiden ermutigenden Beispiele innerhalb des Kapitels (Erneuerte Menschen, S. 11, und Zivilcourage als Bürgerpflicht, S. 17) thematisiert die Situation der neuen Bundesländer und ist nicht zufällig. Der Prozess des Zusammenwachsens von westdeutschen und ostdeutschen Bundesländern wirft viele Fragen, auch im Bereich der sozialen Gerechtigkeit, auf, die jedoch im Blickwinkel der (westdeutschen) Sch. kaum präsent sind. Lebenserfahrungen ostdeutscher Sch. erscheinen in Religionsbüchern kaum. Die Aufnahme der beiden oben genannten Texte soll den Blick auf diesen vernachlässigten „Nahbereich" unseres gesellschaftlichen Zusammenlebens richten.
Vertiefung: Die ermittelte Strukturskizze (s. Arbeitsaufträge SB) kann an Bereichen des eigenen Lebens (Schule, Familie) überprüft werden.

Wie funktioniert Veränderung?

„Alter" Mensch: was Angst vor drohenden Nachteilen	→	neues Denken	→	– prüfen, was gut ist, nicht gut ist – prüfen, was Gottes Wille ist – sich nicht abspeisen lassen
				↓
erneuerter Mensch: Kraft, neue Verhältnisse durchzuhalten	←	neue Lebensmöglichkeiten	←	Strukturen ändern

⇨ Text: *Julia Esqivel, Vaterunser aus Guatemala* (Auszug) (SB, S. 12)
Das Gebet zeichnet auf bestürzende Weise ein Bild des mittelamerikanischen Leidensalltags: Unvereinbar erscheinen auf den ersten Blick die Auflistung von Grausamkeit und Gewalterfahrung, die strukturelle politische Kritik und der sprachliche Rahmen des zugewandten, vertrauensvollen Vaterunsers.

Das Gebet ist ein Beispiel dafür, wie Menschen ihre Lebenswirklichkeit im Horizont eines biblischen Textes reflektieren und zugleich der biblische Text selbst eine neu aus der Realität erwachsene Auslegung erhält.
Ein größerer Auszug des sehr eindrucksvollen Textes findet sich in: Dietrich Schirmer (Hg.), Die Bibel als politisches Buch, Kohlhammer, Mainz 1982, S. 29–34.

Es empfiehlt sich nicht, den Text als Präsentation laut vorzulesen, da die Grausamkeit des Geschilderten hilflos und sprachlos macht und häufig zu einer schützenden Abwehrhaltung führt. Vielmehr setzen die Arbeitsaufträge im SB darauf, die liturgische Stütze der Gebetsform wirksam werden zu lassen und so zunächst einen Rahmen zu bestimmen und mit eigenen Gedanken zu füllen, bevor die Auseinandersetzung mit den Erfahrungen der guatemaltekischen Menschen beginnt.
Vertiefung: In Lerngruppen mit Interesse z.B. an der Gestaltung eines Gottesdienstes kann der Versuch gemacht werden, Passagen des Gebetes mit selbst geschriebenen Kommentaren oder Antworten zu kombinieren.

⇨ Bild: *Willibald Kramm, Die Hinrichtung* 1951 (SB, S. 13)
Die dargestellte Szene bildet auf ihre Art ein visuelles Pendant zu dem Vaterunser aus Guatemala: Wurden in dem Text die Grausamkeit der Täter und die überwältigenden Leidenserfahrungen der Menschen durch den strengen liturgischen Rahmen des Gebets überhaupt verbalisierbar gemacht, so arbeitet das Bild mit einer sehr klaren und bewusst schlicht gehaltenen Form- und Farbsprache.
Zwei schwarz gekleidete Männer haben einen nackten Menschen zwischen sich, der vermutlich kniet, jedenfalls, den Kopf auf Brusthöhe der Männer, einen Arm zu dem Gesicht eines der beiden Männer hochstreckt. Die Geste wirkt flehentlich, der Blick des Opfers jedoch bereits wie im Sterben erstarrt, sein Mund verzogen.
Einer der beiden Männer hat seine Hand an den Hals des Nackten gelegt. Sein Blick gilt nicht dem Opfer, sondern sucht den seines Partners. Beide Männer blicken sich über das Opfer hinweg in die Augen, als ob das Opfer gar nicht präsent wäre. Der Mund der beiden Männer ist kaum erkennbar – ihre Gesichter wirken schemenhaft, entpersonalisiert und stumm. Kein Appell um Gnade, der diese Henker erreichte.
Der Hintergrund der Szene ist menschenleer, ein angedeuteter Straßenverlauf mit gleichförmigen Häusern, vielleicht ein Lager. Am Ende der Straße kleine schwarze Striche – ein Zaun?, eine weit entfernte Gruppe von Menschen?
Die violette Farbe des Hintergrundes wirkt kalt, erinnert an Schnee, die rosafarbene Hautfarbe des Opfers scheint mit ihr zu verschmelzen. Hautfarbe von Täter und Opfer kontrastieren stark.
Alternative zu den Arbeitsaufträgen des SB: Den ersten Eindruck als Ausgangspunkt nehmen und über die Frage, wie die Wirkung zu Stande kommt, in eine Analyse der Bildelemente überleiten.
Vertiefung zu den Arbeitsaufträgen: Bezüge zwischen dem Vaterunser aus Guatemala und dem Bild herausstellen (inhaltliche Aspekte: Opfer-Täter-Gefälle; Machtstrukturen; Ohnmacht; Willkür; Ausgeliefertsein; Sprachlosigkeit versus Gebet, als Versuch Sprache wiederzufinden; darstellende Mittel: einfache, schlichte, zurückgenommene Formen).

E. Gottes Gerechtigkeit

Die Frage nach der Gerechtigkeit unter Menschen ist eng verbunden mit der Frage nach der Gerechtigkeit Gottes. Obwohl der Schwerpunkt dieses Kapitels anders gesetzt ist, gibt das Interview mit Dorothee Sölle einen Einstieg in diese Problematik, sozusagen als „Anker" für das Vorhandensein dieser Problematik. An dieser Stelle sei weiter verwiesen auf das Kapitel „Leiden" (SB, S. 149ff.).

⇨ Text: *Interview mit Dorothee Sölle* (Auszug), 2001 (SB, S. 14f.)
Der vollständige Text des Interviews sowie biographische Informationen zu Dorothee Sölle können im Internet unter http://www.zdf.de/hp/index/html abgerufen werden. Rubrik: Information/Wissen/Zeugen.

⇨ Bild: *Janet Wilkens, Labyrinth – A Walking Meditation* (SB, S. 15)
Das Bild wird auf einer vom Kirchentag Leipzig herausgegebenen Karte mit einem Gedicht kombiniert (ZM 1). Dieses kann zur Vertiefung der Arbeitsaufträge im SB herangezogen werden. Es kann dem Bild auch von Anfang an als Kommentar an die Seite gestellt werden: Welche Worte und Gedanken des Ge-

dichtes beziehen sich auf welche Elemente des Bildes? (evtl. Gedichtzeilen in das vergrößerte Bild collagieren lassen).
Vertiefung: Überlegungen anstellen, welche Formen geeignet sind, die Suche der Menschen nach Gerechtigkeit darzustellen, z.B. Labyrinthe gegenüber Irrgarten, einfache Strecke, Kreis oder Spirale.

G. Mut lässt sich erlernen

⇨ Text: *Dorothee Sölle, Gegenreden* (SB, S. 16)
Die Arbeitsaufträge des SB können handlungsbezogen erweitert werden, indem die inneren Haltungen, die der zweite Sprecher im Verlauf des Gespräches einnimmt, jeweils in einem Standbild verdeutlicht werden.
Die Vorbereitung einer Inszenierung des Textes stellt die Frage nach den Sprechern. „Gott spricht mit dem Menschen" ist nur eine mögliche Zuordnung, die zwar durch die Anrede „Mensch" in Z.1 gestützt, aber durch die wiederholte Verwendung des Wortes „Gott" relativiert wird. Denkbar sind also auch andere Sprecher, z.B. zwei innere Stimmen eines Menschen, Mensch und Prophet oder Mensch und Bibel.
Als weiterführender Text wäre die Lektüre von Dorothee Sölle „Wege aus dem Reichtum" interessant. Hier konkretisiert die Autorin Z. 6f. der 5. Strophe „Wo soll ich anfangen und wie weit soll ich gehen?" in politischer Dimension.
Text in: Dorothee Sölle, Luise Schottroff, Den Himmel erden, dtv, München 1996, S. 135-138

⇨ Text: Zeitschrift „Brigitte", *Zivilcourage als Bürgerpflicht*, (SB, S. 17)
Über das „Netzwerk für Toleranz", die „Theodor-Heuss-Medaille" sowie über Uta Leichsenring selbst können die Sch. sich im Internet informieren.
Ergänzend könnte das Stufenmodell Lawrence Kohlbergs zur Entwicklung moralischen Urteilens vorgestellt werden. Eine Darstellung im Überblick findet sich in: Philip G. Zimbardo, Psychologie, Springer, Berlin [6]1995, S. 86–89. Das Modell ist hilfreich, um den kognitiven Anteil moralischer Handlungen zu verdeutlichen – noch wichtiger allerdings ist die an ihm geübte Kritik, die auf den wichtigen Unterschied zwischen moralischem Urteilen und moralischem Handeln hinweist: Warum ein Mensch in einer bestimmten Situation mutig handelnd eingreift (oder dieses unterlässt), hängt von einer Reihe von Faktoren ab, von denen die moralische Einstellung eines Menschen nur einer unter vielen ist (vgl. dazu Literatur zur Vorbereitung, Bierhoff, Sozialpsychologie, S. 73–101).

⇨ Text: *Anonym, Wir verkaufen nur den Samen* (SB, S.18)
Vertiefung der Arbeitsaufträge des SB:
Darstellung der Szene aus der Perspektive des Engels, dabei Interpretation des Pronomens „wir" im letzten Satz.
Der Text kann in die Arbeit an einem Projekt überleiten. Wenn festgelegt wurde, welchem „Gegenstand" der „Einkaufsliste" sich eine gemeinsame Aktion zuwenden soll, kann methodisch mit der „Zukunftswerkstatt" Robert Jungks weitergearbeitet werden (ZM 3).

⇨ Bild: *Plakat Hoffnung*
Vertiefung: Entwirf ein eigenes Symbol, eine Geschichte oder eine Aktion, die zu gerechtem Verhalten ermutigt.

Suchen wir

Auf dem Weg zur Mitte
nach innen und wieder hinaus
oder außen
zögernd
doch in Bewegung
in Feuer und Wasser
Natur und Kultur
die Farben des Lebens entdecken
Unterwegs miteinander
Menschen jeder Couleur
überall auf der Erde
Suchen wir
dich
Weg der Gerechtigkeit
Leben

Evangelischer Kirchentag Leipzig
Abendgebet zur Sache

Die Zukunftswerkstatt

Die Zukunftswerkstatt ist eine Methode, die von dem Zukunftsforscher Robert Jungk erdacht wurde. In einer solchen Werkstatt wird tatsächlich gebastelt und zwar an der Zukunft. Dies geschieht allerdings im übertragenen Sinne, nämlich mit Vorstellungen und Ideen. Ziel ist es dabei, das zukünftige Leben zu beeinflussen.

Das Thema, an dem ihr arbeiten wollt, solltet ihr vorher gemeinsam formulieren, z.B. „Gleichberechtigung von und Frauen und Männern".

Die Durchführung der Zukunftswerkstatt erfolgt in vier Schritten, bei denen bestimmte Regeln zu beachten sind. Voraussetzung für das Gelingen ist eine gute Organisation: Sorgt also für einen geeigneten Raum und stellt alle notwendigen Materialien (Tapetenreste, Stifte, Reißzwecken, Zettel DIN A5 und gegebenenfalls eine Pinnwand) bereit.

Durchführungsschritte und Regeln

1. Vorbereitung

Stellt einen Plan für die zur Verfügung stehende Zeit auf.
Stattet euren Raum so aus, dass ihr gerne darin arbeitet, und besorgt alle notwendigen Materialien (s.o.).

2. Bestandsaufnahme

Beschreibt möglichst genau, wie der Zustand, um den es euch geht, sich aktuell darstellt. Formuliert Beschwerden und Kritik an dem gegebenen Zustand.
Ordnet nun die einzelnen Punkte nach Problembereichen, z.B. an einem Problembaum. Wenn alle Karten am Baum hängen, darf jeder zwei Punkte an die Bereiche verteilen, die ihn besonders interessieren. Nach der gemeinsamen Pause wird das Thema mit den meisten Punkten weiter bearbeitet.
Auf keinen Fall darf jetzt gleich über die Inhalte am Baum gesprochen werden.

3. Phantasie entwickeln

Nun gilt es jeden einzelnen Kritikpunkt des ausgewählten Bereiches positiv umzuwandeln. Das funktioniert so: In Gruppen sucht ihr zu jeder Kritik eine positive Alternative. In dieser Phase kommt es auf eure Phantasie an. Alle Lösungen sind erlaubt und möglich. Ihr könnt davon ausgehen, dass es keinerlei Hemmnisse für die Verwirklichung der geäußerten Alternativen geben wird.
Wenn ihr alle Ideen wieder auf Karten gesammelt habt, steckt ihr sie zu einem Lösungsbaum. Hängt diesen neben den Problembaum.
Bevor ihr nun in die vierte und schwierigste Phase geht, stellt mindestens eine der Lösungsideen anschaulich dar!

4. Die Verwirklichung

Jetzt kehrt ihr in die Realität zurück, indem ihr überprüft, inwieweit sich eure Ideen in die Wirklichkeit umsetzen lassen. Nehmt Problemkarten und dazu passende Lösungskarten, spannt einen Faden dazwischen und pinnt diese Paare auf ein neues Plakat. Verfahrt so weiter, bis für möglichst viele Schwierigkeiten Auswege gefunden sind.
Überlegt Euch nun einzelne erste Schritte, die an dem gespannten Faden entlang in Richtung auf die Lösung getan werden können.
Legt einen Erprobungszeitraum fest, in dem ihr versucht, erste Ansätze zu verwirklichen.
Nicht vergessen: Eine Abschlussbesprechung über eure Erfahrungen mit der Methode der „Zukunftswerkstatt" machen!

„Die Zukunftswerkstatt" von Robert Jungk (veränderte Textfassung) in: Thomas Berger-v. d. Heide (Hg.), Menschen – Zeiten – Räume. Geschichtlich-soziale Weltkunde für Realschulen, 9./10. Schuljahr. Cornelsen, Berlin 1998, S. 266f.

Zukunft braucht Erinnerung – Juden und Christen

1. Theologische und didaktische Aspekte

Mit dem Thema Juden und Christen verbinden viele Sch. sofort die Verfolgung und Ermordung der Juden in Nazideutschland – und dies wird andernorts häufig behandelt. Die Zeit vor, während und nach dem Zweiten Weltkrieg wird im Geschichtsunterricht, aber auch in Deutsch oder Politik, gründlich durchgenommen. Dieser Tatbestand lässt den historischen Zugriff als eine wenig sinnvolle Wiederholung erscheinen. Gefragt ist also eine spezifische Herangehensweise, die dem Schülerinteresse wie auch dem Religionsunterricht Rechnung trägt.

So zielt der thematische Zugang zunächst darauf ab, die Frage zu erörtern, warum es notwendig ist, sich auch noch gut ein halbes Jahrhundert nach Kriegsende mit den damals begangenen Grausamkeiten zu beschäftigen. Inwiefern brauchen die Nachgeborenen tatsächlich die Erinnerung als einen Beitrag für die Gestaltung der Zukunft?

Beim zweiten Schritt geht es darum, sich in die unterschiedlichen Ansätze heutiger Vergangenheitsbewältigung hineinzudenken und sie zu bewerten. Welche Formen des Gedenkens und Mahnens erfüllen ihren Zweck? Was ist sinnvoll?

Der dritte Schritt thematisiert die Zuordnung und Annäherung der beiden Religionen, die doch aus einer gemeinsamen Wurzel stammen. Dies eröffnet neue Perspektiven für die Verantwortung, die Juden und Christen aus ihrer jeweiligen Tradition heraus in Hinblick auf die Weltgestaltung heute tragen.

Im Einzelnen ist als didaktische Reduktion dieses Vorhabens folgende Schwerpunktsetzung vorgenommen worden:

A. Erinnerung ist notwendig

Die Erinnerung der heute lebenden (Sch.-)Generation ist nicht mehr persönlicher Natur, noch nicht einmal über die inzwischen häufig verstorbenen Großeltern. Es folgen jetzt Generationen, die keine „individuelle" Erinnerung mehr haben. Wenn die Jugendlichen heute keine juristische oder moralische Schuld empfinden, stellt sich die Frage: Was kann Auschwitz den Lebenden noch bedeuten, über Erschrecken, Schmerz und Schweigen hinaus? Es geht darum, verstehen zu lernen, wie es dazu kommen konnte, dass Menschen die Schoah duldeten, dass sie wegschauten und mitmachten. „Vielleicht kann man neben anderem die dringliche Erkenntnis vermitteln, dass es das Böse gibt. Das Böse existiert nicht etwa in der Art wie ein Unfall, nicht wie ein unpersönliches soziales oder bürokratisches Phänomen, nicht wie ein ausgestopfter Dinosaurier in einem Museum. Das Böse ist allgegenwärtige Möglichkeit, um uns herum und in uns selbst" (Amos Oz). In der Schoah hat sich das, was der Mensch anrichten kann, auf entsetzlichste Weise ausgetobt – unvergleichlich in der Menschheitsgeschichte. Aber die Erinnerung daran ist nicht in Hinblick auf die Qualität oder Quantität dieses Grauens wichtig, sondern in Hinblick auf Menschsein überhaupt. Deutsche Sch. sollen dies in Erinnerung behalten, nicht nur, weil sie Deutsche sind, sondern weil sie Menschen sind. Sie sind frei von Schuld, aber nicht frei von der Verpflichtung, aus dem Geschehen die Lehren zu ziehen.

B. Formen der Vergangenheitsbewahrung

Die Auseinandersetzung mit den Folgen der Hitlerdiktatur geschieht heute unter den nachwachsenden Generationen auf sehr unterschiedliche Weise. Das vorgelegte Material kann natürlich nur eine exemplarische und sehr begrenzte Auswahl vorstellen.

Mancher konkret diakonische Einsatz für die Opfer des Holocaust ist von persönlichen oder auch politischen Motiven bestimmt. Hier sei ausdrücklich auf die Arbeit der *Aktion Sühnezeichen Friedensdienste* verwiesen, die sich in Israel und weltweit engagiert.

Andererseits sollte Platz sein für die provokante und sehr grundsätzliche Frage: „Ist nicht endlich Schluss mit Sühne?" Nur auf dem Hintergrund einer möglicherweise harten Diskussion um die Berechtigung von Mahnen und Erinnern in Deutschland kann eine sinnvolle Beschäftigung mit dem zentralen Mahnmal in Berlin, dem „Denkmal für die ermordeten Juden Europas", erfolgen. Gerade weil die Ausgestaltung dieses Mahnmals auch unter den Verantwortlichen lange umstritten war, kann man Schüler mit hineinnehmen in die Überlegungen eines sinnvollen „Gedenkens". Da das Denkmal erst im Jahr 2004 fertiggestellt sein wird, ist es nahe liegend, aus Presse und Internet begleitend Informationen und Diskussionsmaterial anzubieten.

C. Gemeinsame Aufgaben

Nach den beiden Studien „Christen und Juden I" von 1975 und „Christen und Juden II" von 1991 wird mit der Studie „Christen und Juden III. Schritte der Erneuerung im Verhältnis zum Judentum" aus dem Jahr 2000 die Neubesinnung der Evangelischen Kirche in Deutschland (EKD) im Blick auf ihr Verhältnis zum Judentum fortgesetzt. Es sollen nur kurz einige wesentliche Grundgedanken aus dieser Studie hervorgehoben werden:

- Die bleibende Erwählung des jüdischen Volkes ist seit der EKD-Synode von Weißensee (1950) der tragende Gedanke der Neubesinnung der Kirche in ihrem Verhältnis zum Judentum. In der Studie III steht nun der Begriff „Bund" im Zentrum. Es wird klar betont, dass ein eigener Bund Gottes mit der Völkerwelt bzw. der christlichen Kirche weder im Alten noch im Neuen Testament belegt ist. Wohl aber ist der Bund, den Gott mit Israel geschlossen hat, auf die Völkerwelt hin orientiert. Das Modell einer Hineinnahme der Kirche in den Bund Gottes mit Israel entspricht auch nicht dem exegetischen Befund. Zeichen des Bundes Gottes mit Israel sind Tora und Beschneidung. Die Kirche des Neuen Testaments beruft sich auf den Neuen Bund in Christi Blut (1. Kor 11,25). Seine Zeichen sind Glaube, Taufe und das Abendmahl. Für Christen wird in der Abendmahlstradition die Beziehung zum vergebenden Gott immer wieder erneuert und befestigt. Diese wird letztlich als eine eschatologische Vorausnahme des Zielpunktes von Gottes Bund mit Israel verstanden.
- Eine planmäßig durchgeführte Judenmission, mit dem Ziel der Verbreitung des christlichen Glaubens unter jüdischen Menschen, gehört nicht mehr zu den von der Ev. Kirche in Deutschland geförderten Arbeitsfeldern. Trotzdem ist man als Christ natürlich immer aufgefordert, im Gespräch und in der Begegnung mit den Nachbarreligionen – also auch mit dem Judentum – „von der Hoffnung zu reden, die in uns ist" (1. Petr 3,15). Aber ein Verzicht auf „Judenmission" ist theologisch und mit Blick auf die Jahrhunderte lange Judenverfolgung historisch geboten.
- In der Überschrift „Gemeinsame Handlungsfelder und Aufgaben von Juden und Christen" ist der Blick nach vorne gerichtet. Es wird deutlich, dass sowohl theologische Erklärungen (Studie I–III) als auch das gemeinsame

Handeln heute Kriterien für die Glaubwürdigkeit einer Verständigung zwischen Juden und Christen sind. Aus der gemeinsamen Verantwortung für die Weltgemeinschaft ergeben sich eine Reihe von Aufgaben:

- Menschenrechte und Menschenwürde
- Bewahrung der Schöpfung
- Wert des Lebens (medizin-ethische Fragen)
- Arbeit und Ruhe (Sonntagsheiligung und Sabbatruhe)
- Antisemitismus bekämpfen - Minderheiten schützen
- Formen des Gedenkens

Insgesamt kann man sagen, dass der Geist der Feindseligkeit und der Herablassung, der das Verhältnis von Christen und Juden durch viele Jahrhunderte belastet hat, dem Geist des Respekts und der Geschwisterlichkeit zu weichen beginnt.

Der Einstieg in die Unterrichtsreihe erfolgt über ein *Bild von Samuel Bak*. Die surrealistische Darstellung mit dem Titel „The Family" zeigt das Gruppenbild einer jüdischen Familie. Die Gesichter und Figuren tragen jedoch nicht festliche Kleidung, sondern alle Personen sind auf vielfache Art kriegsversehrt, entstellt und verwundet. Neben zahlreichen geschlossenen Augen stehen versteinerte Gesichter mit leeren, stumpfen Blicken. Teilweise sind nur noch Versatzstücke von Menschen übrig geblieben (Münder, Augen, halbe Köpfe). Der Bildhintergrund zeigt einen Himmel, der verdunkelt ist von Rauch und dem Glühen weit entfernter Brände. Am rechten Bildrand ist ein endloser Menschenzug von Flüchtlingen oder Deportierten zu erkennen. Samuel Bak ist ein Kind des Holocaust. Er floh, kurz nachdem sein Vater erschossen wurde, mit seiner Mutter aus dem Ghetto von Vilna nach Palästina. Auf dem Bild „The Family" huldigt er Menschen, denen er sich besonders verbunden fühlte - angefangen mit seinem Urgroßvater, dessen Züge an Leonardo da Vinci erinnern, bis zu seinen Kriegskameraden. Das Bild weist vom biografischen Einzelfall des Samuel Bak auf die jüdische Menschheitsfamilie, die als Verwundete und Entstellte mit diesem Gruppenfoto vor der Vergessenheit bewahrt werden soll. Die einzeln herausgearbeiteten Gesichter wirken wie Denkmale, deren Identität und Persönlichkeit jedoch einmal erkennbar war, und an die stellvertretend erinnert werden soll.

Wenn für heutige Jugendliche der Themenkomplex „Shoah" nur als historisches Ereignis verfügbar ist, dann stellt sich die Frage, über welche Kanäle, Medien und Methoden eine Annäherung erfolgen kann. Bei diesem sensiblen Thema sind einige jugendspezifische Zugänge problematisch; dagegen kann der Erfahrungsbericht einer Augenzeugin aus dem Naziregime (existenzieller Bezug) hoffentlich einen Zugang ermöglichen.

Der *autobiografische Text von Rosa Fischer* eröffnet eine ganze Reihe von Fragestellungen: Wie konnte ein kulturell so hoch entwickeltes Volk solche Grausamkeiten begehen? Kann Rosa Fischer nach über 50 Jahren Leben in Deutschland jemals die deutsche Staatsangehörigkeit annehmen? (Wie) war ein Weiterleben nach diesen Erlebnissen möglich? Was bedeutet es für die Enkel, dass sie die Namen der Umgekommenen tragen?

Der Blick in eines der fünf *Voids* im neuen Jüdischen Museum in Berlin unterstreicht das Erleben von Rosa Fischer. Diese fünf Leerräume bilden das Rückgrat des zickzackartig gewundenen, vielfach gebrochenen Grundrisses des Museums. Es handelt sich um vom Untergeschoss bis zum Dach sich erstreckende Leerräume, die für die Besucher zwar einsehbar, aber nicht betretbar sind. Sie verweisen, indem sie dem Zugriff entzogen sind, auf Verschwundenes, aber trotzdem als zentrale Achse des Gebäudes auf zu Vergegenwärtigendes. Auf diese Weise wird mit den Mitteln der Architektur eine Quintessenz deutsch-jüdischer Geschichte versinnbildlicht. Auch das Nachdenken von Rosa Fischer kreist um den Verlust der verstorbenen Eltern, und die Namensgebung der Enkel weist auf die Angst vor dem Vergessen dieser Menschen hin (vgl. Samuel Baks Erinnerungsfoto).

Die weiteren Seiten eröffnen folgende Diskussion: Wie verarbeiten deutsche Jugendliche, die nicht Juden sind, das „Erbe" ihrer Geschichte und wo liegen Möglichkeiten und Grenzen einer Versöhnung? Der diakonische Einsatz von Daniel Geiss (21) und Martin Schellenberg (22) im Rahmen der *Aktion Sühnezeichen Friedensdienste* stellt zunächst eine Position vor, mit der sich die Sch. sicher kritisch auseinandersetzen werden.

Nach diesen zwei persönlichen Beispielen in der Begegnung mit der deutschen Vergangenheit wird unter dem provokanten Titel *Ist nicht endlich Schluss mit Sühne?* die grundsätzliche Frage der Vergangenheitsbewältigung gestellt. Die bewusst inhaltlich sehr unterschiedlichen Statements bieten einen problemorientierten Zugang zu dieser Thematik, wobei sie im Laufe der Diskussion durch weitere Argumente (pro/contra) der Sch. ergänzt werden können.

Die folgende Doppelseite bietet Raum für das Kennenlernen und die Bewertung des *zentralen Mahnmals in Berlin*. Nachdem es etliche Auseinandersetzungen um den Standort und die inhaltliche Gestaltung dieses Mahnmals gab, hat der Vorschlag des Amerikaners Peter Eisenman die nötige Zustimmung erhalten. Sein Entwurf sieht ein Feld mit 2700 senkrechten Betonpfeilern (Stelen) und einen unterirdischen „Ort der Informationen" vor. Neben der inhaltlichen Beschäftigung mit dem Mahnmal sollen die Schüler der Fragestellung nachgehen, ob ein Denkmal „pur" oder ein Denkmal mit Informationszentrum eher zur Erinnerung dient. In welcher Weise und warum ist es überhaupt sinnvoll, Gedenkstätten für die Nachwelt zu erhalten?

Die authentischen *Äußerungen von heute lebenden jüdischen Kindern* und Jugendlichen sollen die Scheu vor einer möglichen Begegnung überwinden und neue Perspektiven eröffnen. Hadar (14) gehört zu einer Generation, die lange nach den Gräueltaten an ihren Großeltern geboren ist, und sie ärgert sich zu Recht darüber, dass von vielen Mitschülern der Übergriff von Rechtsradikalen auf Ausländer mit einer erneuten Diskriminierung von Juden verbunden wird. Der Dialog zwischen Dan und Filip spiegelt an einem konkreten Thema (Fußball) die Identitätsproblematik jüdischer Jugendlicher in Deutschland wider. Filip kann bei einem Länderspiel zu Deutschland halten, weil seine israelische Staatsangehörigkeit ihm die nötige Freiheit und Distanz ermöglicht. Dan, als Deutscher, hadert mit der Last der Geschichte, und er zieht scharfe Grenzen in Hinblick auf seine Identifikation mit dem Land, in dem seine Familie ausgerottet wurde (Wehrdienst, Partnerwahl). Channah (8) konstatiert mit der Unbefangenheit eines Kindes den Umgang ihres Opas mit der Brandmarkung durch die Nazis. Das Bildmaterial, das diese Äußerungen von jüdischen Jugendlichen in Deutschland umrahmt, möchte neue Bilder in die Herzen und Köpfe der Sch. „einpflanzen".

Der Text *„Ansätze zum christlich-jüdischen Gespräch"* leitet den dritten Block, „Gemeinsame Aufgaben", ein. Zunächst geht es um die (schmerzliche) Wahrnehmung, dass frühere christliche Theologie antijüdischen Denkmustern Vorschub geleistet hat (z. B. Christusmörder, Pharisäer als Synonym für Heuchler, Juden seien Angehörige einer veralteten Religion...). Im Sinne von Theodor W. Adornos „neuem kategorischen Imperativ", dass Auschwitz nicht noch einmal sei, zielt der neue Blickwechsel auf gemeinsame Wurzeln und gemeinsame Ziele: Hier wird der Akzent gelegt auf den Schöpfungsglauben mit seinen ökologischen Implikationen, auf die Zehn Gebote als Grundlage der Menschenrechte und des Grundgesetzes und auf das Gebot der Nächstenliebe, das Jesus aus der Schrift – der Hebräischen Bibel – zitiert.

Auf dem *Plakat „Berlin – Hauptstadt für Deutschland"* sind Imam Nail Dural, Pope Konstantin Drakonakis, Pfarrerin Eva Maria Wunderlich, Pater Vincenz und Rabbiner Ernst Stein abgebildet. Gemeinsam bekennen sich hier nicht nur drei verschiedene Ausprägungen des Christentums (orthodox, evangelisch, katholisch), sondern auch zwei weitere Nachbarreligionen (Islam und Judentum) zu einem Leben in Toleranz, Demokratie und Menschenwürde in der Hauptstadt Berlin: „Wir glauben dran". Mit diesem gemeinsamen Anliegen konkretisiert das Plakat die Aussageabsicht des vorangegangenen Textes.

Die *dramatische Szene* „Steht einfach da, aufrecht und gerade ..." in einer voll besetzten S-Bahn knüpft unmittelbar an das Werbeplakat an. Es geht um ein gelungenes Beispiel von Zivilcourage angesichts eines demütigenden und gewalttätigen Übergriffs auf einen Ausländer durch einen Rechtsradikalen. Die Aktivität eines Mannes, der sich dem Angriff entgegenstellt, kann nicht als Realitätsabbildung verstanden werden, sondern hat surrealistischen Charakter. Der Umschlag erfolgt durch das „Aufstehen gegen die Gewalt"; dies löst alle aus der teilnahmslosen Lethargie. Der gelbe Stern, im Nazi-Regime einst Zeichen der Ausgrenzung und Demütigung, wird in dieser Szene zum Symbol einer gemeinsamen Aktion gegen Ausländerfeindlichkeit und Rassismus und für Menschenwürde und Völkerverständigung. Auch wenn nicht alle Passagiere in der S-Bahn dafür eingestanden sind, haben sie, wie der Leser, die Szene angespannt durchlebt. Die Sprachform dieses Textes verzichtet auf jedes überflüssige Wort, fast rap-artig ist die geballte Aktivität verdichtet auf eine stark verkürzte Syntax und vermittelt dadurch Eindringlichkeit.

Der *Text „Wenn nicht ich, wer?“* der ev. Theologin Dorothee Sölle reflektiert die vorangegangene Szene auf einer grundsätzlichen Ebene. Sie stellt ihren Gedanken zwei Sprüche der Väter aus der jüdischen Mischna und eine kurze jüdische Geschichte von Rabbi Sussja, einem Gelehrten der Chassidischen Tradition, voran. In den Mittelpunkt wird nicht die Selbsterkenntnis, sondern das Gebot der Nächstenliebe gerückt, die sich nicht in ein Kosten-Nutzen-Prinzip verrechnen lässt. Die Gottesliebe wird als notwendige Einmischung übersetzt, die den Menschen selbst verändert („Es hätte dir genützt“) – unter Absehung von der Fixierung auf den realen Erfolg. Der Bezugsrahmen der Gottesliebe wird sehr weit verstanden (von Flüchtlingen bis zum sauberen Wasser) und schließt damit den ursprünglichen Schöpfungsauftrag „bebaue und bewahre“ mit ein.

Der Abschluss der Unterrichtseinheit nimmt noch einmal den Ausgangspunkt in den Blick, wenn es den grausamen Tod einer jungen Jüdin thematisiert. Aber das „Poem“ von Selma Meerbaum-Eisinger, die ein ähnliches Schicksal wie Anne Frank erlitten hat, weitet den Horizont auf die Menschheitsfamilie: „Ich möchte leben. ... Das Leben ist mein und dein.“ Aus dem Gedicht spricht eine unbändige Lebenssehnsucht nach Farben, Glück, Natur, Liebe und Kraft, die jedoch in gleichem Atemzug *jeder/jedem* zugestanden wird. Insofern schließt sich der gedankliche Spannungsbogen mit dem Appell, in dem anderen ein Geschöpf Gottes zu sehen und ihm/ihr ein unbedingtes Recht auf geschütztes und würdevolles Leben zu gewähren.

2. Intentionen

Die Sch. sollen

- an Hand eines autobiografischen Berichts einer KZ-Überlebenden und eines „Void“ ein Empfinden bekommen für die Unwiederbringlichkeit eines Menschenlebens
- sich mit unterschiedlichen Formen der Vergangenheitsbewältigung kritisch auseinandersetzen
- das zentrale „Denkmal für die ermordeten Juden in Europa“ kennen lernen und verschiedene Ansätze der Gestaltung von Mahnmalen diskutieren
- die Identifikationsproblematik von jüdischen Kindern in Deutschland verstehen lernen
- wachsam werden für antijüdische Denkmuster in der christlichen Theologie
- den reichen Schatz des ethischen Konsenses von Judentum und Christentum in der gemeinsamen Weltverantwortung erkennen und diesen an verschiedenen konkreten Geschichten durchspielen
- das Anliegen von Selma Meerbaum-Eisinger an Hand eines ihrer Gedichte produktiv und gedanklich umsetzen

3. Literatur zur Vorbereitung

- Frauke Büchner, Der Jude Jesus und die Christen, Vandenhoeck & Ruprecht, Göttingen 1993
- EKD Studie III. Zur theologischen Neuorientierung im Verhältnis zum Judentum, Gütersloher Verlagshaus, Gütersloh 2000

- Ingrid Grill, Das Judentum, Vandenhoeck & Ruprecht, Göttingen 1992
- Charlotte Kohn-Ley, in: Jessica Jacoby, Claudia Schoppmann, Wendy Zena-Henry (Hg), Nach der Schoa geboren. Jüdische Frauen in Deutschland, Elephanten-Press, Berlin 1994, S. 218
- Nathan P. Levinson/Frauke Büchner, 77 Fragen zwischen Juden und Christen, Vandenhoeck & Ruprecht, Göttingen 2001
- Rolf Rendtorff, Christen und Juden heute: Neue Einsichten und neue Aufgaben, Neukirchener Verlag, Neukirchen-Vluyn, 1998
- Jürgen Roloff, „Folgerungen aus dem christlich-jüdischen Gespräch für die Ekklesiologie“ In: Arnulf Baumann (Hg.) „Auf dem Weg zum christlich-jüdischen Gespräch“, LIT-Verlag, Münster 1998
- Ursula Rudnick, Auf dem Weg zum Hause des Nachbarn. Neue Wege im christlich-jüdischen Gespräch und ihre Aufnahme in der protestantischen Bildungsarbeit, Münster 2002

4. Unterrichtsideen

A. Erinnerung ist notwendig

⇨ Es ist nahe liegend, die Bildbetrachtung von *„The Family“ (Samuel Bak)* (SB S. 21) mit einer Spontanphase zu eröffnen. Anschließend sollte jeder Sch. sich zunächst auf eine Person oder einen Bildausschnitt beschränken, die/den er schriftlich beschreibt. Diese einzelnen Bildelemente werden dann zusammengesetzt. Nun wird der ursprüngliche Sinn eines Gruppenfotos erläutert (Foto gegen das Vergessen, festliche Kleidung, jede(r) zeigt sich besonders herausgeputzt etc.) und mit diesem Foto kontrastiert. Anschließend formulieren die Sch., woran dieses konterkarierte „Gruppenfoto“ erinnern will und wer der Adressat sein soll. Bei dem Versuch einer Gesamtdeutung ist es wichtig, einige Hintergrundinformationen zu Samuel Bak (s.o.) anzuführen, die diese „Family“ speziell als jüdische Menschheitsfamilie herausstellen.

⇨ *Rosa Fischer* (SB S. 22) Die Auseinandersetzung mit diesem durchaus sachlichen, aber vom Aussageduktus her erschütternden Erfahrungsbericht ist für Sch. sicher nicht leicht. Zunächst sollte jeder Zeit bekommen, den Text in Stillarbeit zu lesen. Nach der inhaltlichen Klärung der einzelnen Textabschnitte und der darin aufgeworfenen Problematik kann die weitere Vertiefung kreativ bzw. produktiv gestaltet werden; jeder Sch. entscheidet sich für einen Abschnitt und umstellt ihn mit einem dazu passenden Material nach eigener Maßgabe: eine Abbildung aus dem Geschichtsbuch, ein Kontrasttext von Goethe oder Schiller (Deutschbuch), ein Leserbrief oder ein Tagebucheintrag (Perspektive: einer der Enkel). Ein persönlicher Zugang wäre geschaffen, wenn die Sch. Rosa Fischer einen Brief schreiben (fiktiv), ohne dass diese Briefe vorgelesen werden müssten.

⇨ Bei der Betrachtung der *„Void“* (SB S. 23) ist es wichtig, das unmittelbare Empfinden der Sch. zur Sprache kommen und als Ich-Botschaften formulieren zu lassen. Die Perspektive blickt von unten entlang einen dunklen Schacht hoch. Der Lichteinfall an der rechten Mauer kann an die vergitterten Fenster der Viehwaggons erinnern. In einem zweiten Schritt soll der erläuternde Text neben dem Void gelesen werden. Der Architekt des Museums, Daniel Libeskind, spricht von einer „Verräumlichung von Geschichte“. Die Sch. sollten auf dem Hintergrund ihrer Kenntnisse über den Holocaust diese Sinngebung durch den Architekten interpretieren.
Weiterarbeit: ZM 1 / Ruth Klüger, Weiterleben (Ausschnitt)

B. Versöhnung – Möglichkeiten und Grenzen

⇨ *Begegnungen* (SB S. 24) Nach Kenntnisnahme und Diskussion dieser beiden Erfahrungsberichte ist es hilfreich, dass die Sch. ihre Gedanken und Anfragen nun strukturierter bündeln. Dies kann in Form eines Briefes geschehen, wobei sich als Adressat besonders Martin Schellenberg anbietet. Sein biografischer Hintergrund und die Äußerungen in Bezug auf seine gewonnene Sicherheit als Deutscher bieten Ansätze zur eigenen Reflexion der Schüler.

Weiterarbeit: – Referat über die heutige Arbeit von Aktion Sühnezeichen Friedensdienste www.asf-ev.de

- Diskussion über den Sinn eines solchen Einsatzes im Rahmen des Zivildienstes

⇨ *„Ist nicht endlich Schluss mit Sühne?“* (SB S. 25) Der Einstieg in diese Schülerbuchseite kann zunächst allein über die Überschrift erfolgen (stummer Impuls). Im Weiteren wird ein „Talk im Klassenraum“ organisiert: Es gibt eine Diskutanten- und eine Zuhörergruppe. Die Sch. der Diskutantengruppe wählen „ihr“ Statement und sollten Gelegenheit bekommen, es in einer Stillarbeitsphase mit einigen weiteren Argumenten zu untermauern (z.B. als Hausaufgabe). Die andere Schülergruppe bekommt den Hörauftrag, sich nach einer festgelegten Zeit der sie überzeugenden Position zuzuordnen. Als weitere Vertiefung bietet es sich an, zu einigen Statements so genannte „Subtexte“ schreiben zu lassen, Unterlegungen der expliziten Äußerungen, die deren politischen, ideologischen oder persönlichen Hintergrund analysieren. Dabei geht es also um die Frage: Wie kommt jemand dazu, dies oder das zu denken/zu sagen?

C. Vergangenheitsbewahrung

⇨ *Denkmal für die ermordeten Juden in Europa* (SB S. 26) Die Erschließung dieses zentralen Mahnmals in Berlin kann in Form von Referaten über mehrere Teilaspekte erfolgen: z.B. Die Idee / Der Standort / Die Architektur / Das Stelenfeld / Der Ort der Information etc. Etliches Material findet sich unter der Internetadresse: www.jmberlin.de

⇨ *Mahnmale sind Orte beschädigter Menschenwürde* (SB S. 27) Ein möglicher Einstieg in die Erschließung dieser Thematik kann ein außerschulischer Besuch einer jüdischen Gedenkstätte vor Ort sein. Einige Sch. sollten sich vorher über den jeweiligen historischen Hintergrund des Geschehens in ihrer Stadt informieren. Auf diese Weise kann die Aussage „Mahnmale sind Orte beschädigter Menschenwürde“ mit konkreten Menschen und ihren Schicksalen gefüllt werden. Nach dieser Begegnung ist das Nachdenken über die Gestaltung von Mahnmalen vorbereitet: Was heißt „beschädigte Menschenwürde“? Wie soll man eigentlich an beschädigte Menschenwürde erinnern? Das Interview mit Aleida Assmann bietet einige Anhaltspunkte, um über eine pure Denkmalslösung oder eine Lösung mit Dokumentationszentrum zu diskutieren (Tabelle anlegen). Auch der Bedeutungsverschiebung von „Vergangenheitsbewältigung“ zu „Vergangenheitsbewahrung“ sollte nachgegangen werden.

Weiterarbeit: – Überlegungen zur Ausgestaltung eines Mahnmals zum Thema Bücherverbrennung

- Welche Autoren sind damals auf dem Index der Nationalsozialisten gewesen?
- Welche davon hast du schon gelesen? Welche sind dir namentlich bekannt?

D. Jüdische Identität in Deutschland – heute

⇨ *Jüdische Kinder erzählen* (SB S. 28f.) Nach dem Lesen und der inhaltlichen Klärung von Hadars Äußerungen geht es darum, nach der Berechtigung einer Ineinssetzung von Übergriffen auf Ausländer und der Diskriminierung von Juden zu fragen. Dazu kann ein fiktiver Dialog zwischen Hadar und einem Mitschüler geschrieben werden, der ihr aufgrund von ausländerfeindlichen Ausschreitungen rät, Deutschland zu verlassen. (Partnerarbeit)

Das Gespräch zwischen Dan und Filip lädt zu einem Rollenspiel ein, in dem die beiden ihre Parteinahme bei einem Länderspiel in der Auseinandersetzung mit Mitschülern verteidigen bzw. begründen. Es ist darauf zu achten, dass Dans Einstellung nicht „niedergemacht“, sondern aufgrund seines persönlichen Hintergrunds zumindest verstanden oder sogar toleriert wird.

E. Gemeinsame Aufgaben

⇨ Der theologisch geprägte Text *„Ansätze zum christlich-jüdischen Gespräch"* (SB S. 30) von R. Rendtorff kann durch ein strukturiertes Tafelbild erschlossen werden. Leitgedanke ist der kategorische Imperativ (Worterklärung) von Th.W. Adorno: Dass Auschwitz nicht noch einmal sei. (Tafelanschrieb) Zwei Grundgedanken sind dazu nötig: erstens, dass die christliche Theologie antijüdische Denkmuster aufgibt und den eigenen Weg des jüdischen Glaubens anerkennt (Ablegen von Vorurteilen); zweitens, dass die christliche Theologie gemeinsame Wurzeln würdigt und darin gemeinsame Aufgaben mit dem Judentum erkennt (Aufnahme einer verbindenden Zielrichtung). Die Sch. sollen die drei hier genannten Beispiele herausarbeiten (Schöpfungsglaube, 10 Gebote, Nächstenliebe) und daraus konkret ethische Handlungsfelder ableiten.

⇨ Ein Beispiel ist mit dem Plakat *„Wir glauben dran"* (SB S. 31) gegeben. Zunächst werden die unterschiedlichen Personen durch ihre typischen Merkmale (Kleidung etc.) erläutert und zugeordnet. Im nächsten Schritt muss geklärt werden, welche Inhalte diese fünf Repräsentanten der in Berlin vorkommenden Religionen gemeinsam vertreten mit der Aussage: Wir glauben dran. Wofür könnten diese verschiedenen Glaubensrichtungen in der Hauptstadt von Deutschland gemeinsam „werben"?

F. Zivilcourage

⇨ Der Text *„Steht einfach da, aufrecht und gerade ..."* (SB S. 32) ist aufgrund seiner packenden Dramatik sehr geeignet für Sch. Man kann ihn gut in einzelne Szenen aufteilen und nachspielen oder pantomimisch nachstellen (Standbilder). Eine Vertiefung sind von den Sch. selbst verfasste innere Monologe, wobei die Perspektive frei ausgewählt werden sollte: Ausländer, Rechtsradikaler, teilnahmsloser Zuschauer, der Mann, Personen, die sich seinem Entgegentreten anschließen. Diese Monologe werden zu den Standbildern vorgelesen. Eine weitere Auseinandersetzung mit mehr Distanz bietet das Abfassen eines Zeitungsartikels, der am nächsten Tag von diesem Geschehen berichtet; dieser kann mit Leserbriefen oder Kommentaren ergänzt werden. In einer kritischen Würdigung ist zu fragen, wie realistisch die Sch. für sich selbst und in ihrem Bekanntenkreis ein so couragiertes Verhalten einschätzen. Auch der Packen „Gelbe Sterne" ist in der Realität keinem verfügbar. Was könnte dafür eingetragen werden?
Weiterarbeit: Der Schwarzfahrer, Video
ZM 2: Gegen Rassismus und Fremdenhass (Ein „Umkehrruf" von Pro Asyl)

⇨ *„Wenn nicht ich, wer?"* (SB S. 33*) Die jüdische Geschichte von Rabbi Sussja wird bei geschlossenen Büchern vorgelesen. Der anschließende Arbeitsauftrag fordert die Sch. dazu auf, Sussjas Gedanken zu der Aussage Gottes „Das weiß ich nicht, aber dir hätte es genutzt" stichpunktartig zu notieren. Diese Gedanken können auch einem „Protestschreiben" ähneln, das eine sinnvolle Kosten-Nutzen-Rechnung einklagt. Erfahrungsgemäß ergeben sich aber aus der Gruppe durchaus Anfragen gegen diese berechnende Sichtweise. Anschließend wird der gesamte Text präsentiert und die Begriffe „Selbsterkenntnis", „Nächstenliebe" und „Gottesliebe" thematisiert (tabellarischer Tafelanschrieb); vgl. auch Lk 10,27. Als Abrundung dieser theoretischen Gedanken ist es hilfreich, *ein* konkretes kirchliches oder kommunales Projekt aus der direkten Umgebung der Sch. vorstellen zu lassen (evtl. Besuch einladen) und den Einsatz dafür sowie den tatsächlichen Erfolg im Sinne der Textaussage, speziell der Überschrift, bewerten zu lassen.

G. Sehnsucht nach Leben

⇨ Die Beschäftigung mit dem *„Poem"* (SB S. 34) von Selma Meerbaum-Eisinger hängt sicher in verstärktem Maß von der aktuellen Gesprächssituation in der Lerngruppe ab. Bei

---

* Quelle: Sprüche der Väter 1,14, Mischna, ca. 200 n. u. Z

einem meditativen Zugang ist ein mehrmaliges Vorlesen des Gedichts (Interpretation durch Betonung) denkbar, das untermalt wird von Musik, die von Schülern ausgewählt wird. Eine Art Performance entsteht, wenn man das Gedicht in Sinnabschnitte einteilt, den Vortrag und die Musik mehrmals unterbricht und als „Contratext" in die Stille hinein einzelne Passagen aus den Nürnberger Rassegesetzen vorliest. Bei einem kreativen Zugang schreiben die Schüler das Gedicht ab und umstellen es collagenartig entweder mit Gesichtern von Menschen unterschiedlichen Alters und Hautfarbe oder mit den im Gedicht genannten Bildern (bunte Bälle, Lippen, ansteigende Straße, Wald, Pappeln etc.); manche Werbeanzeigen greifen die abstrakteren Bilder wie Freude, Sehnsucht, Leben, Freiheit etc. sehr gut auf. Findige Sch. können auch im Bildangebot aus dem Internet einen passenden Hintergrund suchen. In allen Fällen soll die kreative Interpretation und nicht das Zerreden des Gedichts im Vordergrund stehen.

5. Materialien und Medien

- A. Lohrbächer (Hg.), Was Christen vom Judentum lernen können, Herder, Freiburg 1994
- Ursula Rudnick (Hg.),Christen und Juden. Blickwechsel. Juden und Christen, Klartext Verlag, Essen, 2000
- Herbert Schultze, Unterrichtshilfen zum Thema Judentum. Kommentierte Dokumentation von Unterrichtsentwürfen und Unterrichtsmaterialien, 3 Bände, Münster, 1989
- Erinnern für Gegenwart und Zukunft. Überlebende des Holocaust berichten. CD-Rom, Cornelsen, 2001

Videos

- Amcha – Dein Volk, Heike Mundzeck, Deutschland 1995, 10 Min.
- Begegnungen – Jüdische Identität heute, Günther Deschner/Susanne Zangenfeind, Deutschland, 1994, 44 Min.
- Hier wollen wir leben – Jüdischer Alltag in einer deutschen Stadt, Günther B. Ginzel, BRD 1989, 28 Min.
- Moskito: Shalom, Sender Freies Berlin, Deutschland 1995, 44 Min.
- Zeitzeugin: Charlotte Guthmann, Harald Kuntze/Stefan Hartstang, Deutschland 1995, 12 Min.
- Zug des Lebens, Radu Mihaileanu, Frankreich/Niederlande/Belgien, 1998, 103 Min.

Weiter leben

Neulich sprach ich vor einem akademischen Publikum über autobiografische Berichte von Überlebenden der KZs. Ich sprach natürlich nicht von diesen meinen eigenen, noch unfertigen Aufzeichnungen, sondern von bekannten und viel gelesenen Memoiren, wenn auch meine eigene Auseinandersetzung mit diesem Material unterschwellig mitgeredet haben mag. Ich sagte, das Problem läge darin, dass der Autor am Leben geblieben ist. Daraus ergibt sich für den Leser der scheinbare Anspruch auf eine Gutschrift, die er von dem großen Soll abziehen kann. Man liest und denkt etwa: Es ist doch alles glimpflich abgelaufen. Wer schreibt, lebt. Der Bericht, der eigentlich nur unternommen wurde, um Zeugnis abzulegen von der großen Ausweglosigkeit, ist dem Autor unter der Hand zu einer „escape story“ gediehen.

Und das wird nun auch zum Problem meines Rückblicks. Wie kann ich euch, meine Leser, davon abhalten, euch mit mir zu freuen, wenn ich doch jetzt, wo mir die Gaskammern nicht mehr drohen, auf das Happy-End einer Nachkriegswelt zusteuere, die ich mit euch teile?

Wie kann ich euch vom Aufatmen abhalten? Denn den Toten ist damit nicht geholfen. Fasst einen Gegengedanken, ändert die Zusammenhänge. Bedenkt: Es sind in Auschwitz so und so viele Menschen durch ein Entlausungsgift ums Leben gekommen.

Und nun bedenkt, dass es nebenbei, und ganz unabhängig von diesen Geopferten, noch etliche Tausende oder auch Zehntausende gibt wie mich (oder vielmehr gab, denn die meisten sind inzwischen eines natürlichen Todes gestorben), die man nicht gegen die Toten aufrechnen kann, nicht von den Opfern abziehen kann, mit einem Trick emotionaler Algebra.

Trotzdem bin auch ich am anderen Ufer, zusammen mit euch, in unserer gemeinsamen Nachkriegswelt, aber die Ermordeten werden nicht dadurch weniger, dass sie nicht durch uns vermehrt wurden. Die Waagschale der Toten hebt sich nur sehr unbeträchtlich durch das geringe Gewicht solcher wie ich, die hoch oben in der anderen Schale sitzen.

Ruth Klüger

„Das Problem ist, dass der Autor am Leben geblieben ist.“
Inwiefern empfindet Ruth Klüger dies als Problem?

Ruth Klüger, weiter leben. Eine Jugend, Wallstein Verlag , Göttingen 1992, S. 139f. (gekürzt)

Gegen Rassismus und Fremdenhass – ein Umkehrruf

Deutschland den Deutschen
Hamburg den Hamburgern
Pinneberg den Pinnebergern
Frau Struwe der Frau Struwe
Rassismus macht einsam

Deutschland den Deutschen
Frankfurt den Frankfurtern
Seckbach den Seckbachern
Herr Meier dem Herrn Meier
Fremdenangst macht einsam

Pro Asyl (Flugblatt)

Versuche, die Strophen dieses Gedichts im Sinn der Konkreten Poesie grafisch darzustellen!

Kirche

1. Theologische und didaktische Aspekte

A. Jugendliche und Kirche

Wenn Jugendliche das Wort „Kirche" hören, sind ihre Reaktionen selten positiv. Oft haben sie nach der Konfirmation keinen Kontakt mehr zu ihrer Gemeinde gepflegt. Gerade in einer Entwicklungsphase, in der sie nach mehr Freiheit streben und gegenüber Traditionellem zunehmend kritisch reagieren, wächst der Widerstand gegen eine Institution, die scheinbar die persönliche Freiheit einengt und „alte" Werte vermittelt. Die allgemein zu beobachtende Entkirchlichung bzw. Entchristlichung macht auch – und besonders – vor Jugendlichen nicht Halt. Wie viele andere glauben gerade Jugendliche, Fragen nach dem Sinn spirituell, aber ohne kirchliche Impulse lösen zu können.

Dass diese Distanz zur Kirche bei einem Teil der Jugendlichen allerdings nicht endgültig ist, sieht man an der großen Zahl von Jugendlichen, die an besonderen kirchlichen Angeboten (Sommerfreizeiten, Kirchentagen etc.) teilnehmen. Und obwohl Kirche in der pluralistischen Gesellschaft das Sinnstiftungsmonopol nicht mehr für sich beanspruchen kann, werden ihre Positionen zu konkreten Lebensfragen (Sterbehilfe, Gentechnologie etc.) und aktuellen Problemen von Jugendlichen noch wahrgenommen, z.T. auch angefragt. Sie sind auf der Suche nach Orientierung in einer Phase, in der durch die Probleme der säkularisierten Gesellschaft oft gerade deren Orientierungslosigkeit deutlich erkennbar ist. Wenn auch der „Glaube" für viele seine Selbstverständlichkeit verloren hat, so ist doch eine verstärkte Suche nach verantworteter Freiheit zu beobachten. Jugendliche merken sehr genau, dass es notwendig ist, sich über die Werte zu verständigen, die ihnen ein Leben in Freiheit sichern.

B. Kirche in der heutigen Gesellschaft

In dieser Entwicklungsphase der Jugendlichen hat Kirche die Chance, aber auch die Aufgabe, den Gehalt des christlichen Glaubens in seiner Bedeutung für die Orientierungsprobleme der Gegenwart zu verdeutlichen. Sie ist herausgefordert, bei der Suche nach neuen gesellschaftlichen Leitbildern zu helfen und dabei ihre religiöse Kompetenz einzubringen. Dabei kann sie das christliche Verständnis von menschlicher Freiheit, das Individualität und Sozialität, Selbstbestimmung und Verantwortung für den Nächsten miteinander verbindet, entfalten. Dieses Bild einer kommunikativen und kooperativen Freiheit kann in der Wissens- und Informationsgesellschaft neue Attraktivität gewinnen.

Zusätzlich kann Kirche für fragende und suchende Menschen auch als „Erfahrungsraum" entdeckt werden: Kirche konkretisiert sich als Gemeinschaft der Hörenden, Lobenden, Klagenden, Diskutierenden – aber auch als Gemeinschaft der Handelnden und Helfenden. Wo der

Glaube weltbezogen ist und seine Lebensdienlichkeit ins Zentrum gerückt wird, wo Angebote zur Orientierung, gemeinsames Feiern und konkretes Engagement für Ausgegrenzte und Benachteiligte zu finden sind, ist Kirche auch für Jugendliche attraktiv.

Damit kann Kirche auch ihren originären Platz innerhalb der durch Individualisierung und soziale Härte geprägten Gesellschaft definieren: Sie ist für den einzelnen Menschen da und ermöglicht ihm in der Gemeinde Gemeinschaftserfahrungen, nimmt den Einzelnen mit seinen Bedürfnissen ernst; gleichzeitig lenkt sie den Blick aber auch auf soziale Ungerechtigkeiten und betont die Verantwortung für Gerechtigkeit, Frieden und Bewahrung der Schöpfung, die in konkretem Handeln wahrgenommen werden kann.

C. Konsequenzen für das Thema „Kirche" im RU

Vor diesem Hintergrund sollte „Kirche" als Thema des RU nicht „von außen" in verschiedenen Theorien von Kirche aufgearbeitet werden, sondern die erfahrbare Kirche im Umfeld der Jugendlichen sollte in den Blick kommen: Dies geht nur durch Kontakte zu kirchlichen Einrichtungen, Gemeindemitgliedern und Pfarrern in der Nähe. Kirche, die ihre neue Rolle innerhalb der Gesellschaft positiv gestaltet, soll für Sch. durch den RU ein Stück weit erlebbar werden.

Natürlich hat die christliche Kirche eine lange Geschichte. 2000 Jahre Christentum können aber nicht im RU komprimiert aufgearbeitet werden. Stattdessen will das vorliegende Kapitel an ausgewählten Beispielen zeigen, in welchen geschichtlichen Situationen sich Kirche gegen Ungerechtigkeit und Unterdrückung einsetzt bzw. eingesetzt hat.

Ferner steht nicht die Amtskirche mit strukturellen Fragen im Mittelpunkt, sondern die Innensicht des Erfahrungsraums „Gemeinschaft Gemeinde". Kirche wird dabei als Möglichkeit von Gemeinschaftserfahrung gesehen, mit allen Konflikten und Problemen, aber auch Möglichkeiten und Verheißungen. Nur so wird sie für Jugendliche (be-)greifbar.

Diese Vorüberlegungen finden ihren Niederschlag im Aufbau des Kapitels:

In einem ersten Teil werden traditionelle Bilder (Schiff, Brief, Leib), mit denen Kirche sich schon immer selbst beschrieben hat, bewusst mit Bildern moderner Kunst kontrastiert, um den Sch. so Raum für die Formulierung eigener Vorstellungen zu geben. Die Bilder wollen über die reine Vergegenwärtigung hinaus in Tiefenstrukturen von „Gemeinschaft" hineinführen.

Neben diese Selbstzuschreibungen tritt in einem zweiten Teil dann die Außenwirkung: Kirche steht als „Leib" immer in Relation zur Umwelt, hat dort bestimmte Aufgaben und eine gesellschaftliche Funktion; Kirche „agiert" in gesellschaftlichen Konflikten und Problemfällen: „Fremdenfeindlichkeit" und „Euthanasie" dienen als Beispiele.

Die Schwierigkeiten von entschiedenem Handeln der Kirche verdeutlicht der Rückgriff auf Dokumente aus der Zeit des Dritten Reiches. An diesem historischen Beispiel lassen sich die Spannungen und Herausforderungen für „Kirche in der Welt" erarbeiten. Nicht die Frage nach der Schuld bzw. dem Versagen der Kirche soll dabei im Mittelpunkt stehen: Diese ist historisch geklärt und eindrucksvoll in der Stuttgarter Schulderklärung (vgl. ZM 3) dokumentiert. Eher geht es um die Zerrissenheit des einzelnen Menschen in dem Konflikt zwischen den Ansprüchen eines totalitären, unchristlichen Systems und der Verheißung der Reich-Gottes-Botschaft Jesu.

2. Intentionen

Die Sch. sollen
- ihr individuelles Verständnis von und ihre Erfahrungen mit Kirche artikulieren
- anhand der Symbolbilder *Schiff*, *Brief* und *Leib* traditionelle und aktuelle Deutungen kennen lernen
- „Modell Kirchentag" und „Kultur des Helfens" als Wesensbestimmungen von Kirche in der modernen, pluralen Gesellschaft nachvollziehen, diskutieren und an Beispielen konkretisieren

- anhand von kirchlichen Stellungnahmen zu den Themen *Fremdenfeindlichkeit* und *Euthanasie* die Funktion(en) von Kirche in der Gesellschaft reflektieren
- als historisches Beispiel die Position der Bekennenden Kirche im Dritten Reich kennen lernen und daran die Problematik bzw. Notwendigkeit eines Bekenntnisses erarbeiten
- *Gemeinschaftserfahrung* als konstitutives Element von Kirche an Beispielen konkretisieren

3. Literatur zur Vorbereitung

- Heiner Barz, Religion ohne Institution? Forschungsbericht Jugend und Religion 1, Leske+Budrich, Opladen 1992
- Heiner Barz, Postmoderne Religion. Die junge Generation in den Alten Bundesländern. Forschungsbericht Jugend und Religion 2, Leske+Budrich, Opladen 1992
- Eberhard Bethge (Hg.), Dietrich Bonhoeffer: Widerstand und Ergebung. Briefe und Aufzeichnungen aus der Haft, Kaiser Verlag, Gütersloh [15]1994
- Glaube und Lernen. Zeitschrift für theologische Urteilsbildung. 4. Jg. Heft 1/1989: In der Kirche neu anfangen, Vandenhoek & Ruprecht, Göttingen 1989
- Glaube und Lernen. Zeitschrift für theologische Urteilsbildung. 10. Jg. Heft 2/1995: Kirche – wohin?,Vandenhoek & Ruprecht, Göttingen 1995
- Wolfgang Huber, Kirche in der Zeitenwende. Gesellschaftlicher Wandel und Erneuerung der Kirche, Bertelsmann Stiftung, Gütersloh 1998
- Hans-Martin Müller, Gegenwärtiges Christentum. Beiträge zu Kirche und Gemeinde, Vandenhoek & Ruprecht, Göttingen 1993
- Rat der EKD, Evangelische Kirche und freiheitliche Demokratie. Der Staat des Grundgesetzes als Angebot und Aufgabe. Eine Denkschrift der EKD, Mohn, Göttingen 1985.
- Klaus Scholder, Die Kirchen und das Dritte Reich. Bd. 1 und 2., Propyläen, Frankfurt/M. 1985

4. Unterrichtsideen

A. Kirche ist wie ...

⇨ Kirchenfenster: Georg Meistermann (SB, S. 37)
Die „Botschaft" des Kirchenfensters kann gemeinsam erarbeitet werden, indem zunächst die Wirkung der Farben in den Mittelpunkt gestellt wird (z.B. Licht im Zentrum, Regenbogenfarben etc.); die inhaltliche Deutung sollte aber auch die Mosaik-Struktur mit ihren „Brüchen" und die Aspekte Außensicht/Innensicht berücksichtigen. Ein Vergleich mit anderen Kirchenfenstern im Rahmen einer Kirchen-Exkursion bietet sich an.

a) ... ein Schiff

⇨ Den Einstieg in die Beschäftigung mit diesem Symbolbild kann auch gut ein *Rollenspiel* bilden. Vor diesem Hintergrund können sowohl das Bild und das Gedicht (SB, S. 38) als auch das Lied (SB, S. 39) leichter gedeutet werden.
Impulse für die Durchführung/Auswertung:
Ein Expeditionsschiff liegt fertig zur Ausfahrt im Hafen bereit. Es gibt einen Teil der Mannschaft, der gerne sofort auslaufen möchte; einen anderen Teil, der aus unterschiedlichen Gründen die Ausfahrt verschieben möchte; den Kapitän und seine Offiziere, die die Positionen koordinieren müssen sowie eine Reihe von Passanten, die am Hafen stehen bleiben, zugucken und die Auseinandersetzung kommentieren ... Führt ein Rollenspiel zu der geschilderten Situation durch! Legt einen Zeitrahmen für die Spielszene fest und bereitet euch in Gruppen auf das Spiel vor! Am Ende des Spieles soll der Stand der Auseinandersetzung bzw. die gefällte Entscheidung aus der Sicht der einzelnen Gruppen kurz dargestellt und bewertet werden.

Wertet das Rollenspiel im Hinblick auf die Situation einer Kirchengemeinde aus: Welche Projekte ließen sich mit einem Expeditionsschiff vergleichen? Wo seht ihr Parallelen zu Rollenverteilung, Konfliktverlauf und Lösungsmöglichkeiten?

⇨ Papierschnitt: *Felix Droese, So fängt es an. So hört es auf,* 1992 (SB, S. 38)
Als kreativer Zugang zu dem Papierschnitt bietet es sich an, von den Sch. selbst Schiffe aus Papier falten zu lassen. Die Reflexion über Schwierigkeiten während der Herstellung und die Charakteristika einzelner Modelle führt direkt zur Deutung des Symbolbildes.

⇨ Text: *A. Saint-Exupéry, Willst du ein Schiff bauen* (SB, S. 38)
Möglichkeiten der Weiterarbeit: Die Kernbegriffe des Textes werden zunächst individuell in einem Cluster angeordnet und Verbindungen, Gegensätze etc. eingezeichnet. Die Anordnung wird dann vor der Lerngruppe erläutert.
Die Sch. verfassen ein eigenes Gedicht nach dem Muster des Textes zu einem Thema, das ihnen am Herzen liegt.

⇨ Text/Lied: *Ein Schiff, das sich Gemeinde nennt* (SB, S. 39)
Möglichkeiten der Weiterarbeit: Nach der Besprechung/Deutung der Cartoons können die Sch. auch (in Einzel- oder Partnerarbeit) eigene Cartoons entwerfen bzw. zeichnen, die ihre Erfahrungen mit Kirche ausdrücken. Möglich ist dafür auch eine inhaltliche Vorgabe, die auf den Aspekt „Jugendliche und Kirche" zuspitzt. Die eigenen Cartoons sollten dann der Klasse vorgestellt und als kleine „Dauerausstellung" an einer Wandzeitung angebracht werden.

b) Kirche erleben

⇨ Text: *2. Kor 3, 2–3* (SB, S. 40)
Über ihre Erfahrungen mit der christlichen Gemeinschaft haben Menschen oft in Bildern gesprochen. Einige sind in der Wortgrafik (ZM 1) zusammengestellt.
Möglichkeiten der Weiterarbeit: Die Wortgrafik sollte als OH-Folie eingesetzt werden; durch die Arbeit mit diesen Bildworten werden auch die Vorstellungen der Sch. von „Kirche" thematisiert. Als Methode bietet sich ein Auswahlverfahren an: Die Sch. wählen aus den Begriffen der Wortgrafik zunächst individuell je zwei Begriffe aus, die sie als „Bild"/„Beschreibung" für Kirche treffend bzw. unpassend finden. Diese Auswahlergebnisse werden dann in Kleingruppen vorgestellt und diskutiert; ein gemeinsamer Gruppenvorschlag soll dabei erarbeitet werden. Die Gruppen stellen sich ihre „Favoriten" bzw. abgelehnten Begriffe dann gegenseitig vor. Im gemeinsamen Gespräch über Parallelen bzw. Unterschiede der Auswahl und durch inhaltliche Erläuterungen wird das individuelle Vorverständnis der Sch. deutlich.
Alternativ können Sch. einen der Begriffe, den sie sich selbst gewählt haben, mit einem anschaulichen Text beschreiben, wobei das Bild ganz wörtlich genommen wird (z.B.: „Ich sehe einen Brief. Er ist gerollt und aus dünnem, knittrigem Papier. Seinen Rand ziert ein rot-goldenes Muster...").

⇨ Text: *Dorothea, Wo ist mein Knoppers?* (SB, S. 40f.)
Die durch das o.g. Auswahlverfahren thematisierten (Vor-)Einstellungen der Sch. von „Kirche" werden durch den Text von Dorothea literarisch aufgegriffen.
Mögliche Weiterarbeit: Interessant könnte für die Sch. eine Überprüfung ihrer Einstellungen durch eine Umfrage sein. Zu ihrer Durchführung sollten zunächst Fragen erarbeitet werden (z.B. anhand des Dorothea-Textes), die Zielgruppe (Gleichaltrige und/oder ältere Menschen) und die Anzahl der zu Befragenden (mindestens 5 Personen pro Sch.) festgelegt werden.

c) Baupläne für Kirche

⇨ Bild: *Thomas Zacharias, Illustration zu 1. Kor 12,* 1992 (SB, S. 42)

⇨ Text: *1. Kor 12,12–21; 27f.* (SB, S. 42)
An das dritte Symbolbild „Leib" können sich die Sch. über eine Meditation annähern. Zur Unterstützung empfehlen sich meditative Musik und eine konkrete Anleitung (z.B.: „Schließe die Augen und lass dir den Text langsam vorlesen. Versuche dabei Kontakt zu

deinem Körper aufzunehmen, indem du dich entspannst und bewusst ein- und ausatmest! ..."). Nach der Meditation sollten die Sch. jeweils zu zweit oder zu dritt ihre Eindrücke über die Wirkung des Textes austauschen. Vor dem Hintergrund der eigenen Körpererfahrung ist dann eine fundierte Deutung des Bildes von Thomas Zacharias und des Bibeltextes möglich. Im Gespräch können die Sch. dann

- die Konsequenzen, die sich aus diesem Bild für den individuellen Glauben des Einzelnen ergeben, und
- die Wirkung des Bildes nach außen (z.B. im Dialog mit anderen Religionen) diskutieren.

⇨ Text: *Dorothee Sölle, Modell Kirchentag* (SB, S. 43)
Möglichkeiten der Weiterarbeit:
Verfasse ein Gedicht mit dem Titel oder der Anfangszeile „Den Himmel erden", in dem du ausdrückst, was dieses Bildwort für dich bedeutet!
„Religion als Fremdsprache" - Erläutere diesen Gedanken Sölles. Greife dabei auf deine Erfahrungen beim Erlernen einer Fremdsprache zurück. Welche Konsequenzen lassen sich für die Vermittlung von Religion ziehen?

⇨ Logo der Evangelischen Kirchenprovinz Sachsen: *Kirche geht weiter* (SB, S. 43)
Hilfreich für die Arbeit mit dem Logo ist die Erstellung einer OH-Folie. So ist es möglich, durch gezieltes Abdecken (z.B. des Schriftzuges mit dem darunter liegenden schwarzen Quadrat) die Intention(en) des Logos zu verdeutlichen. Leitfragen könnten dabei sein: Welche Aussage hat das Logo ohne den bzw. mit dem unteren Schrift-/Bildteil? Warum hat sich die Kirchenprovinz Sachsen gerade für diese Gestaltung des Logos entschieden? Wie bewertet ihr diese Entscheidung?
Als Alternative bietet sich auch eine *virtuelle Kirchenführung* an: Die Sch. sollen dabei das Logo als Grundriss einer geplanten Kirche betrachten. Ihre Aufgabe ist es dann, einem Besucher, der in diesem Grundriss spazieren geht, zu erklären, wo er sich jeweils befindet und welche Funktion die einzelnen Ecken, Nischen und Wege haben.

B. Aufgaben und Funktionen von Kirche in der Gesellschaft

a) Kirche – Kultur des Helfens

⇨ Bild: *Hugo Simberg, Der verwundete Engel,* 1903 (SB, S. 44)
Möglichkeiten der Weiterarbeit:
Das Bild H. Simbergs ist Zeugnis der Erfahrung in einer bestimmten Region (Bergbau). Entwirf aus deinem Erfahrungshintergrund andere Bilder (in Form einer Collage oder eines Foto-Sets), die den Gedanken einer Kultur des Helfens illustrieren.
Entwerft (ernsthafte) Werbespots für eine „Kultur des Helfens". Spielt sie in der Klasse vor und/oder nehmt sie auf Video auf.

⇨ Text: *Wolfgang Huber, Kultur des Helfens* (SB, S. 44)
Die im Text aufgezeigten Aspekte können in verschiedene Richtungen vertieft werden:
Erarbeitung der von Huber angedeuteten *biblisch-ethischen Begründung*: Relevant sind dafür u.a. die Bibelstellen Ex 22,20–26; Ex 23,6–8; Jes 11,1ff.; Mk 2,1ff.; Lk 13,10–17
Konkretion der Textaussage anhand von Projekten der evangelischen und katholischen Kirche, in denen Hilfe als „Hilfe zur Selbstständigkeit" verstanden wird; die Projekte sollen recherchiert und vorgestellt werden (z.B. www.diakonie.de; www.mise- reor.de; www.caritas.de; www.brot-fuer-die-welt.de).

► Hinweise auf weiteres *Material* und *Adressen* finden sich auch in den Kapiteln „Nächstenliebe" und „Frauen in der Kirche" in „Religion erkennen-verstehen-gestalten 7/8".

⇨ Text: *Why not ?* (SB, S. 45)
Weitere Informationen über das *WHY NOT* bekommt man ggf. über das Internet bzw. die *Homepage des Cafés* (www.why-not.org). Auf diesem Weg könnte mal auch per E-Mail Kontakt zu den Mitarbeitern aufnehmen und sie konkret zu ihrer Motivation, ihrem Arbeitsalltag und ihrem Verständnis von „Kirche" befragen.
Die Sch. sollen Vermutungen über den Zusammenhang zwischen dem *Zitat von G.B. Shaw* und dem Namen des Projektes herstellen. Die Vermutungen können dann ggf. auch

durch den direkten Kontakt zu Projekt-Mitarbeitern überprüft werden.
Auch die Arbeitsschwerpunkte der verschiedenen *Hilfsorganisationen* und die (Be-)Deutung der jeweiligen verwendeten Symbole können die Sch. eigenständig recherchieren (z.B. per Internet oder durch Anrufe). Die Ergebnisse werden dann vorgestellt und auf einer Wandzeitung festgehalten.

b) Gemeinschaft Kirche: Sich einmischen oder sich raushalten?

⇨ Abbildung: *Postkarte* (SB, S. 46)

⇨ Text: *Erklärung der Propsteisynode* (SB, S. 10)
Möglichkeiten der Weiterarbeit: Kontakte zu Kirchenvertretern/-innen herstellen und sie ggf. in den Unterricht einladen; mit ihnen Diskussion der Kapitel-Frage: Soll Kirche sich einmischen oder raushalten? – möglichst anhand konkreter Probleme/Fragen aus der Umgebung.

⇨ Text: *Weltgestaltung als Auftrag der Kirche als Volk Gottes* (ZM 2)
Der zusätzliche Text aus dem gemeinsamen „Sozialwort" der EKD und der DBK kann zwei wichtige Aspekte der Thematik an dieser Stelle vertiefen: Zum einen werden die Aufgaben bzw. die Rolle der Kirchen in der Gesellschaft erfrischend klar beschrieben; zum anderen ist der Text Beispiel für eine kirchliche Grundsatz-Äußerung hier zum Thema „soziale Gerechtigkeit".
Die Sch. können in Kleingruppen eine *Collage* herstellen, die sich an den Kernbegriffen des Textes orientiert und diese visuell-konkretisierend entfaltet: Heil – Menschenwürde – Menschenrechte – Solidarität – Einheit – Frieden – Option für die Armen – Verhinderung von Ausgrenzung, Demütigung – Wahrnehmung von struktureller Ungerechtigkeit – Teilen – Gerechtigkeit – Bewahrung der Schöpfung. Die Ergebnisse sollten als Wandzeitung ausgestellt werden.

⇨ Text: *Denkschrift* (SB, S. 47)
An die Erarbeitung des Textes könnte sich gut ein Exkurs zur aktuellen Diskussion über Euthanasie/Sterbehilfe anschließen. Dafür sollten die Sch. zunächst Informationen bei Pfarrern, Ärzten und Mitarbeitern der Hospiz-Initiative sammeln, um dann ggf. eine *Diskussionsveranstaltung* im Rahmen der Klasse (oder Klassenstufe) vorzubereiten. Zu klären wäre in diesem Zusammenhang, ob die Gedanken/Anregungen von P. Braune auch für die heutige Diskussion noch relevant sind.

▸ Eine Verschränkung mit Aspekten des Kapitels „Leben, Sterben und Tod" in diesem Band bietet sich an dieser Stelle an.

c) Zerrissene Gemeinschaft

⇨ Text: *Adolf Hitler, Entweder Christ oder Deutscher* (SB, S. 48)

⇨ Foto: *Kirchenwahl* 1933 (SB, S. 48)
Um die Position Hitlers bzw. der Nationalsozialisten und den „Kirchenkampf" verstehen und historisch einordnen zu können, ist es unabdingbar, dass sich die Sch. weitere Informationen beschaffen.
Geeignet sind folgende *Materialien*:
- Video-Film: Heimsuchung – Die evangelische Kirche und das Dritte Reich, Matthias-Film, Calwer Verlag, Stuttgart 1986. (43 Min.)
- Ausstellungskatalog: Evangelische Kirche zwischen Kreuz und Hakenkreuz.
  Bilder und Texte einer Ausstellung, zusammengestellt und kommentiert von E. Röhm und J. Thierfelder, Calwer Verlag, Stuttgart [4]1990)

Anhand dieser Materialien könnten die Sch. eine *Ausstellung zum Thema* konzipieren und erstellen. Aufbau, Vorbereitung und Betreuung (z.B. in Form von Führungen für andere Schulklassen) sind für die Sch. dann sehr geeignete Lernanlässe.

⇨ Text: *Theologische Erklärung der Bekennenden Kirche* (SB, S. 49)
Die Sch. können als Aktualisierung eine eigene „theologische Erklärung" verfassen, indem sie zunächst gemeinsam diskutieren, zu welchen Themen/Problemen sich Kirche heute in so einer Form äußern sollte (z.B. Gewalt/Krieg, Menschenrechtsverletzungen, ungerechte Weltwirtschaftsordnung o.ä.) Dann erarbeiten sie in Gruppen – entweder alle zu

einem Thema oder je nach Interessen zu verschiedenen Themen – Entwürfe. Dabei sollten sie auch auf eine themenbezogene „biblische Grundlegung" achten, die sie mit Hilfe von Konkordanz und anderen Nachschlagewerken eigenständig recherchieren können.
Hilfreich für die Erarbeitung sind auch *Stellungnahmen* der Kirche(n) zu interessanten bzw. aktuellen Fragen (Aids, Gentechnik, Abtreibung etc.), die sich in Denkschriften, Studien, Texte der EKD, der Deutschen Bischofskonferenz oder des Reformierten Bundes finden.
Dieses *Material* lässt sich leicht lesen/beschaffen/anfordern

- über die Homepage der EKD (www.ekd.de/EKD-Texte/1854.html) oder beim
- Kirchenamt der EKD, Herrenhäuser Str. 12, 30419 Hannover
- über die Homepage der DBK (www.dbk.de/Schriften/fs_schriften.html) oder
- beim Sekretariat der DBK, Kaiserstr. 163, 53113 Bonn
- bei der Geschäftsstelle des Reformierten Bundes, Vogelsangstr. 20, 42109 Wuppertal

⇨ Text: *Dietrich Bonhoeffer, Sind wir noch brauchbar?* (SB, S. 49)
Die Auseinandersetzung mit dem sehr komprimierten und provokativen Text kann auch in Form eines *Schreibgespräches* erfolgen. Dazu wird der Text in die Mitte eines großen Blattes (DIN-A 2 oder größer) geklebt (je nach Gruppengröße sollte mehrere solcher „Stationen" geben). Die Sch. gehen nun still zu einer „Schreib-Station" und schreiben um/an den Text ihre Kommentare/Anfragen/Meinungen und gehen dann zu den anderen Stationen. Dort können sie dann zu den Äußerungen ihrer Mitschüler schriftlich Stellung nehmen: So entsteht auf den großen Papierbögen ein schriftliches „Gespräch", in dessen Zentrum immer der Bonhoeffer-Text steht. Haben sich alle Sch. schriftlich geäußert, sollten die Erfahrungen mit dieser Methode und inhaltliche Schwerpunkte der fixierten Äußerungen im Plenum thematisiert bzw. reflektiert werden.
Als ergänzendes, sehr geeignetes *Material* zu Bonhoeffer bietet sich an:

- Video-Film: Dietrich Bonhoeffer. Nachfolge und Kreuz, Widerstand und Galgen, Matthias-Film, Calwer Verlag, Stuttgart 1985. (28 Min.).

⇨ Text: *Stuttgarter Schulderklärung* 1945 (ZM 3) Die durch Dietrich Bonhoeffers Biografie und seinen kurzen Text schon angerissene Frage nach individueller Schuld und persönlichem Versagen wird durch diesen zusätzlichen Text noch auf der Ebene der Institutionen vertieft.
Die Erfahrungen bzw. Gedanken, die zu dieser Schulderklärung führten, können für Sch. durch ein *Rollenspiel* deutlich gemacht werden. Darin gibt es folgende Rollen:

- eine kleine Gruppe übernimmt die Rolle von „Anklägern", die in ihrem Plädoyer unter Rückgriff auf die vorliegende Schulderklärung Vorwürfe an die Kirche wegen ihres Verhaltens im 3. Reich formulieren;
- ihnen steht die Gruppe der „Verteidiger" gegenüber, die das Verhalten der Kirche mit guten Argumenten rechtfertigen;
- natürlich gibt es auch noch „Zeugen", die von den Anklägern oder/und der Verteidigung zur Sache vernommen werden können;
- die „Geschworenen" beobachten die Verhandlung, dürfen aber auch die Zeugen befragen und Verständnisfragen an Ankläger bzw. Verteidigung stellen; sie sollen ihr Urteil am Schluss begründen können;
- ein „Gericht" sorgt für den geordneten Ablauf der Verhandlung bzw. Urteilsfindung.

d) Credo

⇨ Texte / Bild: *Credo* (SB, S. 50)
Die unscharf im Kugelkreuz der Evangelischen Jugend abgebildeten Aktivitäten können konkretisiert werden. Die Sch. sollen sich dazu über das aktuelle Angebot informieren

- durch Kontaktaufnahme mit der/dem Jugenddiakon(in) und/oder dem Landesjugendpfarrer
- durch Einladung von Mitarbeiterinnen und Mitarbeitern der Ev. Jugend in den Unterricht

- durch Recherche im Internet bei der EKD unter „Arbeitsfeld: Jugend" (www.ekd.de/portal/1330.html) oder direkt bei der Arbeitsgemeinschaft Evangelischer Jugend (aej: www.evangelische-jugend.de). Dort gibt es Links zu Mitgliedsorganisationen und von dort „weitere Links" zu lokalen Jugendgruppen mit eigener Homepage. Auch die Rubrik „Jugend/Jugendarbeit" auf der Homepage der jeweiligen Landeskirche kann genutzt werden.

5. Materialien und Medien

- Ausstellungskatalog „Evangelische Kirche zwischen Kreuz und Hakenkreuz. Bilder und Texte einer Ausstellung", zusammengestellt und kommentiert von E. Röhm und J. Thierfelder, Calwer Verlag, Stuttgart ^{4}1990
- Deutsches Allgemeines Sonntagsblatt: Darum Kirche. Eine Artikelsammlung. o.J.
- Video-Film „Heimsuchung – Die evangelische Kirche und das Dritte Reich", Matthias-Film, Calwer Verlag, Stuttgart 1986. (43 Min.)
- Videofilm „Dietrich Bonhoeffer. Nachfolge und Kreuz, Widerstand und Galgen", Matthias-Film, Calwer Verlag, Stuttgart 1985. (28 Min.)

ZM 1

ein Volk

ein Brief

ein Schiff

ein Haus

das Salz der Erde

lebendige Steine

eine Herde

ein Leib

ein Ackerfeld Gottes

eine Stadt auf dem Berg

das Licht der Welt

Gemeinschaft der Heiligen

Mutter und Lehrerin

Weltgestaltung als Auftrag der Kirche als Volk Gottes

Die Linien des biblischen Ethos, die im Alten wie im Neuen Testament aufgezeigt sind, bestimmen auch die Lebensordnung und die soziale Botschaft der Kirche als Volk Gottes. In der Nachfolge Jesu existiert die Kirche nicht für sich selbst, sie hat eine Sendung für alle Menschen und alle Völker (Mt 28,19). Ihre Botschaft vom Heil gilt dem einzelnen Menschen wie dem Zusammenleben der Menschen und der Völker. Die Kirche hat damit einen öffentlichen Auftrag und eine Verantwortung für das Ganze des Volkes und der Menschheit. Der Einsatz für Menschenwürde und Menschenrechte, für Gerechtigkeit und Solidarität ist für die Kirche konstitutiv und eine Verpflichtung, die ihr aus ihrem Glauben an Gottes Solidarität mit den Menschen und aus ihrer Sendung, Zeichen und Werkzeug der Einheit und des Friedens in der Welt zu sein, erwächst. [...]

In der vorrangigen Option für die Armen als Leitmotiv gesellschaftlichen Handelns konkretisiert sich die Einheit von Gottes- und Nächstenliebe. In der Perspektive einer christlichen Ethik muss darum alles Handeln und Entscheiden in Gesellschaft, Politik und Wirtschaft an der Frage gemessen werden, inwiefern es die Armen betrifft, ihnen nützt und sie zu eigenverantwortlichem Handeln befähigt. Dabei zielt die biblische Option für die Armen darauf, Ausgrenzungen zu überwinden und alle am gesellschaftlichen Leben zu beteiligen. Sie hält an, die Perspektive der Menschen einzunehmen, die im Schatten des Wohlstands leben und weder sich selbst als gesellschaftliche Gruppe bemerkbar machen können noch eine Lobby haben. Sie lenkt den Blick auf die Empfindungen der Menschen, auf Kränkungen und Demütigungen von Benachteiligten, auf das Unzumutbare, das Menschenunwürdige, auf strukturelle Ungerechtigkeit. Sie verpflichtet die Wohlhabenden zum Teilen und zu wirkungsvollen Allianzen der Solidarität. [...]

Die Kirche ist ihrem Wesen nach weltweit, grenzüberschreitend. Sie verfügt über besondere Möglichkeiten, den Blick der Menschen für die Eine Welt zu öffnen und das Bewußtsein der Verantwortung über das eigene Land und Volk hinaus zu schärfen. Die Beteiligung der Kirchen am „konziliaren Prozeß für Gerechtigkeit, Frieden und Bewahrung der Schöpfung“ bedeutet eine umfassende Orientierung kirchlichen Handelns an den drängenden Aufgaben gesellschaftlicher Veränderung. In ökumenischer Zusammenarbeit stellen sich die Christen den großen Überlebensfragen der Menschheit.

Aus: Für eine Zukunft in Solidarität und Gerechtigkeit. Wort des Rates der EKD und der Deutschen Bischofskonferenz zur wirtschaftlichen und sozialen Lage in Deutschland, Hannover 1997, S.42–45 und 99 [in Auswahl].

Stuttgarter Schulderklärung 1945

Der Rat der Evangelischen Kirche in Deutschland begrüßt bei seiner Sitzung am 18./19. Oktober 1945 in Stuttgart Vertreter des Ökumenischen Rates der Kirchen.

Wir sind für diesen Besuch um so dankbarer, als wir uns mit unserem Volke nicht nur in einer großen Gemeinschaft der Leiden wissen, sondern auch in einer Solidarität der Schuld. Mit großem Schmerz sagen wir: Durch uns ist unendliches Leid über viele Völker und Länder gebracht worden. Was wir unseren Gemeinden oft bezeugt haben, das sprechen wir jetzt im Namen der ganzen Kirche aus: Wohl haben wir lange Jahre hindurch im Namen Jesu Christi gegen den Geist gekämpft, der im nationalsozialistischen Gewaltregiment seinen furchtbaren Ausdruck gefunden hat; aber wir klagen uns an, dass wir nicht mutiger bekannt, nicht treuer gebetet, nicht fröhlicher geglaubt und nicht brennender geliebt haben. Nun soll in unseren Kirchen ein neuer Anfang gemacht werden. Gegründet auf die Heilige Schrift, mit ganzem Ernst ausgerichtet auf den alleinigen Herrn der Kirche, gehen sie daran, sich von glaubensfremden Einflüssen zu reinigen und sich selber zu ordnen. Wir hoffen zu dem Gott der Gnade und Barmherzigkeit, dass er unsere Kirchen als sein Werkzeug brauchen und ihnen Vollmacht geben wird, sein Wort zu verkündigen und seinem Willen Gehorsam zu schaffen bei uns selbst und bei unserem ganzen Volk.

Dass wir uns bei diesem neuen Anfang mit den anderen Kirchen der ökumenischen Gemeinschaft herzlich verbunden wissen dürfen, erfüllt uns mit tiefer Freude.

Wir hoffen zu Gott, dass durch den gemeinsamen Dienst der Kirchen dem Geist der Gewalt und der Vergeltung, der heute von neuem mächtig werden will, in aller Welt gesteuert werde und der Geist des Friedens und der Liebe zur Herrschaft komme, in dem allein die gequälte Menschheit Genesung finden kann.

So bitten wir in einer Stunde, in der die ganze Welt einen neuen Anfang braucht: Veni, creator spiritus!

Aus: Schulz, Siegfried, Materialien Kirche und Staat. Sekundarstufe II, Klett, Stuttgart 1984, S. 55f.

Identität – Liebe – Partnerschaft

1. Theologische und didaktische Aspekte

Schon die Vielschichtigkeit des Begriffs „Liebe" lässt erahnen, wie umfangreich und interessant das Thema bearbeitet werden kann und wie sorgfältig und genau die unterrichtliche Behandlung geplant werden muss. Eine didaktische Reduktion auf einige Kernthemen ist also notwendig, schließt aber nicht aus, dass z. B. bei deutlich artikuliertem Schülerinteresse die Themen erweitert bzw. andere Bereiche der Thematik behandelt werden können.

Ausgehend von der in Gen 1,27 beschriebenen „Gottesebenbildlichkeit" des Menschen und der im „Doppelgebot der Liebe" (Mt 22,37ff.) erwähnten Notwendigkeit der Selbstachtung und -liebe, muss zu Beginn der Unterrichtseinheit der Themenkreis **„Identität"** erarbeitet werden, da nur aus einer selbstbewussten und sich selbst annehmenden Persönlichkeit heraus die Fähigkeit zur „Liebe" in all ihren Facetten erwachsen kann.

Im AT umfasst der Begriff „Liebe" sowohl den Bereich der Sexualität (Hld 8,6), der Freundschaft (1. Sam 18,1), der Beziehung zwischen Eltern und Kind (2. Sam 19,1) oder zwischen Frau und Mann (Gen 29,20) als auch den sich wechselseitig bedingenden Bereich der Liebe Gottes (2. Sam 12,24; Dtn 4,37) bzw. der Liebe der Menschen zu Gott (Jer 2,2).

Für das NT ist die durch die Hervorhebung der beiden Gebote aus dem AT (Dtn 6,5; Lev 19,18) vollzogene Fokussierung auf die Gottes- und Nächstenliebe charakterisierend. Der Bereich Sexualität tritt zurück, der Begriff Eros (ἔρως) in Abgrenzung zur Nächstenliebe (ἀγάπη) fehlt völlig.

Im weiteren Verlauf der Kirchengeschichte entwickelt sich insbesondere bei den Kirchenvätern eine ausgesprochene Sexualfeindlichkeit, die Sexualität auf die Gewährleistung von Fortpflanzung reduziert. Diese Verengung ist aber schwerlich mit dem Befund im NT in Einklang zu bringen. Die Betonung der menschlichen Sinnlichkeit durch Jesus (Mt 11,18f.) und sein überaus positives Verhältnis zu Frauen (Mt 6,31f.; Joh 8,1–11) zeigen, dass vor allem im Urchristentum eine sexualitätsfreundliche Tradition vorherrschte; sogar der Apostel Paulus scheint ein immerhin ambivalentes Verhältnis zur Sexualität gehabt zu haben. So präferiert er auf der einen Seite im Rahmen seiner Parusieerwartung die prinzipielle Ehelosigkeit und Enthaltsamkeit (1. Kor 7,1.8.26), zeigt sich aber durchaus aufgeschlossen bezüglich konkreter ehelicher Fragen (2. Kor 7,1ff.).

Das biblische Bild von Partnerschaft und Ehe ist durch die gegenseitige Verantwortung der beiden Partner gekennzeichnet (Gen 1,27; 2,18–24). Die Ehe steht im menschlichen Beziehungsgeflecht an erster Stelle (Gen 2,24). Diese Ansichten werden im NT aufgenommen und weitergeführt (1. Kor 11,11–12).

Homosexuell veranlagte Menschen und homosexuelle Partnerschaften werden in der Bibel nicht thematisiert; lediglich auf homosexuelles Verhalten wird sowohl im AT (Lev 18,22; 20,13; Gen 19,4–11; Ri 19,22–27) als auch im NT (Röm

1,26f.;1. Kor 6,9; 1. Tim 1,10) Bezug genommen. Strittig ist zurzeit, inwiefern dieser Textbefund der Bibel zu einer dezidierten Aussage über Homosexualität herangezogen werden kann.

Für Sch. der 9./10. Jahrgangsstufe besteht in der Regel ein starkes Bedürfnis, über das Thema „Liebe, Partnerschaft und Sexualität" zu sprechen. Ebenso häufig kann man aber auch feststellen, wie schwierig es für Jugendliche ist, in diesem Themenbereich Aussagen zu treffen und die eigene Meinung und ggf. Erfahrung preiszugeben. Die Schaffung einer offenen, angstfreien Lernumgebung und die Möglichkeit der Entscheidungsfreiheit, welche persönlichen Erfahrungen von den Sch. verbalisiert werden, ist deshalb unabdingbar.

Die erste Sequenz versucht die Sch. auf persönliche Weise an die Thematik heranzuführen und gibt Raum für die Auseinandersetzung mit der Frage nach der eigenen Identität. Die Plastik *Die zerbrochene Maske* von Helmut Ammann (SB, S. 53) ermöglicht durch ihre Einfachheit eine Zentrierung auf das Symbol „Maske" und gibt den Sch. die Chance, ihren Assoziationen freien Lauf zu lassen. Die weitere Bearbeitung in Verbindung mit dem Textauszug von Heinz Körner (SB, S. 56) macht den Sch. insbesondere die Funktion der „Maske" in der sozialen Interaktion deutlich und zeigt die Schwierigkeiten, die bei einer Flucht hinter eine „Maske" entstehen können.

Die Frage nach der eigenen Persönlichkeit und Körperlichkeit wird durch den Text aus *Sofies Welt* von Jostein Gaarder (SB, S. 54f.) aufgeworfen. Insbesondere die Beschäftigung mit der eigenen Entwicklung und Geschichte steht an dieser Stelle im Vordergrund. Das Gedicht *my own song* von Ernst Jandl (SB, S. 55) führt die o. g. Thematik weiter und verdichtet sie hin zur Auseinandersetzung der Sch. mit ihnen bekannten Fremdbildern und hinterfragt an sie gestellte Erwartungen. Die Fragen „Wie will ich sein?", „Wie will ich nicht sein?" treffen die Befindlichkeit der Sch. in dieser Entwicklungsphase und werden als entscheidend empfunden. Die Schwierigkeit, von einem Fremdbild oder von Äußerlichkeiten auf die Persönlichkeit zu schließen, kann bei der Interpretation des Bildes *Reproduktion verboten* von René Magritte (SB, S. 57) u. a. thematisiert werden. Daneben trifft die Frage nach der menschlichen Selbsterkenntnis, die im Bild aufgeworfen wird, nach Erikson (Eric H. Erikson: Identität und Lebenszyklus, Suhrkamp, Frankfurt 1973, S. 106ff.) ein für die Altersstufe typisches entwicklungspsychologisches Interesse der Sch.

Der Text *Vergiss dein nicht* von Werner Sprenger (SB, S. 57) versucht mit seiner These „Jeder Mensch ist einzigartig" eine Antwort auf die in der Sequenz gestellte Frage nach Identität und Selbstbild. Diese Betonung der Einzigartigkeit erlaubt die Vermittlung der AT-Traditionen in Bezug auf die Gottesebenbildlichkeit des Menschen und leitet zugleich über zur Beschäftigung mit dem Thema „Liebe", da die Eigenliebe als Voraussetzung für Liebe und Partnerschaft hier eingeführt wird.

Bei Bedarf oder Interesse kann an dieser Stelle der Komplex „Rollenerwartung und Rollenverhalten" behandelt werden. Der Text *Der Frühlingsball* von Gert Brandenberg (ZM 1) bietet aufgrund seiner Radikalität für Sch. diverse Anhaltspunkte zur Auseinandersetzung mit der o. g. Problematik.

Der Bereich „Liebe" ist in zwei Teilbereiche aufgeteilt. Über die unter der Überschrift *Liebe ist ...* (SB, S. 58) abgedruckten Texte soll den Sch. eine Annäherung an das Thema ermöglicht werden. In dieser Unterrichtsphase ist es sehr wichtig, dass der L. auf die persönlichen Befindlichkeiten der einzelnen Sch. achtet und ggf. Freiräume schafft, damit diese möglicherweise intime Gedanken äußern können; nicht alles kann oder muss in dieser Phase veröffentlicht werden. Der Hinweis auf das Führen eines persönlichen Journals oder Tagebuchs kann an dieser Stelle für die Sch. hilfreich sein.

Das Erstellen eigener Liebesgedichte auf dem Hintergrund des Textes aus dem *Hohen Lied* (SB, S. 59), des Gedichtes *Nähe* von Erich Fried (SB, S. 59) und des Bildes *Der Kuss* von Edvard Munch (SB, S. 59) bildet den Abschluss der Näherung an die Thematik „Liebe".

Verliebt sein, sich verlieben, mit jemandem gehen, eine Beziehung beginnen sind Erfahrungen, die die Sch. in der Regel schon gemacht haben und reflektieren können. Unter Berücksichtigung dieser Tatsache bietet der Text *Verliebt sein* von Phil Bosmans (SB, S. 60) die Möglichkeit, (in Form eines Schreibgesprächs)

Voreinstellungen und persönliche Eindrücke der Sch. zu schildern, indem die Sch. auf eine sehr weit gefasste Definition („Verliebt in einfache, alltägliche Dinge") zurückgreifen und diese auf ihre persönliche Situation übertragen. Eine eher affektive Herangehensweise ermöglicht das Bild *Liebespaar* von Walter Müller (SB, S. 61). Verliebtsein als Liebe, die wächst, als Liebe, die Vertrauen aufbaut, als Liebe, die Nähe schafft, sind Deutungen, die das o. g. Bild ermöglicht. Auch der Übergriff auf den Komplex Beziehung und Partnerschaft kann hier durch die Sch. vollzogen werden.

In der Konsequenz von Verliebtsein und Liebe beschäftigt sich der dritte Teilbereich mit dem Aspekt „Partnerschaft". Den Sch. erschließt sich dieser in zweierlei Hinsicht: zum einen als möglicher Partner in einer Beziehung, zum anderen als Beobachter einer Beziehung (z. B. bei den Eltern o. ä.). Der Text *Lächeln im Regen* von Rainer Jerosch (SB, S. 62) versucht über die Auseinandersetzung mit Kommunikation und Nicht-Kommunikation Partnerschaft zu beschreiben. Die Anfertigung eigener Dialoge stiftet die Sch. dazu an, sich in die vorgegebene Rolle in der Beziehung zu begeben, und schafft es, einen indirekten Zugang zur Thematik zu finden. Das Lied *Nur mir* von Sabrina Setlur (SB, S. 63) verbindet für die Sch. die Aspekte „Forderungen an Beziehung" und „Scheitern von Beziehung". Die Aufnahme von Jugendsprache und -musik fördert die Authentizität der Auseinandersetzung mit dem Stück und kann möglicherweise die Sch. in den sich anschließenden produktiven Phasen (Rap, Ganzkörperschablonen) zusätzlich motivieren.

Die Ehe als den Sch. bekanntes, gesellschaftliches Ritual und gängige Form von Partnerschaft wird von den Sch. ambivalent wahrgenommen; zum einen ist Ehe für die Sch. ein überkommenes, anachronistisches Ritual, das in seiner symbolischen Bedeutung nicht mehr zu verstehen ist, zum anderen ist Ehe in vielen Fällen geschützter Raum für das Zusammenleben einer Familie und hat als Beziehungsform den Ruf relativer Stabilität. Das Foto des Brautpaares (SB, S. 64) nimmt zunächst den Symbolcharakter der Ehe auf und ermöglicht die Auseinandersetzung mit der Tradition. Durchaus lässt sich darüber hinaus eine deutliche Verbindung zur christlichen Tradition (=> Kirche im Hintergrund) herstellen. Die weiteren Texte und Materialien unter den Überschriften „Bis dass der Tod uns scheidet...?" und „Heiraten – wozu denn?" (SB, S. 64f.) geben den Sch. Informationen, mit denen sie in Verbindung mit anderen Quellen eine reflektierte Einschätzung vornehmen können.

Homosexualität als Thema der Schule und des Religionsunterrichts trifft in der beschriebenen Altersstufe insbesondere bei den männlichen Sch. auf eine stark vorurteilsbelastete Voreinstellung. Diese muss aufgenommen werden und einer allgemeinen Information gegenüber gestellt werden (ZM 2). Diese Informationsphase ermöglicht dann die weitere, persönlichere Beschäftigung mit Homosexualität als einer Form von menschlicher Sexualität.

Die Position der evangelischen Kirchen zum Thema Homosexualität und der Versuch, homosexuelle Lebensgemeinschaften zu akzeptieren (SB, S. 66), bieten die Chance, Kirche als gesellschaftlich relevante Instanz für Sch. kenntlich zu machen und eine Identifikation mit Kirche zu fördern. Die simulierte Wahrnehmung kirchlicher Aufgaben (Antwortbrief, Kirchenvorstandssitzung, Synode) weckt unter Umständen das Interesse der Sch. an Kirche und initiiert möglicherweise eine weitere Beschäftigung mit Kirche.

2. Intentionen

Die Sch. sollen
- die Frage nach der eigenen Identität als menschliche Grundfrage erkennen und mit der eigenen Lebenswirklichkeit in Verbindung bringen
- die Einzigartigkeit menschlicher Existenz korrespondierend mit alttestamentarischen Vorstellungen der Gottesebenbildlichkeit und neutestamentarischer Ethik als sinnstiftend für sich erkennen und dies reflektieren
- den Facettenreichtum des Wortes „Liebe"

kennen lernen und für sich eine Annäherung an die Thematik „Liebe“ erreichen
- Verliebtsein als Beginn einer partnerschaftlichen Beziehung erkennen und die damit verbundenen Konsequenzen nennen und bewerten
- Partnerschaft als wichtiges menschliches Bedürfnis kennen lernen und Kommunikation als deren Grundlage begreifen
- Ehe als Form menschlicher Paarbeziehung erkennen und die persönliche und gesellschaftliche Relevanz der Ehe reflektieren
- Homosexualität als eine Form menschlicher Sexualität erkennen und die Position der evangelischen Kirche zu diesem Themenkomplex kennen lernen und bewerten

3. Literatur zur Vorbereitung

- Blazek, Helmut, Rosa Zeiten für rosa Liebe. Zur Geschichte der Homosexualität, Fischer Verlag, Frankfurt 1996.
- Bohleber, Werner (Hg.), Adoleszenz und Identität, Verlag Internationale Psychoanalyse, Stuttgart 1996.
- Bundeszentrale für gesundheitliche Aufklärung (Hg.), AIDS. Unterrichtsmaterialien für die 9. und 10. Klasse, Stuttgart 1989.
- Das Hohelied Salomos. Zweisprachige Ausgabe, deutsch von Klaus Reichert, dtv, München 1998.
- Dunde, Siegfried Rudolf (Hg.), Handbuch Sexualität, Deutscher Studien Verlag, Weinheim 1992.
- Gaedt, Rainer, Freundschaft, Liebe, Sexualität. Arbeitshilfen für den Religions- und Ethikunterricht in der Sekundarstufe I., Vandenhoeck & Ruprecht, Göttingen 1995.
- Hoffmann, Dietrich/Neuner, Gerhart (Hg.), Auf der Suche nach Identität. Pädagogische und politische Erörterungen eines gegenwärtigen Problems, Deutscher Studienverlag, Weinheim 1997.
- Klöcker, M./Tworuschka, U. (Hg.), Ethik der Religionen – Lehre und Leben. Bd. 1: Sexualität, Kösel/Vandenhoeck & Ruprecht, München u. a. 1984.
- Schüler 1996, Liebe und Sexualität, Friedrich-Verlag, Seelze 1996.

4. Unterrichtsideen

A. Identität – Wer bist du?

⇨ Bildbetrachtung und -befragung: Helmut Ammann, *Die zerbrochene Maske*, 1948 (SB, S. 53)
Stilles Betrachten, Bildbefragung: Zwei oder drei Schüler stellen abwechselnd Fragen an das Bild. Die Fragen werden auf einer DIN-A-3-Kopie von den Sch. unzensiert und unkommentiert gesammelt.
Welchen Titel würdet ihr dem Bild geben? Was zeigt eine Maske (bei euch)? Was steckt hinter einer Maske (bei euch)?
Weiterarbeit:
Bearbeitung eines Arbeitsblatts, auf dem eine stilisierte Maske abgebildet ist.
Welche drei Eigenschaften zeige ich nach außen? Welche drei Eigenschaften behalte ich lieber für mich?
Vergleich mit Textauszug Heinz Körner, *Masken* (SB, S. 56).

⇨ Text: Jostein Gaarder, *Wer bist du?* (aus „Sofies Welt“) (SB, S. 54f.)
Vorlesen des Textes durch Sch.; Spontanäußerungen zum Text.
Herstellen von Bezügen zur eigenen Erfahrung mit dem Selbstbild bzw. dem Aussehen. Was sagt das Aussehen über einen Menschen aus? Was sagt mein Aussehen über mich aus? Warum empfindet es Sophie als Zumutung, nicht über ihr Äußeres bestimmen zu können?

Weiterarbeit:
Erstellen eines Fremdbildes und eines Eigenbildes der Sch. mit Hilfe einer Kopfschablone, in die die Sch. jeweils charakterisierende Eigenschaften eintragen (Außen: Wie sehen mich andere?/ Innen: Wie sehe ich mich selbst?).
Anfertigung einer grafischen Darstellung der persönlichen Eigenschaften. Auf der Vorderseite eines DIN-A-3 Blattes werden ein ICH und der Vorname gestaltet und mit den drei wichtigsten Eigenschaften verbunden. Zur Auswahl der drei Eigenschaften dient eine allein verfasste Liste der persönlichen Eigenschaften auf der Rückseite.
Vorstellung der persönlichen Charakteristika im Plenum.
Anfertigung einer Bildbiografie anhand von Kindheitsfotos.

⇨ Text: Ernst Jandl, *my own song* (SB, S. 55)
Vortrag des Gedichtes durch L. oder Präsentation des Gedichtes durch Abspielen des Hörbuches (Ernst Jandl, wien-heldenplatz, Der HörVerlag, München 1999, ISBN 3-89584-642-2); Erarbeitung der persönlichen Bedeutung durch Textlöschung; alle für die Sch. nicht zur Kernaussage gehörenden Elemente werden auf einem Arbeitsblatt geschwärzt; fakultativ kann der Text wiederholt von den Sch. gelesen werden (die unterschiedliche Betonung bietet dann den Anknüpfungspunkt für eine Diskussion); Austausch der Kernaussagen im Plenum.
Auseinandersetzung mit dem Problem der Fremdbestimmtheit durch das Bilden von freien Assoziationsketten um die ausgewählte Kernaussage herum.
Weiterarbeit:
Auflistung der Gedanken zu den Aussagen „Ich will nicht sein (wie)“ und „Ich will sein (wie)“, ggf. in tabellarischer Form oder Clustering.

⇨ Text: Heinz Körner, *Masken* (SB, S. 56) ggf. Vergleich mit Helmut Ammann, *Die zerbrochene Maske*, 1948 (SB, S. 53).
Verfassen eines fiktiven Briefes durch die Sch., der zeitlich vor dem Textauszug anzusiedeln ist und als Auslöser („Wer ich bin, willst du wissen?“) fungiert; Verfassen eines Antwortbriefes; Vorstellung der Arbeitsergebnisse und Problematisierung der Schwierigkeit des Vertrauens bei der o. g. Fragestellung.
Weiterarbeit:
Herstellung einer persönlichen Gipsmaske in Partnerarbeit.

⇨ Bildbetrachtung: René Magritte, *Reproduktion verboten*, 1937 (SB, S. 57)
Vorstellung des Bildes unter Abdeckung des vermeintlichen Spiegelbildes am OHP; Aufstellen von Hypothesen bezüglich der fehlenden Darstellung (Das SB sollte während dieser Phase geschlossen sein).
Aufdecken und Betrachten des gesamten Bildes; Konfrontation des Bildes mit dem Zitat „Erkenne dich selbst!“ (Apollontempel zu Delphi) als stummer Impuls an der Tafel; ggf. Assoziationen zum Symbol „Spiegel“; Nennung der Schwierigkeiten bei der menschlichen Selbsterkenntnis.
Möglicher Rückbezug auf Jostein Gaarder, *Wer bist du?* (aus „Sofies Welt“) (SB, S. 54f.)

⇨ Text: Werner Sprenger, *Vergiss dein nicht* (SB, S. 57)
Vortrag des Textes; Wiederholung der textimmanenten Frage „Was heißt das für Dich?“; Transformation des Textes durch Erweiterung der Aufforderungen oder Subjektivierung:

Geh Deinen eigenen Weg, indem ...	Ich gehe meinen eigenen Weg, indem ...
Denk Deine Gedanken, indem ...	Ich denke meine Gedanken, indem ...
Fühl Deine Gefühle, indem ...	Ich fühle meine Gefühle, indem ...
Wein Deine Tränen, indem ...	Ich weine meine Tränen, indem ...
Lach Dein Lächeln, indem ...	Ich lache mein Lächeln, indem ...
Leb Dein eigenes Leben, indem ...	Ich lebe mein eigenes Leben, indem ...

Weiterarbeit:
Anfertigung einer Collage unter der Überschrift: „Ich bin einzigartig".
Jeder Sch. stellt seine Einzigartigkeit anhand von Fotos, Collagenmaterial und schriftlichen Ausführungen dar. Die Sammlung und Vorstellung der einzelnen Collagen ergibt eine Klassencollage.

⇨ Kreative Vertiefung zum Thema Rollenverhalten; Gert Brandenberg, *Der Frühlingsball* (ZM 1)
Vorlesen des Textauszuges; Unterstreichen der im Text vorkommenden Rollenschemata; Übertragung auf die gesellschaftliche Realität durch Auflistung der unterschiedlichen (Vor-)Urteile über das jeweils andere Geschlecht.
Weiterarbeit:
Anfertigung von Ganzkörperschablonen, in die die jeweiligen (Vor-)Urteile eingetragen werden.
„MÄDCHEN SIND ..." „JUNGEN SIND ..." ggf. Stellungnahme durch Rollentausch und Diskurs über die jeweiligen (Vor-)Urteile.

B. Liebe

a) Liebe ist ...

⇨ Texte: Liebe ist ... (SB, S. 58)
Stilles Lesen der Texte durch die Sch.; Auswahl eines Textes durch die Sch.; schriftliche Begründung der Auswahl; Formulierung eigener Definitionen bzw. plakativer Formulierungen.
Weiterarbeit:
Suche nach weiteren Definitionen bzw. Aphorismen, ggf. als Hausaufgabe.
Erstellen eigener Definitionen bzw. Aphorismen (Zur Arbeitstechnik des kreativen Schreibens s. Gerd Brenner, Kreatives Schreiben. Ein Leitfaden für die Praxis, Cornelsen, Frankfurt am Main 1994).

⇨ Bild: Edvard Munch, *Der Kuss*, 1923 (SB, S. 59)
Beschreibung und Analyse des Bildes; Vergleich des Bildes mit dem Text von Erich Fried: Klärung des Verhältnisses zwischen Bild und Text – Welche Szene stellt das Bild dar? Welche Informationen gibt das Bild, die der Text nicht enthält? Wo liegen die Gemeinsamkeiten? Wie wird Liebe beschrieben?

⇨ Text: Das Hohelied Salomos, Kap. 7,11–13 (SB, S. 59)
Vorlesen des Textes; Interpretation des Textes und Aufschlüsselung der Sexualsymbolik.

⇨ Text: Erich Fried, *Nähe* (SB, S. 59)
Anfertigen einer Textkopie; Unterlegen der Textzeilen durch die Sch. mit verschiedenen Farben, die die Stimmungen des Textes wiedergeben.
Weiterarbeit:
Erstellen eigener Liebesgedichte (Zur Arbeitstechnik s. Therese Chromik, „Dichten" in der Schule. In: Valentin Merkelbach (Hg.), Kreatives Schreiben, Westermann, Braunschweig 1993, S. 73–76); Erstellen von Standbildern zu den o. g. Materialien.

b) Verliebtsein

⇨ Text: Phil Bosmans, *Verliebt* (SB, S. 60)
Schreibgespräch in Kleingruppen unter der Vorgabe „Verliebt sein ist ..."; Vorstellung der Arbeitsgruppenergebnisse.
Vorlesen des Textes. Erarbeitung des Begriffes „Verliebtsein" unter der Berücksichtigung der Interpretation als „Verliebtheit in alltägliche Dinge".

⇨ Bild: Walter Müller, *Liebespaar*, 1921 (SB, S. 61)
Ausmalen des Bildes zur Vertiefung der Bildaussage. Die Sch. erhalten eine aufgehellte SW-Kopie des vorliegenden Bildes und malen in die Vorlage mit Buntstiften oder Ölkreide die Farben ein, die nach ihrer Ansicht das Verliebtsein in der Vorlage am besten ausdrücken. Vergleich mit der Originalzeichnung und Ausdeutung des Symbolcharakters des Bildes.

⇨ *Weiterarbeit:*
Die Sch. gestalten einen Rahmen für das vorliegende Bild; Formulierung einer eigenen Definition von „Verliebtsein" durch die Sch.

C. Partnerschaft

a) Eine Beziehung führen

⇨ Text: Rainer Jerosch, *Lächeln im Regen* (SB, S. 62)
Lesen des Textes; Sammeln der Spontaneindrücke; Herausschreiben des Dialoges.
Szenische Interpretation des Textauszuges durch Vortrag mit verteilten Rollen (Zur Arbeitstechnik s. Ingo Scheller, Wir machen unsere Inszenierungen selber. Szenische Interpretation von Dramentexten. Theorie und Verfahren zum erfahrungsbezogenen Umgang mit Literatur und Alltagsgeschichte(n), Bd. 1, Oldenburg 1993).
Weiterarbeit:
Die Sch. formulieren in Abgrenzung zur Textvorlage einen wirklichen Dialog.
Die Sch. ergänzen einen Anfang und/oder Schluss für den vorgegebenen oder ihren Dialog. Die Ergebnisse können auch durch eine szenische Interpretation bzw. Standbilder vorgestellt werden.

⇨ Liedtext: Sabrina Setlur, *Nur mir* (SB, S. 63)
Vorspielen des Rap von Sabrina Setlur: „Nur mir"; auf CD von Sabrian Setlur: Die neue S-Klasse (Lied Nr. 7), 1997 Pelham GmbH, 3p-Label (3p Postfach 900 128,60441 Frankfurt/ Main, Supporter Hotline: 069/7896495, Supporter Faxline: 06152/949291) ohne Textvorlage; Spontanphase; zweites Vorspielen des Rap mit Textvorlage; Eintragen von Sinnabschnitten; Erarbeitung der Hauptaussagen durch die Sch. (Unterstreichen bzw. Textlöschung).
Welche Gründe für das Beenden der Beziehung werden angeführt? Welche Erwartungen haben die beiden Partner bezüglich einer Beziehung? Inwieweit ist die Position der Frau realistisch?
Weiterarbeit:
Vergleich mit dem Text „Lächeln im Regen" (SB, S. 62) und eigenen Erfahrungen.
Die Sch. produzieren (möglicherweise in Verbindung mit dem Fach Musik) einen eigenen Rap zu den Themen (Verliebtsein, Miteinander gehen, Zärtlichkeit, Das erste Mal o. ä.).
Darstellung der Vorstellung eines Traumpartners/einer Traumpartnerin durch Basteln von Ganzkörperschablonen, in die die jeweiligen Eigenschaften eingetragen werden (ggf. erweiterbar durch grafisches bzw. collagenartiges Vorgehen).

b) Bis dass der Tod uns scheidet ...?

⇨ Foto: Brautpaar (SB, S. 64)
Stummer Impuls; zunächst wird nur die linke Bildhälfte den Sch. gezeigt (Das SB sollte während dieser Phase geschlossen sein); die Sch. schildern Assoziationen zum Themenfeld „Braut, Bräutigam, Hochzeit, Ehe".
Herstellung der Verbindung zwischen Ehe und Kirche durch Aufdecken der rechten Bildhälfte (falls notwendig).
Sammlung und Aufschlüsselung der diversen Symbole, Rituale und Traditionen (z. B. Schleier, Ring, Farbe Weiß, Hochzeitsnacht) an der Tafel.

⇨ Texte: Bis dass der Tod uns scheidet (SB, S. 64)
Die Sch. informieren sich per Bibliothek, Mediothek oder Internet über Ehe in unserer und anderen Gesellschaften und fertigen eine Wandzeitung zu den jeweils von ihnen bearbeiteten Teilbereichen (Geschichte der Ehe, Ehe in anderen Kulturen, rechtliche Grundlagen der Ehe heute, Ehe und Christentum, kirchliche Trauung etc.) an. Vorstellung der Arbeitsergebnisse in der Klasse.

⇨ Text: Heiraten – wozu denn? (SB, S. 65)
Die Sch. informieren sich per Bibliothek, Mediothek oder Internet über eheähnliche Lebensgemeinschaften und ihre Situation in unserer und anderen Gesellschaften; Vorstellung der Arbeitsergebnisse in der Klasse.

⇨ Abb.: Heiratsanzeigen (SB, S. 65)
Erarbeitung von Gemeinsamkeiten und Unterschieden in Form und Inhalt der Anzeigen, Diskussion über Funktion der Anzeigen; ggf. Erstellen eigener Vorlagen.
Weiterarbeit:
Anhand der erarbeiteten Ergebnisse und der Materialien Vorbereitung einer Pro-und-Contra-Debatte in Kleingruppen; die Sch. stellen in ihrer Gruppe möglichst genau Pro- und Contra-Argumente in Bezug auf die Thematik zusammen und bestimmen einen Gruppen-

sprecher; diese vollziehen unter Vorsitz eines gewählten Gesprächsleiters die Pro- und Contra-Debatte; am Ende der Debatte wird per Abstimmung eine Entscheidung herbeigeführt.

D. Homosexualität

⇨ Homosexualität (SB, S. 66)
Abfrage der Voreinstellungen der Sch. bezüglich des Themas „Homosexualität" in Form eines Clusterings, Brainstormings, Schreibgesprächs o. ä.; Vergleich der Ergebnisse mit den Ergebnissen des Schulbuchmaterials (ZM 2).
Weiterarbeit:
Ausarbeitung einer Umfrage vor dem Hintergrund der aufgetretenen Fragen und Ergebnisse; Durchführung der Umfrage in unterschiedlichen Bezugsfeldern (Schule, Familie, Clique, Kirche, Stadt etc.); Auswertung der Umfrage durch Erstellen einer Dokumentation bzw. Ausstellung.

⇨ Homosexualität und Kirche (SB, S. 66)
Die Sch. formulieren aus Sicht des Pfarrers einen Antwortbrief an das homosexuelle Paar; die Sch. schreiben die Predigt für den geplanten Segnungsgottesdienst (ggf. Hochzeitspredigt als Textvorlage eingeben und transformieren lassen); die Sch. formulieren einen Beitrag des homosexuellen Paares für den geplanten Segnungsgottesdienst.
Weiterarbeit:
Szenische Darstellung einer Kirchenvorstandssitzung zur Thematik „Homosexuelle Trauung in der Kirche – ja oder nein?".
Podiumsdiskussion auf einer Synode zur Thematik „Homosexuelle Trauung in der Kirche – ja oder nein?".

5. Materialien und Medien

Filme:
- Moskito: Thema Sexualität. SFB, Berlin 1992.
- Sechs mal Sex und mehr, Koproduktion SFB/NDR/WDR/BzgA, Berlin 1993.
- Verliebt, verlobt, verheiratet, geschieden. Pro Familia, Frankfurt 1991.

Spiele:
- Arbeiterwohlfahrt Bundesverband e. V. (Hg.), Durch den Dschungel der Sexualität, Bonn 1989.
- Bundeszentrale für gesundheitliche Aufklärung (Hg.), Let's talk about ... Liebe Lust und AIDS. Computerspiel für 14- bis 18jährige rund um Anmache, Kennenlernen, Annäherung und (Safer) Sex, Köln o. J.. (kostenlos) www.loveline.de

Info-Materialien:
- Bundeszentrale für gesundheitliche Aufklärung (Hg.), Über den Umgang mit Liebe, Sexualität, Verhütung und Schwangerschaft, Köln 1995. (kostenlos)
- Let's talk about sex. Ein Sex-Heft für Jugendliche, Friedrich-Verlag, Seelze 1996.
- www.bzga.de
- www.ekd.de/EKD-Texte/2091_1678.html (Ehe und Familie)
- www.ekd.de/EKD-Texte/2091_spannungen_1996_1.html (Homosexualität)

Der Frühlingsball

Das große fünfundzwanzig Frau starke Orchester spielte auf. Der Frühjahrseinführungsball hatte begonnen. Petronius stand etwas eingeklemmt in einer Ecke des Ballsaales dicht neben seinem Klassenfreund Wolfram Saxe. Er hatte rote Wangen und schwitzte. Dann besah er sich kurz die Achselhöhlen, ob möglicherweise etwas zu sehen war, und erschrak. Die türkisfarbene Bluse hatte unverkennbar eine dunklere Farbe angenommen. Bei diesem Anblick schwitzte er noch mehr. Sie saß einfach zu eng. Er konnte den Stoff auf den Rippen fühlen, die sich wohl auch etwas abzeichneten. Trotz allem, er sah gar nicht so übel aus. Und nun sollte der Tanz beginnen. „Wolfram“, flüsterte er, „ich geh' nur mal für einen Augenblick runter.“ Wolfram griff nach dem Goldband, das Petronius um die Taille trug. „Hat sich dein PH gelockert?“ „Nein, ich will nur ...“

„Dann beeil dich“, unterbrach ihn Wolfram, „alle gucken schon zu uns hin. Du darfst den Gesamteindruck jetzt nicht verderben. Ich jedenfalls will die Sache heute Abend hinter mich bringen.“

Petronius rannte in den Waschraum und suchte in seinem Handköfferchen nach Watte. Er stürzte in eine Toilette, denn er wollte unter keinen Umständen gesehen werden, und trocknete sich die Achselhöhlen. Papa hatte gesagt, dass das Deodorant völlig sicher sei. Doch Nervosität konnte es wohl nicht bannen.

Mit Grausen hatte Petronius monatelang auf den Einführungsball gewartet. Über nichts anderes hatten die Jungen mehr gesprochen. Die meisten hatten bereits auf die eine oder andere ein Auge geworfen. Lillerio Monatochter, der Nachbarssohn, war hinter einer mit Pferdeschwanz her, sie hieß Liv Kraft und war die Beste im Stabhochsprung. Baldrian Ödeschär war verrückt nach Eva Barmerud, der Tochter der Rektorin, und Wolfram war unsterblich in Ann Plattenberg verliebt. Es war eine ganze Clique. Sie beteten ihre Heldinnen an und schrieben ihnen Liebesbriefe, die sie jedoch trotz ihrer großen Liebe und trotz ihres Herzeleids nicht abzuschicken wagten. Petronius wusste eigentlich nicht genau, in wen er verliebt war.

Er schob zwei Wattebäusche in jeden Ärmel und rannte wieder nach oben. Es war nicht leicht, in den engen Schuhen zu laufen. Außerdem scheuerten sie auch noch. Er merkte, dass er das kleine Ballköfferchen vergessen hatte, das dam an den Gürtel schnallte, und musste noch einmal zurück. Das Orchester war gerade beim Schluss der Kantate angelangt.

Wolfram hielt schon nach ihm Ausschau. Als er wieder hoch kam, hakte er sich sofort bei ihm ein, und so marschierten sie mit den anderen Jungen aufs Parkett.

„Wo ist Baldrian? Wollte er nicht in unserem Trio tanzen?“ Petronius spürte eine Hand unter dem Arm. „Hier!“ Baldrian strahlte ihn an und sah einfach blendend aus. Er war so kühn und hatte einen tiefblauen Anzug mit breitem Goldgürtel angezogen, der auf seinem rundlichen Körper knackig und wie angegossen saß. Er konnte sich stets solche Raffinessen leisten. Petronius starrte ihn fasziniert an. Seinetwegen würde dam sich nach dem Trio reißen.

Die Zeremonienmeisterin ging auf das Podium, nickte und fuchtelte mit der Hand. „Willkommen, meine Herren und Damen! Wieder einmal kann die Egalsunder Jugend den Frühjahrs-Einführungsball erleben. Alle Jahre wieder gibt es wohl nichts, was wir so herbeisehnen wie dieses Ereignis. Der Frühling ist eben jene leuchtende und unbeschwerte Zeit, da der Wind zärtlich verspielt die Blusen und Hemden unserer Knaben streift und wir neuen Mut schöpfen. Die Bäume schlagen aus und alles wird grün. Und wer von uns möchte sich da nicht dem Ungestüm der Lebenslust hingeben und einen Knaben in den Arm nehmen! Können wir uns einen lieblicheren Anblick vorstellen als so viele reizende junge Herren auf einmal?“

Die Jungen sahen sich beschämt an oder blickten verlegen zu Boden. „Unser Festarrangement wird wie alle Jahre zuvor verlaufen. Zuerst tanzen die süßen jungen Herren Trio für uns. Währenddessen kann dam an der Bar Getränke und Knabberzeug kaufen. Danach folgen wie immer Rundgang und Kuschelpause, das heißt, wir fordern die Damen auf zu zirkulieren. Das Orchester spielt einschmeichelnde Musik. Es ist die Zeit für diejenigen, die Lust auf nähere Bekanntschaft mit den Herren verspüren. Zudem sind verschiedene Spieltische aufgestellt oder dam kann sich in den diversen Salons entspannen."

Zurufe und Gelächter von den Barhockern. Irgendwer rief pfui.

„Ha, ha, ha", ließ sich die Zeremonienmeisterin mit galantem Lächeln vernehmen. „Ja, und jene Damen, die sich noch nicht orientiert haben, möchte ich darauf hinweisen, dass die verschiedenen Einführungszimmer in der zweiten Etage des Galerieflügels liegen. Und so wird der Ball mit Tanz und Unterhaltung bis halb zwei weitergehen." Die Zeremonienmeisterin klatschte in die Hände und holte flott mit dem einen Arm aus. „Und nun, meine Herren! Nur zu! Nehmen Sie Ihre Nebenfrau und fangen Sie an!"

Trommelwirbel und Fanfarenstöße. Die Leute klatschten. Der Triotanz begann. Die Jungen, die immer zu dritt tanzten, hatten sich eingehakt. Es war ein Tanz mit leichtem, graziösem Hüpfen auf den Zehenspitzen und mit seitlichen Verbeugungen; monatelang hatten sie die in der Schule während der Gymnastikstunde eingeübt. Es war ein langsamer Boogie-Woogie. Unter dem Kronleuchter rauschte und wogte es von farbenprächtigem Chiffon, von Seide und Tüll. Von oben hätte sich Petronius und den anderen ein ganz entzückender Anblick geboten. Doch das Einzige, was er im Gedränge des Ballsaales erlebte, war ein schwitzendes, brodelndes Chaos, in dem alles darauf ankam, nicht das rechte Bein zu setzen, wenn die anderen das linke nahmen. Er wiederholte für sich die Mahnung aus der Gymnastikstunde: „Merk dir, links immer zuerst. Links immer zuerst!"

Petronius hob das rechte Bein und kollidierte mit Wolfram, der wiederum Syprian anstieß. Dieser falsche Schritt übertrug sich auf mehrere andere Trios. Petronius warf einen verzweifelten Blick nach oben. Hatten die auf der Galerie etwas bemerkt? Aber dort war alles verschwommen, außerdem war er gerade bei einer Seitenverbeugung, so dass er den ganzen Ballsaal um einen Winkel von neunzig Grad verdreht sah.

Aus: Gert Brantenberg, Die Töchter Egalias, S. 19, © Frauenoffensive, München 1987

Infotext Homosexualität

Circa fünf Prozent der Nordamerikaner und Europäer sind homosexuell, d. h. sie haben sexuelle Beziehungen ausschließlich mit gleichgeschlechtlichen Partnern. Dies bedeutet aber nicht, dass die übrige Bevölkerung ausschließlich heterosexuell ist. Nach Studien amerikanischer Sexualforscher ist belegt, dass jeder zweite Mann in seinem Leben schon einmal homosexuelle Erfahrungen gemacht hat. Vor allem im Jugendalter kommt es zu solchen homosexuellen Kontakten.

Die Ursachen von Homosexualität werden von Wissenschaftlern äußerst kontrovers diskutiert. So meinen einige Forscher, dass bei Homosexuellen das männliche bzw. das weibliche Sexualzentrum im Gehirn schwächer ausgeprägt ist. Diese Wissenschaftler konnten beim Menschen dieses Sexualzentrum im Gehirn überhaupt nicht nachweisen. Andere behaupten, dass Stress bzw. Konflikte während der Schwangerschaft bei der Mutter hormonelle Veränderungen bewirken, die zu einer Veränderung des Embryos führten. Ein genetischer Defekt konnte ebenso wenig wie Sozialisationseinflüsse als Ursachen für Homosexualität bewiesen werden.

Alle bisherigen Theorien wurden überprüft und für falsch erachtet. Möglicherweise sind Menschen von ihren Anlagen her einfach bisexuell, d. h. „liebesfähig“ gegenüber beiden Geschlechtern.

Der Mensch in der Schöpfung

1. Theologische und didaktische Aspekte

Ist es Zeit, ein Apfelbäumchen zu pflanzen? Die Gefährdung unserer Umwelt ist unübersehbar und Waldsterben, Aussterben von Tier- und Pflanzenarten, Treibhauseffekt, Ozonloch und zunehmende Allergien sind beunruhigende Vorboten einer drohenden Katastrophe. Gleichzeitig entwickelt der Mensch aber auch neue Möglichkeiten, Schadstoffemissionen zu reduzieren oder in Naturprozesse einzugreifen und resistente und ertragreichere Pflanzen zu züchten. Dabei geht es längst nicht mehr nur darum, Erbanlagen durch Kreuzung zu vermischen, sondern durch direkten Zugriff auf die Gene Erbanlagen zu verändern und Eigenschaften nach eigenen Vorstellungen zu kreieren. Die Entschlüsselung der menschlichen Gene eröffnet neue Perspektiven bei der Behandlung schwerer Krankheiten, und die aktuelle Diskussion wird inzwischen geführt zu Fragen der Forschung an embryonalen Stammzellen, Fragen des therapeutischen Klonens und der Keimbahntherapie mit ihrer Möglichkeit der genetischen Manipulation. Der Mensch hat begonnen, in fundamentale Prozesse des Lebens einzugreifen.

Über seine Stellung in der Natur und über sein Verhältnis zu ihr denkt der Mensch seit Urzeiten nach. Die Mythen aller Völker kennzeichnen seine besondere Rolle in der geschaffenen Welt, die er sich gestaltet. Wir verstehen Mythen nicht als Berichte mit dem Anspruch einer exakten Beschreibung der Welt, sondern als Erzählungen. In dieser Weise sind auch die Schöpfungserzählungen des Alten Testaments zu lesen. Sie sind vor allem Bekenntnis, Lobpreis und Ausdruck der Ehrfurcht, und sie bündeln das damalige Nachdenken über die Rolle des Menschen in der Schöpfung und sein Verhältnis zu Gott. Die konfliktgeladene Polarität zwischen naturwissenschaftlicher Erklärung der Weltentstehung und göttlicher Schöpfung liegt vor allem darin begründet, dass aus den Erzählungen von der Schöpfung eine Schöpfungslehre gemacht wurde, von der die Kirche anfangs glaubte, sie müsse sie gegen die neuen Erkenntnisse der Naturwissenschaft verteidigen.

Für den Menschen des AT war die Aussage, dass die Welt Gottes Schöpfung ist, kein Glaubenssatz, sondern so selbstverständlich, dass andere Alternativen nicht in Betracht kamen. Daher ist die Frage nach dem „Wie“ der Erschaffung nur zweitrangig und erlaubte durchaus unterschiedliche Antworten. Auffällig ist im Vergleich mit Mythen anderer Völker die Ähnlichkeit der verwendeten Motive: So finden sich sowohl die Erschaffung des Menschen aus Lehm oder Erde als auch die Flutgeschichte in Schöpfungserzählungen verschiedenster Kulturen. In diesen Mythen kristallisieren sich demnach gemeinsame Grunderfahrungen. Der Mensch erkennt sich als aufs Engste mit der Erde verbunden und gleichzeitig erlebt er sich und die Schöpfung als bedroht. Schöpfungsgeschichten stellen in ihrer Weise Wirklichkeit dar und gehören in den „Zusammenhang der Daseinsbewältigung" (Westermann).

Aus Sicht der Naturwissenschaftler ergibt sich bislang folgendes Bild von der Entstehung der Welt: Edwin Hubble entdeckte 1929, dass sich das Licht von Sternsystemen mit zunehmender Entfernung von der Erde nach Rot verschiebt. Aufgrund dieser Veränderung der Wellenlänge des Lichts konnte gefolgert werden, dass sich die Galaxien voneinander fort bewegen. Demnach müsste es eine Zeit gegeben haben, da sich alles an einem Ort befunden hat. Einer anderen Theorie zufolge wird die Rotverschiebung nicht auf die Expansion des Alls, sondern auf die „Ermüdung" des Lichts zurückgeführt (erstmals F. Zwicky, 1929). Damit einher geht die Vorstellung von einem seit Ewigkeit bestehenden Universum, das weder expandiert noch in sich zusammenfällt und ewig weiter bestehen wird. Anders als bei einem statischen, ewigen Universum gibt es in einem sich ausdehnenden All einen Anfang. So sind nach heutiger Überzeugung vor etwa 15 Milliarden Jahren die Galaxien aus einer gewaltigen Explosion (Urknall) hervorgegangen. Die Forschungen haben gezeigt, dass die Ereignisse im Universum nicht beliebig ablaufen, sondern dass ihnen eine bestimmte Ordnung zugrunde liegt, „die göttlichen Ursprungs sein mag oder auch nicht" (Hawking, Eine kurze Geschichte, S. 156). Die Einfachheit und Regelmäßigkeit der Naturgesetze bewunderte auch Einstein, als er feststellte, dass das einzig Unverständliche am Universum seine Verständlichkeit sei. Warum aber sind die Naturgesetze so, wie sie sind? Und wer zwingt die Natur, sich nach den Gesetzen zu richten? Auch Tendenzen wie jene der Kreationisten, die besonders in den USA den Schöpfungsglauben gegen die Evolutionstheorie behaupten wollen, können nicht darüber hinwegtäuschen, dass Naturwissenschaft und Theologie zunehmend als einander ergänzend verstanden werden. „Wissenschaft will den Mechanismus des Universums herausfinden, Religion seine Bedeutung" (Charles Townes, Physiker). Es geht also nicht darum, Gott an die Stelle zu setzen, die der wissenschaftlichen Erkenntnis (noch) verschlossen ist. Dennoch bleibt die Kontroverse bestehen, ob die Abläufe im Universum einen Schöpfer benötigen oder nicht. Nach dem anthropischen Prinzip (Carter 1973, Tipler/Barrow 1986) sind die Naturkonstanten so aufeinander abgestimmt, dass sich unweigerlich Leben entwickeln musste. Dies könnte auf den Plan eines Schöpfers schließen lassen. Andererseits ist für moderne Quantenkosmologen die Vorstellung eines aus dem Nichts hervorquellenden Universums ohne Schöpfer denkbar.

Uneinigkeit besteht über die Zukunft des Universums. Ob sich das Weltall pulsierend ausdehnt und zusammenzieht, irgendwann in sich zusammenfallen oder sich ewig ausdehnen wird, ist bislang nicht eindeutig geklärt. Neuere Erkenntnisse scheinen zu belegen, dass sich das All nicht nur stetig ausdehnt, sondern dass die Expansionsgeschwindigkeit dabei sogar ständig wächst.

Entscheidend für den Umgang mit der Schöpfung ist das Bewusstsein, sich als Teil der Welt zu verstehen. Unabhängig von pessimistischen Prognosen und entgegen allen resignativen Tendenzen muss es darum gehen, die persönliche Verantwortung und Bedeutung des eigenen Handelns zu erkennen. Dazu ist es wichtig, sich der Stellung des Menschen in der Welt bewusst zu werden. Dazu sind die atl. Schöpfungsgeschichten als „Reden von Wirklichkeit" (Westermann) aufschlussreich. Es finden sich im AT zwei eigenständige Darstellungen des Schöpfungsgeschehens. Anders als in vielen polytheistischen Kulturen geht der Erschaffung der Welt kein Götterkampf voraus, und der Mensch wird weder aus dem toten Leib eines Gottes geschaffen, noch, um den Göttern zu dienen (so z.B. im babylonischen Schöpfungsmythos Enuma elish). Gemäß Gen 1 (entstanden etwa 5. Jh. v. Chr.) schafft sich Gott ein Bild, das ihm gleich sei. Er macht ein ihm entsprechendes Gegenüber, dem er die Aufgabe anvertraut, sich die Erde untertan zu machen und über alles Lebende zu herrschen. Der Mensch wird der mit allen Befugnissen ausgestattete Repräsentant Gottes auf Erden. Mit Herrschen ist ein königliches, nicht ausbeutendes Regieren gemeint. In Gen 2 (entstanden wohl um 950 v. Chr., wenngleich auch Späterdatierungen vertreten werden) klingt es anders: Gott erschafft den Menschen, damit er den Garten bebaue und bewahre. Dem Geschöpf Gottes wird alles darin zur Verfügung gestellt. „Gott beginnt mit einer großen Freigabe" (G. v. Rad), aber es gibt auch ein Verbot: Der Mensch darf nicht vom Baum der Erkenntnis essen. Begründet wird die Anordnung damit, dass sie ihn vor dem Tod bewahre. Die Herrschermacht des Menschen wird durch das Verbot Gottes begrenzt, aber mit dem Verbot beginnt auch die Freiheit des Menschen: Er kann sich entscheiden, die Anordnung zu respektieren oder nicht. Die Einführung der Schlange in die Erzählung unterstreicht diesen Aspekt. Der Mensch hätte auch ohne ihr Zureden den Apfel essen können. So aber wird „ein Spielraum der Entscheidung freigehalten" (W. Zimmerli). Diese Freiheit bedeutet Verantwortung.

Das Verhalten der Menschen (in der westlichen Zivilisation) ist vom Gedanken des Herrschens und Nutzens geprägt, und längst sind die Grenzen, die Gott der menschlichen Macht einst gesetzt hat, überschritten. Der Mensch wird selbst zum Schöpfer von neuem Leben. Bereits 1977 wurden erstmals genetische Informationen aus menschlichen Zellen in Bakterien eingeschleust, 1982 das erste gentechnisch hergestellte Medikament (Insulin) auf den Markt gebracht und 1997 das erste geklonte Schaf präsentiert. Am 26. Juni 2000 gaben Wissenschaftler in den USA bekannt, dass das menschliche Erbgut zu 99% entschlüsselt sei. Forschern ist es damit gelungen, die Reihenfolge der über drei Milliarden Basenpaare des menschlichen Genoms weitgehend zu bestimmen. Der nächste Schritt wird sein, zusammengehörige Basenreihen zu ermitteln und damit die einzelnen Gene zu identifizieren und schließlich ihre Funktion zu bestimmen. Diese Kenntnis verheißt die Möglichkeit, eines Tages Krankheiten heilen oder vermeiden zu können, die bislang als unheilbar gelten (z.B. Mukoviszidose, Chorea Huntington, Hämophilie (Bluterkrankheit)). Noch kann der Mensch den Code der Gene, „die Sprache, in der Gott Leben erschaffen hat" (Bill Clinton), nicht verstehen, aber „die Entschlüsselung des Genoms wird den größten Einfluss aller in der Menschheitsgeschichte eingeführten Technologien haben" (Jeremy Rifkin), denn es besteht dann die Möglichkeit, in elementare Lebensprozesse und Entwicklungen einzugreifen. Es wird bereits davon gesprochen, dass der Mensch nun seine Evolution selbst in die Hand nimmt und Menschen „nach *seinem* Bild" erschafft. Große Pharmakonzerne haben bereits signalisiert, sich in der Gentherapie zu engagieren. Die Kenntnis des Erbguts erlaubt eine gezieltere Anwendung von Arzneien, denn winzige Abweichungen in den Genen können bewirken, dass ein Medikament bei einem Patienten wirkt, bei einem anderen nicht.

Durch die Gentechnik können prinzipiell Gene verschiedener Lebewesen miteinander verbunden werden. Die Verfahren eröffnen neue Wege in der Pflanzenzucht, bei der Herstellung von Medikamenten und in der Therapie.

Gendiagnostische Tests können im Rahmen der Vorsorgeuntersuchung bei Schwangeren durchgeführt werden. Dabei hat die vorgeburtliche Diagnostik nicht unmittelbar mit der Gentechnik als Neukombination von Erbinformation zu tun, aber die Erkenntnisse der Genforschung erlauben Aussagen über mögliche Behinderungen und Krankheiten des Kindes. Die Möglichkeit, Erkrankungen in einem sehr frühen Stadium feststellen zu können, hat zur Folge, dass bei einer abweichenden Chromosomenverteilung die Eltern eine außerordentlich belastende Wahl treffen müssen. Bei einer Entscheidung gegen die Untersuchungen jedoch setzen sich die Eltern inzwischen dem moralischen Druck aus (der irgendwann ein gesellschaftlicher sein wird), einer möglichen Behinderung nicht vorzubeugen. Sie müssen dann mit dem Vorwurf leben, nicht alles getan zu haben und verantwortlich dafür zu sein, ein behindertes Kind zur Welt gebracht zu haben.

Ethisch umstritten und in Deutschland bislang durch das Embryonenschutzgesetz verboten ist die Präimplantationsdiagnostik (PID), bei der im Rahmen einer künstlichen Befruchtung eine Zelle des Embryos im Mehrzellstadium entnommen und genetisch überprüft wird. Befürworter der PID argumentieren mit dem Paradox, dass zwar eine Abtreibung legal, eine vorher vorgenommene Untersuchung mit der möglichen Konsequenz, den Embryo gar nicht erst zu implantieren, dagegen illegal sei. Kritiker sehen eine Entwicklung, bei der alles Unerwünschte – ob krank oder gesund – ausgeschieden wird. Der Druck in Deutschland, die PDI zu erlauben, wächst. In England ist die Embryonenuntersuchung in den ersten 14 Tagen legal. Dies ist die Voraussetzung für das therapeutische Klonen, das inzwischen auch von verschiedenen deutschen Politikern und Wissenschaftlern gefordert wird. Dabei wird in eine entkernte Eizelle gesundes Erbmaterial eingesetzt. Sie wird zur Reifung gebracht, und die in dem embryonalen Zellklumpen sich entwickelnden, noch nicht ausdifferenzierten Stammzellen werden entnommen und können sich, wenn die „Schalter" einmal gefunden worden sind, zu allen gewünschten körpereigenen Gewebestrukturen entwickeln.

Aufgrund der komplexen Zusammenhänge, der schnellen Fortschritte in der Forschung und der noch nicht absehbaren Entwicklungen der rechtlichen Grundlagen ist das Thema Gentechnik im Rahmen dieser Unterrichtsreihe nicht zu verstehen als Einführung oder als Basis zur Erörterung aller medizinischen Möglichkeiten und Gefahren. Es sollen ein Problembewusstsein erzeugt und mögliche Vorteile sowie ethische Bedenken und Problemanzeigen bedacht werden.

2. Intentionen

Die Schüler sollen

- die Aussagen zur Erschaffung des Menschen anhand der biblischen Schöpfungserzählungen kennen lernen und die damit verbundenen Aussagen zu seiner Stellung in der Welt und seinen Aufgaben verstehen
- die naturwissenschaftliche und die schöpfungstheologische Sichtweise als Beschreibungen der Wirklichkeit verstehen und Konsequenzen für das Weltverständnis sowie für die Haltung des Menschen zur (Um)Welt erkennen
- die Bedeutung der Erzählung vom Sündenfall als Übertreten eines zentralen Gebotes erkennen und die dem Menschen mit dem Sündenfall gegebene Freiheit als Verantwortung verstehen können
- Art und Umfang menschlichen Eingreifens in den Naturraum erkennen und in der Ambivalenz zwischen „gestalten" und „zerstören" bewerten können
- für Zusammenhänge zwischen eigenem Verhalten und Naturzerstörung sensibilisiert werden und die Bedeutung persönlichen Engagements erkennen und eigene Verhaltensweisen reflektieren können
- ansatzweise ein Problembewusstsein für die ethischen Fragestellungen bei der Nutzung der Gentechnik entwickeln und Kriterien der Beurteilung erarbeiten

3. Literatur zur Vorbereitung

- Wolfgang Beer u. a., Gentechnik. Arbeitshilfen für die politische Bildung. Bundeszentrale für politische Bildung, Bonn 1999
- Eerke Hamer/Wolfgang Jacobs, Gentechnik und christliche Ethik. Arbeitsmaterial Religion, Sekundarstufe II, Diesterweg Verlag, Frankfurt 1991
- Stephen Hawking, Das Universum in der Nussschale. Aus dem Englischen von Hainer Kober, Fachliche Beratung Markus Pössel, Hoffmann und Campe Verlag, Hamburg 2001
- Stephen Hawking, Eine kurze Geschichte der Zeit. Die Suche nach der Urkraft des Universums. Aus dem Englischen von Hainer Kober, Fachliche Beratung Bernd Schmidt, Rowohlt Verlag, Reinbek 1989
- Heiko Janssen, Exegetische Vorbemerkungen: Was meint die Bibel, wenn sie von „Schöpfung" redet? In: Hartlieb W. Bautor u.a., Schöpfung, Arbeitshilfen Sekundarstufe I, Heft 1, Unterrichtsmaterialien für den ev. Religionsunterricht für Hauptschulen, Realschulen und Gymnasien, hg. von Siegfried Macht, Religionspädagogisches Institut Loccum, Rehburg Loccum
- Gottfried Orth, Vom Garten Eden aus. Schöp-

fung in Gefahr? Arbeitsmaterialien Religion Sekundarstufe II, Diesterweg Verlag, Frankfurt 1992
- Claus Westermann, Schöpfung. Wie die Naturwissenschaft fragt - was die Bibel antwortet, Herder Taschenbuch Verlag, Freiburg 1989
- Zeit-Punkte, Was darf der Mensch? Tiere aus dem Genlabor, Babys aus der Retorte, Menschen am Tropf. Die Bioethik fragt. Nr.2/1995, Die Zeit, Zeitverlag Gerd Bucerius, Hamburg 1995

4. Unterrichtsideen

⇨ Abb.: *Schöpfung. Miniatur aus der Bibel des Abtes Matteo di Planisio* (SB, S. 69)
Der Schöpfergott ist unkonventionell mit zwei Gesichtern dargestellt. Mit einem Stab erschafft er Erde, Bäume und Vögel. Die Repräsentation Gottes mit einem bärtigen und einem jugendlichen Gesicht erinnert an den römischen Gott Janus, den Gott des Anfangs und des Eingangs, der in gleicher Weise dargestellt wird. In dieser Abbildung steht das doppelte Gesicht für die Einheit von Gott Vater und Gott Sohn. Die Taube auf der Schulter symbolisiert traditionellerweise den Heiligen Geist. In einem Kreis, der die Gesamtheit der geschaffenen Welt repräsentiert, erheben sich Vögel unterschiedlicher Größe und Farbe. Der Erdkreis ist erfüllt von buntem Leben. Urheber dieser Vielfalt ist der Schöpfergott.
Sch. beschreiben den Eindruck, den das Bild vermittelt. *Leitfragen:* Beschreibe die Darstellung Gottes! Wie wird der Schöpfungsvorgang dargestellt? Das Bild stammt aus einer alten Bibel. Könnte es auch als Titelbild eines naturwissenschaftlichen Buches über die Entstehung der Welt verwendet werden? (Aufgabe im SB). Begründe deine Ansicht! Die Sch. werden „Religion“ und „Naturwissenschaft“ gegenüberstellen. In der Diskussion können unterschiedliche Vorstellungen von der Weltentstehung thematisiert werden.

A. Die Erschaffung des Menschen

⇨ Text: *Ein Bild, das uns gleich sei …* (SB, S. 70)
Die Erschaffung des Menschen fällt im priesterschriftlichen Text durch die bei den anderen Schöpfungsakten Gottes fehlende Einleitung „lasset uns ... machen“ (pluralis majestatis!) auf.
Anders als in Mythen des Orients oder einigen Naturreligionen erschafft Gott den Menschen nicht, weil er verehrt oder geliebt werden möchte oder sich einen Diener wünscht, sondern weil er ein Gegenüber möchte, das in seinem Sinne herrschen und - wie Gott - Leben schaffen soll. (Aufforderung an die Menschen, sich zu vermehren!) Der Mensch reproduziert damit gleichzeitig das Bild des Schöpfers. Gottesebenbildlichkeit ist eine Funktionsaussage, keine Aussage zum Wesen oder Aussehen des Menschen.
Einstiegsfrage: Welche Motive mag es für Gott gegeben haben, uns Menschen zu schaffen? Der Begriff des „Herrschens“ muss geklärt werden (als Einstieg auch brainstorming oder Assoziogramm zum Begriff „Herrschen“ möglich). Der an den Menschen ergangene Auftrag wird herausgearbeitet. *Leitfragen:* Was verstehst du unter gutem Herrschen/ gutem Regieren? Die Aufgabe des Menschen wird wie die von Königen beschrieben. In dieser Funktion ist der Mensch - wie der König - verantwortlich für das ihm anvertraute Reich, muss möglichst allen gerecht werden, die Interessen aller ernst nehmen, niemanden bevorzugen, keine egoistischen Ziele verfolgen.
Weiterarbeit: Suche Beispiele für ein verantwortliches und gelungenes Herrschen des Menschen! (auch als Wandzeitung zu gestalten)

⇨ Bild: *Michelangelo Buonarroti, Erschaffung Adams,* 1508–1512 (SB, S. 70)
1508 erhält Michelangelo (1475–1564) von Papst Julius II den Auftrag, die Hauskapelle

des Vatikanischen Palastes, die Sixtinische Kapelle (benannt nach Papst Sixtus IV), auszumalen. Auf einem Gerüst liegend und unter schlechten Lichtverhältnissen gestaltet er das Fresko (Auftragen der Farbe auf den frischen Kalkmörtel). Das Bild zeigt Adam, der die Berührung durch Gott erwartet. Wie gerade aufgewacht, richtet er sich auf und hebt kraftlos den Arm. Die Dynamik geht von Gott aus (Körperhaltung, Haare, Gewand, wehende Tücher). Er wird Adam durch die Berührung Lebensenergie und Kraft übertragen. Im Arm hält Gott Eva, die zu Adam blickt. Gott wird als väterlicher Mann dargestellt. Adam liegt auf der noch nicht kultivierten (mütterlichen) Erde (Berg im Hintergrund als Andeutung einer Mutterbrust?).

Wenn das Bild auf einer Folie präsentiert wird, können die Personen zunächst abgedeckt werden, sodass nur die Hände erkennbar sind (passive, kraftlose Hand vs. dynamische, aktive Hand). Sch. überlegen, was das Berühren der Hand einer anderen Person aussagt (Kontaktaufnahme, Zuneigung, Zuwendung, hier auch: Erwählungszeichen, Übertragung von göttlicher (Lebens-)Energie, Zuweisung einer Aufgabe)

Sch. beschreiben die Gesamtkomposition. Die Kompositionsskizze verdeutlicht, dass Gott und Adam parallel zueinander gestaltet sind, ähnlich einem Spiegel und seinem Spiegelbild („ein Bild, das uns gleich sei").

Das Bild kann auch vor der Arbeit mit Gen 1 eingesetzt werden. Die Erschaffung des Menschen als Mann und Frau (in Gen 2 aus der Rippe des Mannes) und die Gottesebenbildlichkeit sind in dieser Darstellung künstlerisch umgesetzt.

Beispiel für die Kompositionsskizze:

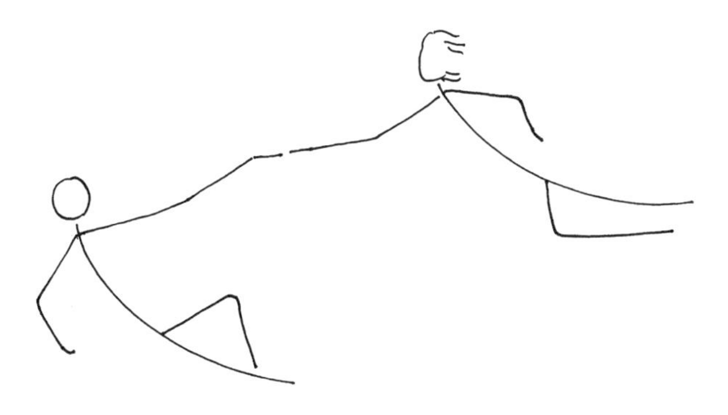

⇨ Text: *Im Garten Eden* (SB, S. 71)

Die jahwistische Schöpfungserzählung beschreibt die Erschaffung des Menschen ähnlich vielen anderen Schöpfungsmythen (z.B. Naturreligionen, babylonisches Gilgamesch-Epos): Der Mensch wird aus Ackerboden geformt. Damit ist er aus dem gleichen Material wie die Erde (Ausdruck der Verbundenheit, Abhängigkeit). Durch den göttlichen Atem wird er zu einem ganzheitlichen „lebendigen Wesen" (nicht: dem Körper wird eine von ihm zu unterscheidende Seele eingegeben!). Der Mensch wird von etwas Göttlichem beseelt, das ihn zu seiner besonderen Stellung in der Schöpfung befähigt. Ihm wird die Pflege und der Erhalt des Gartens aufgetragen. *Leitfrage*: Arbeite heraus, was nach Gen 2 zum Mensch-Sein gehört! Es sind: Verbundenheit mit der Erde, das Versorgt-Sein mit dem zum Leben Notwendigen, Arbeit, Verantwortung und die Freiheit, Entscheidungen zu treffen. (Aus dem Textabschnitt nicht zu erheben: die Gemeinschaft („Es ist nicht gut, dass der Mensch allein sei")).

Textarbeit: Vergleiche die Erschaffung des Menschen mit Erschaffung in Gen 1! Vergleiche die Aufträge, die der Mensch von Gott erhält. Welche Bedeutung mag der Baum der Erkenntnis haben?

Vertiefung: Vom naturwissenschaftlichen Standpunkt ist die biblische Darstellung der Entstehung des Menschen nicht korrekt. Der Text enthält aber dennoch sehr viel „Wahres": Sch. arbeiten heraus, dass die Schöpfungsgeschichten in spezifischer Weise die Wirklichkeit wiedergeben und elementare Einsichten in das menschliche Dasein und seine Zusammenhänge beinhalten (Mensch und Erde sind aufeinander bezogen, der Mensch erhält sein Leben nicht aus sich selbst, sondern es wird ihm geschenkt und es entzieht sich daher auch der uneingeschränkten Verfügbarkeit, Warnung vor grenzenlosem Erkenntnisstreben, Gefahr der menschlichen Überheblichkeit).

⇨ Text: *An Meiner statt* (SB, S. 71)

Im Islam wird der Mensch aus einem Samentropfen geschaffen und als „Kalif" Gottes (Stellvertreter, Statthalter) über die Schöpfung eingesetzt. (In anderen Suren heißt es abweichend: Und Allah hat euch erschaffen aus Staub, alsdann aus einem Samentropfen, Sure 35,12; erschaffen hat er den Menschen aus Lehm wie ein Tongefäß, Sure 55,13). Sch. vergleichen die Aussagen zur Schöpfung und zum Menschenbild im AT und Koran (Gemeinsamkeiten: Repräsentant Gottes auf der Erde; Verfügbarkeit des Gartens; verbotener Baum; Tiere im Dienst der Menschen). Charakteristische Wesensmerkmale des Menschen im Koran sind die Eigenschaft, unzufrieden zu sein und sich gegen Gott aufzulehnen („Krittler" erklären! In anderer Übersetzung: Widersacher), nach mehr zu streben (ausdrückliches Verbot vom Baum zu essen; „Ungerechter" in anderer Übersetzung auch: Frevler) und Unheil und Zerstörung zu bringen.

B. Zufall oder Schöpfung ?

⇨ Abb. : *Ausbruch eines Vulkans* (SB, S. 72)
Der Vulkan ist Ausdruck ungebändigter, auch zerstörerischer Kraft, steht sinnbildlich aber auch für Schaffenskraft und Impulsivität. Das Bild soll anregen, Naturwissenschaft und Religion als Beschreibung eines Sachverhaltes aus unterschiedlichen Perspektiven zu verstehen. Die Bearbeitung der Aufgabe im SB kann auch arbeitsteilig erfolgen. L. gibt ein knappe Erläuterung zum Begriff Mythos (hier: Erzählung vom Handeln der Götter; Erklärung und Deutung von Zusammenhängen des Weltgeschehens). Eine Gruppe informiert sich über die geologischen Ursachen eines Ausbruchs und beschreibt ihn aus naturwissenschaftlicher Sicht, eine andere Gruppe verfasst eine mythologisch erzählende Erklärung des Vulkanausbruchs. Vergleich der beiden Darstellungen und ihrer Wirkung auf den Hörer/Leser. *Leitfrage*: Was leisten die beiden unterschiedlichen Beschreibungen jeweils, was leisten sie nicht?
Ausgehend von der Abbildung kann das Vorwissen der Sch. über die Entstehung der Erde und des Weltalls erhoben werden.

⇨ Text: *Eine unbekannte Kraft* (SB, S. 72)
Die Materiemasse im All bewirkt, dass sich die Körper gegenseitig anziehen und aufeinander zustürzen. Einstein, 1917 noch von einem statischen Universum überzeugt, fügte seinen Berechnungen eine Größe hinzu, die als Gegenkraft dem Zusammenziehen entgegenwirkt: die Kosmologische Konstante. Sie bewirke ein Auseinanderdriften der Körper. Damit war ein Gleichgewicht zwischen Kontraktion und Expansion hergestellt und die Voraussetzung zur Beschreibung eines statischen Universums gegeben. Einstein hielt sie später für einen Fehler, aber nach der Entdeckung der Expansion des Universums spricht vieles dafür, dass es eine Kraft im scheinbar leeren Raum gibt, die der Anziehung der Massen tatsächlich entgegenwirkt. Diese Vakuumenergie verursacht die Expansion des Universums, die sich nicht, wie nach dem Urknall zu erwarten gewesen wäre, verlangsamt, sondern beschleunigt. Wäre diese Energie größer als sie ist, hätten keine Galaxien und kein Leben entstehen können (Hawking). Hat sich nun zufällig Leben gebildet, weil die Vakuumenergie genau die notwendige Größe hat, oder hat sie bewusst diese Größe, damit sich Leben bilden konnte? Die wissenschaftliche Betrachtungsweise gibt hierüber keine Auskunft. Auch die metaphysischen Fragen nach dem Warum unseres Lebens und der Bedeutung unseres Daseins beantwortet die Naturwissenschaft nicht.
L. informiert über den Forschungsstand. Gelegenheit nutzen, einen Fachmann (Physikerin/Physiker/Astronom) einzuladen! Der im Text dargestellte Sachverhalt kann mit Hilfe eines Luftballons veranschaulicht werden: Aufblasen des Ballons, auf dem aufgemalte Punkte die Galaxien repräsentieren. Der Ballon stellt das Universum dar, und durch die Expansion entfernen sich die Punkte (Galaxien) voneinander. Die verschiedenen Theorien über das Weltall (s. WB, S. 61) lassen sich mit Hilfe des Ballons erläutern. Die Existenz der „unbekannten Kraft" als Beweis der Existenz Gottes zu deuten, ist zu vereinfachend, allerdings sollte darauf hingewiesen werden, dass auch manche Naturwissenschaftler in den Vorgängen des Alls ein Wirken Gottes zumindest nicht ausschließen.
Vertiefung: Ist es für deine Vorstellung vom

Universum und deine Einstellung zum Leben bedeutsam, ob du von einem Zufall oder von einer gewollten Schöpfung der Welt ausgehst?

⇨ Text: *Lob des Schöpfers, Psalm 104* (SB, S. 73)
Anders als die Naturwissenschaft kann der Psalmist in den Zusammenhängen der Welt die Absicht eines Schöpfers erkennen und loben. Der Himmel wird als prächtige Wohnung Gottes erlebt (Teppich, Gemächer). Gott durchweht kraftvoll die Erde (auf den Fittichen des Windes, Winde als Boten, Feuerflammen als Diener), die er majestätisch hat entstehen lassen und geordnet hat (vor deinem Schelten flohen sie, du hast eine Grenze gesetzt). Alles hat seinen Sinn (Wasser zum Löschen des Durstes, Gras für das Vieh, Saat für den Menschen) und dient dazu, das Leben angenehm zu machen (Land voll Früchte, Wein erfreue des Menschen Herz). Das Leben liegt allein in Gottes Macht. Er erschafft und erhält es. Im Gegensatz zur naturwissenschaftlichen Sichtweise betont das Loblied die Schönheit und die weise Ordnung der Schöpfung und macht die Abhängigkeit vom Schöpfergott deutlich. Die Schöpfung wird als bestaunenswertes und wertvolles Gut bewusst gemacht. Der Umgang des Menschen mit ihr erfolgt im Angesicht eines Gegenübers und Eingriffe in die Natur werden als Eingriffe in dessen liebevolle und schöne Ordnung erkennbar.
Für Sch. sind Sprache und Inhalt des Lobpsalms ungewohnt, und sie sollten auf den poetischen Charakter des Textes vorbereitet werden. Sensibilisierung für Sprachbilder (*Vorschlag einer Hinführung:* Sch. vergleichen die beiden ähnlichen poetischen Formulierungen: „Wenn der tiefe Himmel wie ein Deckel lastet“ (Baudelaire) und „Du breitest den Himmel aus wie einen Teppich“!)
L. trägt den Text vor. Sch. erhalten den Auftrag, sich das Gehörte möglichst konkret bildlich vorzustellen. *Leitfragen:* Welche Bilder hat der Textes in dir hervorgerufen? Beschreibe die Wirkung des Textes! Beschreibe die Darstellung Gottes in dem Psalm! Worin besteht das Lob?
Weiterarbeit: Setze den Psalm in Beziehung zum Bild vom ausbrechenden Vulkan (SB S. 72). Erscheint dir das Foto zur Illustration des Psalms geeignet? Begründe deine Ansicht! Gestalte ein Poster zu Psalm 104!

C. Der Mensch ist frei

⇨ Text: *Die Versuchung* (SB, S. 74)
Die Schlange ist nicht als teuflische Gegenmacht Gottes zu verstehen, sondern sie ist eines der von Gott geschaffenen Tiere und steht symbolisch für die Macht der Versuchung und die Verführbarkeit des Menschen, die zu seinem Wesen gehört. Die Herkunft des Bösen wird nicht erklärt. Die Versuchung besteht darin, umfassende Erkenntnis zu erlangen und so sein zu wollen wie Gott. Der Mensch erkennt, was er vorher nicht wusste. Als erste Folge der Übertretung werden sich Adam und Eva ihrer Nacktheit bewusst. Sie schämen sich und haben Angst, und es wird der Verweis aus dem Paradies erfolgen.
Sch. schreiben den Fortgang der Erzählung; auch als Rollenspiel durchführbar. Sch. informieren sich ggf. über das Urteil Gottes (Verurteilung der Schlange, Feindschaft zwischen Mensch und Schlange, Geburtsschmerz der Frau, Mühsal der Arbeit, Vertreibung aus dem Garten). Folgen der Vertreibung: Der Mensch ist zum Leben in der irdischen Wirklichkeit verurteilt. Er muss sich das Notwendige zum Leben erwirtschaften und ist allein verantwortlich. Er ist frei zu entscheiden, Gutes wie Böses zu tun. Angesichts der neuesten technischen und medizinischen Entwicklungen lässt sich das „Sein-wie-Gott“ problematisieren, das nie ein „Gott-Sein“ werden wird.
Vertiefung: In der Geschichte vom Sündenfall verdichten sich Erkenntnisse über das Wesen des Menschen. Welche Erfahrungen und welche Fragen des Menschen an sich und sein Leben werden in der Geschichte vom Sündenfall thematisiert?
Die dritte Frage im SB kann als Vorbereitung des folgenden Textes von F. Schiller dienen. *Leitfrage:* Welche Vor- und Nachteile hätte das Leben für den Menschen, wenn er unwissend geblieben wäre?

⇨ Text: *Friedrich Schiller, Die Bedeutung des Sündenfalls* (SB, S. 74)
Schiller sieht im Sündenfall die Befreiung des Menschen aus der Vormundschaft des Naturtriebs. Nur eine Handlung aus freier Entscheidung kann wirklich moralisch sein. Diese Freiheit unterscheidet den Menschen vom Tier. Er wird zwar schuldig, aber er ist frei.
Einstieg anknüpfend an den vorangehenden Text. *Alternative:* Assoziationen zum Begriff „Künstler" sammeln (kreativ, unabhängig, frei gestaltend, außergewöhnlich). Hältst du die Bezeichnung des Menschen als „Künstler" für zutreffend? Begründe deine Ansicht!
Sch. stellen die Veränderungen nach dem Sündenfall heraus und bewerten die gewonnene Freiheit. Die Begriffe „Zögling der Natur" und „moralisch" (hier: was als gut und verantwortungsvoll angesehen wird) erklären!
Leitfragen: Wie beurteilt Schiller den Sündenfall? Begründe seine Einschätzung! Überlege, warum Schiller den Menschen als „unglücklich" bezeichnet! Besteht zwangsläufig ein Zusammenhang zwischen „frei sein" und „schuldig werden"? *Weiterarbeit:* Setze den Text in Beziehung zur Abbildung auf S. 75.

⇨ Abb.: *H. Armstrong Roberts, Statue of Liberty,* 1997 (SB, S. 75)
Die Abbildung gibt Gelegenheit, über die Konsequenzen der menschlichen Freiheit nachzudenken. Kann der Mensch mit seiner Freiheit umgehen?
Bearbeitungsmöglichkeiten: Sch. erstellen einen Dialog zwischen F. Schiller (Text S. 74), der die errungene Freiheit des Menschen preist, und dem Künstler H. Armstrong Roberts (Statue of Liberty im Müll). Auch das Verfassen eines fiktiven Briefes von Armstrong Roberts an Schiller ist denkbar.
Weiterarbeit: Sch. übertragen das Bild auf ein großformatiges Blatt und gestalten ein Plakat (gemäß Aufgabe im SB); alternatives Thema: „Zukunft?"
Sch. schreiben eine Geschichte zu dem Bild (z.B. Science fiction).

⇨ Text: *Till Bastian, Und Gott besah sich seinen Apfelbaum* (SB, S. 76/77)
Der satirische Text thematisiert die grenzenlose Nutzung des Naturraums durch den Menschen, insbesondere die Ausweitung von Ferienanlagen durch den zunehmenden Tourismus und die wachsende Bedeutung des Freizeitbereichs.
Einstieg: Was verbindest du mit dem Begriff Paradies/Ferienparadies?
Aktuelle Bezüge im Text (Aufgabe im SB): gegenseitiges Desinteresse von Gott und Mensch, Bebauung von Naturflächen, Allmacht des Profits, „Allmacht" des Menschen, wachsendes Interesse an Erlebnistourismus und Freizeitparks, Unaufhaltsamkeit des Prozesses.
Impulse und Fragen: Eine Satire will Zustände oder Verhaltensweisen kritisieren. Welche sind es in diesem Text? Gott wirkt sehr deprimiert. Hat er Grund dazu? Begründe deine Meinung! Suche weitere Beispiele dafür, dass unser Lebensstil den Naturraum verändert!
Sch. spielen eine Podiumsdiskussion: Erhalt des Gartens oder Bau einer Freizeitanlage. Interessengruppen könnten z.B. sein: Bauunternehmer, ein Vertreter Gottes, Kinder und Jugendliche, Eltern, Naturschützer, Betreiber des Freizeitparks und Personal, Verkehrsbetriebe, Pensions- und Hotelbesitzer, ...

⇨ Abb.: *Verfremdung* der Erschaffung Adams (SB, S. 76/77)
Die satirische Verfremdung eines Details aus dem Fresko Michelangelos kann gedeutet werden als Darstellung der Behandlung, die der Mensch aufgrund seines Umgangs mit der Schöpfung von Gott verdient hätte.
Sch. setzen die Verfremdung in Bezug zum Original (SB, S. 70). Sie schreiben einen erläuternden Text zu dem Bild oder entwerfen eine Sprechblase mit einer Äußerung Gottes, die sein Verhalten begründet. Die Abbildungen können in Beziehung zu dem Text von Till Bastian (SB, S. 76/77) gesetzt und als dessen Illustration verstanden werden (Reue Gottes, Erinnerung an den „früheren Fehler"). Im Gegensatz zu der Bilderfolge spricht der Text Bastians aber auch von der inzwischen erreichten Überlegenheit des Menschen gegenüber Gott („die sind mir über"). *Impuls*: Vergleiche das Verhältnis zwischen Gott und

Mensch, wie es in dem Text und in der Bilderfolge zum Ausdruck kommt! Welche Darstellung entspricht deiner Meinung nach eher der Realität? In einer Fortsetzung der Bilderreihe lässt sich das zukünftige Verhältnis zwischen Gott und Mensch darstellen.
Sch. suchen Gründe und Beispiele, die die dargestellte Behandlung durch Gott verdient erscheinen lassen (z.B.: Egoismus und Intoleranz im Umgang miteinander, Gleichgültigkeit und Nützlichkeitsdenken im Umgang mit der Natur, menschliche Hybris im Umgang mit der Umwelt und mit den Lebewesen etc.).

⇨ Text: *Claus Peter Simon, Es liegt in unserer Hand* (SB, S. 78)
C. P. Simon macht auf die Zusammenhänge aufmerksam, die zwischen dem Kaufverhalten des Verbrauchers und der Umweltbelastung bestehen. *Einstieg:* Welche Möglichkeiten hat der Einzelne, etwas für den Schutz der Umwelt und den Erhalt der Artenvielfalt beizutragen?
Sch. nennen Beispiele (zu erwarten sind z.B.: Mülltrennung, bewussterer Umgang mit der Natur, weniger Autofahren, persönliches Engagement in Umweltorganisationen). Die Problematik ist unter verschiedenen Blickwinkeln zu erörtern: Landwirte, die ökologisch bzw. herkömmlich produzieren, Einzelhändler, Verbraucher, denen Mehrkosten Probleme bereiten, z.B. Eltern einer kinderreichen Familie, Sozialhilfeempfänger. Empfehlenswert ist eine genaue Informationsphase (Gespräch mit einem Biologen, einem Landwirt, Internet), damit die Sch. Grundlagenwissen erwerben. Ergänzend kann ZM 1 gelesen werden. An einem Beispiel (der Hai) wird die Vielschichtigkeit des Problems verdeutlicht: Einem vielfältigen Nutzen für den Menschen steht die Bedrohung einer Art gegenüber (Abwägen von Nutzen und Schaden).

⇨ Abb.: *Die Erde als Apfel* (aus einer Kampagne des Umweltschutzbeauftragten der Karstadt AG, 1992) (SB, S. 78)
Die Abbildung ist einem Kalender zum Umweltschutz entnommen. Die Erdkugel ist ein angebissener Apfel, der, wenn er weiter verzehrt wird, irgendwann aufgegessen ist. Der Apfel ist Symbol der Fruchtbarkeit wie auch der Sünde. Seit dem Mittelalter wird die verbotene Frucht des Erkenntnisbaums als Apfel dargestellt.
Einstieg: Assoziationen zum Begriff „Apfel". Bildbeschreibung. Sch. formulieren ihre Eindrücke und Gedanken. Über das Symbol „Apfel" lässt sich erarbeiten, inwiefern der Umgang des Menschen mit der Erde dem göttlichen Willen widerspricht (Schöpfungsauftrag, Verbot des Essens vom Baum der Erkenntnis) und damit „Sünde" ist. Der von den Sch. entworfene Werbetext (Aufgabe im SB) kann sowohl für ein bestimmtes Produkt als auch für eine Organisation oder ein Verhalten werben. *Alternative*: Abzeichnen des Bildes und Gestaltung eines (Werbe-)Plakats.
Weiterarbeit: Sch. stellen zusammen, inwiefern sich der Mensch an der Erde „versündigt" und in welchen Bereichen er die Ressourcen der Erde ausbeutet.

⇨ Text: *Carl Amery, Die Selbstverständlichkeit des Grauens* (SB, S. 79)
Der Schriftsteller C. Amery (Jahrgang 1922) macht in dem anspielungsreichen Text am Beispiel des Autos deutlich, in welchem Ausmaß zivilisatorische Errungenschaften inzwischen selbstverständlicher Teil des Lebens geworden sind und weitgehend unreflektiert akzeptiert werden. Besonders der zweite Abschnitt des Textes ist schwierig.
Erläuterung einiger Begriffe: „extrapolieren" (hier: vorhersagen), „Bricoleur" (franz.: Bastler), „Equipage" (elegante Pferdekutsche), „Apokalypse" (hier: Weltende, Untergang). Die Autokultur trägt nach Ansicht Amerys religiöse Züge. Das Auto ist zu einer Ersatzreligion geworden, die „die Hohlräume der allgemeinen Ratlosigkeit" füllt. Die Eingliederung in diese „Religionsgemeinschaft" erfolgt durch den Erwerb des Führerscheins, der bedeutsamer geworden ist als Firmung und Konfirmation. Das Auto, auf das „ganze Volkswirtschaften gekreuzigt sind", ist zu einem Symbol des Heils geworden, dem jedoch der Erlösungscharakter fehlt. Die Autokultur trage vielmehr zur Zerstörung und zum Untergang der Welt bei („Apokalypse").
Text wird gelesen bis zur ‚Frage an die Majestät'. Sch. vermuten, welche Entscheidung der

Kaiser getroffen hätte und erörtern seine Beweggründe. (Die vorgebrachten Argumente sprechen eher gegen die Einführung des Motors). *Leitfrage:* Heute ist man sich der Folgen bewusst, die Autos, Motorräder und Mofas für die Umwelt haben? Warum haben sie sich dennoch in dem uns bekannten Maße durchgesetzt und nehmen an Zahl immer weiter zu? Überleitung zum zweiten Abschnitt, der ggf. kleinschrittiger erarbeitet werden sollte. Klären von Fragen. *Leitfrage:* Welche Bedeutung hat Amery zufolge das Auto in unserer Gesellschaft? (Selbstverständlich geworden, dient der Sinnstiftung und Selbstbestätigung, Symbol für Leistung und Erfolg, Freiheit, Mobilität und Schnell(leb)igkeit, ein wichtiger Wirtschaftsfaktor (Arbeitsplätze, Bruttosozialprodukt, ...), wird angebetet, Führerschein ist zum „Sakrament" geworden.)
Weiterarbeit: Sch. suchen nach weiteren selbstverständlich gewordenen – obgleich schädlichen oder die Ressourcen belastenden – Gegenständen oder Verhaltensweisen unserer Zeit (z.B. Mofa, Flugzeug, Handy (Elektrosmog), unreflektierter Stromverbrauch).

D. Wird der Mensch Gott?

⇨ Text: *Ellen Mangold, Am Anfang steht die Wahl* (SB, S. 80)
Der Text macht auf eine drohende Entwicklung im Bewusstsein der Öffentlichkeit aufmerksam, die im Zuge der Gendiagnostik zunehmend relevant werden könnte: Behinderung muss nicht sein.
Es ist wichtig, dass die Sch. ermessen können, was das Wissen um eine zu erwartende Behinderung oder Fehlbildung eines Ungeborenen für Eltern bedeutet. Vorwissen klären (DNA, Chromosomen, Gene). *Möglicher Einstieg:* Viele Frauen lassen im ersten Drittel ihrer Schwangerschaft die Chromosomen des Embryos untersuchen. Welche Beweggründe haben die Eltern dafür? Welche Probleme ergeben sich, wenn die Untersuchung ein unerwünschtes Ergebnis erbringt?
Leitthemen für die Textarbeit: In welcher Weise ändert sich die Einstellung zu Behinderten, wenn Behinderungen frühzeitig erkannt oder vielleicht einmal durch Genveränderungen verhindert werden könnten? Bis zu welchem Grad einer Behinderung würdet ihr von lebenswert bzw. „lebensunwert" sprechen? Sollte die Entscheidung darüber allein bei den Eltern liegen? Angenommen, Krankheiten ließen sich durch Genmanipulation beheben: Gibt es überzeugende Argumente, die Behandlung abzulehnen? Welche Situation ergibt sich für Eltern, die pränatale Untersuchungen bewusst ablehnen? Was bedeutet die Forderung nach einem „Recht auf Nicht-Wissen" in diesem Zusammenhang? Es bietet sich an, den Meinungsaustausch im Rahmen einer gespielten Podiumsdiskussion oder als Rollenspiel zu inszenieren.
Vertiefung: „Zum menschlichen Leben gehört das Unverfügbare, Unvorhergesehene" (aus der Gemeinsamen Erklärung des Rates der EKD und der Deutschen Bischofskonferenz): Ist dieser Satz noch zeitgemäß?

⇨ Text: *Frank Ochmann, Der Traum vom Paradies* (SB, S. 80)
Einstieg: „Leben wie im Paradies": Was bedeutet das für dich? (Einstieg auch über Collage, Text, Bild möglich; ggf. Rückgriff auf die Einstiegsüberlegungen zum Text von T. Bastian, SB, S. 76/77) *Leitfragen und Impulse*: Welche Möglichkeiten ergeben sich, wenn die Funktion aller Gene einmal bekannt ist? (Therapie von bislang unheilbaren Krankheiten, genetische „Veredelung" des Menschen, Ersatzorgane züchten). Welche Risiken der Gentherapie kannst du dir vorstellen? (Entfernen eines Gens kann unvorhergesehene Folgen haben, da Gene vielfältig wirken; auch geschädigte Gene können nützlich sein (Beispiel: ein bestimmter genetisch bedingter Defekt verhindert (!) bei den Betroffenen den Ausbruch von AIDS); Beschädigung benachbarter Basenpaare beim Herauslösen eines Gens; Möglichkeit des Fehleinbaus und Zerstörung intakter Funktionen; Fehlentwicklungen, da in das Zusammenwirken der Gene eingegriffen wird; „Anschalten" des eingeschleusten Gens ist bislang problematisch). Die Züchtung eines Menschen nach eigenem Plan kann zu Besorgnis erregenden Entwicklungen führen (Menschenzucht nach ge-

wünschten Kriterien, langfristig Verringerung der genetischen Vielfalt, neue (Gen-) Klassengesellschaft und genetische Diskriminierung, verändertes Menschenbild), eröffnet aber neben vielen Fragen (Wer entscheidet? Wer kontrolliert? Wer legt Kriterien fest?) auch interessante Perspektiven (Züchtung von speziellen Menschen zum Lösen diverser Menschheitsprobleme, Veränderungen zur besseren Anpassung an Umweltbedingungen, Leben ohne Krankheit, Lebensverlängerung, veredelte Idealmenschen). Sensibilisierung für dieses Problemfeld in *Partnerarbeit*: Sch. notieren unabhängig voneinander Wunscheigenschaften. Im Vergleich werden die Kriterien für die favorisierten Eigenschaften diskutiert und Gründe für Ähnlichkeiten und Unterschiede erörtert.
Vertiefung: In Abkommen über Menschenrechte und Menschenwürde wird die Veränderung (oder „Perfektionierung") von Menschen abgelehnt. Begründe, inwiefern z.B. Ärzte und Theologen durch derartige Veränderungen die Menschenwürde bedroht sehen!

⇨ Bild: *Werbung eines Herstellers für Brillengläser* (SB, S. 81)
Der Hersteller wirbt für die individuell abgestimmte Fertigung seiner Brillengläser. Er verlangt keinen Gentest, verspricht aber, die erblich bedingten Gegebenheiten des Gesichts zu berücksichtigen. Die Werbung lässt erahnen, welche Folgen die Kenntnis des menschlichen Genoms haben wird, denn es sind auch Veranlagungen zu bestimmten Krankheiten oder die Anfälligkeit für bestimmte Stoffe ablesbar. Kranken- und Lebensversicherer und Arbeitgeber könnten Genomanalysen zur Risikokalkulation oder als Auswahlkriterium nutzen. Über die Anzeige lässt sich ein Bewusstsein dafür entwickeln, in welchem Maß der Mensch genetisch festgelegt ist und bestimmte Entwicklungen und Krankheiten in ihm angelegt sind, ohne dass er Einfluss darauf hat.
Einstieg: Es handelt sich bei der Abbildung um eine Werbeanzeige. Beschreibe, wofür geworben wird! Wirkt der Text der Anzeige auf dich eher beruhigend oder beunruhigend? Begründe deinen Eindruck! Was interessiert Humangenetiker und Mediziner an dem Chromosomenbild eines Menschen?
Bei Gentests für Bewerbungen (Aufgabe im SB) sind gegeneinander abzuwägen: bei gutem Ergebnis: erhöhte Einstellungschancen, Zuweisung von Spezialaufgaben, bei ungünstigem Ergebnis: Ablehnung aus Schutzinteresse des Bewerbers oder aus Betriebsinteressen, Verunsicherung und psychische Belastung durch das Wissen um die genetische Veranlagung zu einer Krankheit, die möglicherweise nie ausbricht, genetische Diskriminierung, moderne Eugenik (Selektion der Gefährdeten). Die Komplexität der Problematik im Zusammenhang mit Versicherungen kann an einem Beispiel verdeutlicht werden: Gesetzt, ein Gentest im Jugendalter hat erwiesen, dass bei dem Untersuchten im Verlauf von 15–20 Jahren mit 50%iger Wahrscheinlichkeit eine schwere, wahrscheinlich tödliche Krankheit ausbrechen wird (z.B. das Nervenleiden Chorea Huntington). Muss eine Versicherung jetzt darüber informiert werden (wie sie auch über eine HIV-Infektion informiert werden muss)?
Vertiefung: Würdet ihr euch freiwillig, aus Interesse, einem Gentest unterziehen?

⇨ Text: *Hans Jonas, Zur neuen Schöpferrolle des Menschen* (SB, S. 81)
Der Textauszug ist einem Vortrag entnommen. Darin weist Jonas auf die bedenkenswerten Vorzüge einer frühzeitigen genetischen Heilung gegenüber einer späteren somatischen Behandlung hin, sieht aber neben den Gefahren möglicher Fehler die „Pandorabüchse" der Menschenverbesserung geöffnet, die aus dem „konservativen Geist genetischer Reparatur" „schöpferische Arroganz" werden lässt. Jonas plädiert dafür, dass die Medizin gegen die „karitative Versuchung" auf menschliche Genchirurgie verzichten möge. Er ist aber überzeugt, dass sich die Medizin unter dem Druck menschlichen Leidens die Reparatur-Möglichkeiten nicht werde nehmen lassen. Der Textauszug im SB setzt mit der Forderung ein, dass der Mensch freiwillig Tabus aufrichten müsse. Jonas mahnt zu einer Selbstbeschränkung menschlicher Macht und zu einer Besinnung auf die

Aufgaben „diesseits der Grenze". Selbst wenn die Eingriffe irgendwann „meisterlich" durchgeführt werden könnten, sollte es den Menschen verboten sein, „an den Wurzeln des Daseins Schöpfer zu sein". Jonas fordert eine neue Ehrfurcht vor dem Geheimnis des Lebens und vor dem Menschen.
Textarbeit: Begriffe „Tabu" (urspr. Unantastbarkeit eines heiligen Menschen), „Enttabuisierung" (hier: Aufhebung heiliger Grenzen) und „Integrität" (Unversehrtheit) erklären!
Leitfragen: Inwiefern sieht Jonas das Menschenbild durch die Gentechnik bedroht? Was meint Jonas mit „Furcht und Zittern lernen" und „Scheu vor dem Heiligen"? H. Jonas warnt vor der „Genchirurgie", weil der Schritt zur Menschenverbesserung nicht weit sei. Beurteile seine Auffassung!

⇨ Text: *Erich Fried, Gründe* (SB, S. 82)
Die genannten Gründe sind gängige Einwände gegen die Forderung nach mehr Engagement. Sie werden teils berechtigt, teils als Entschuldigung oder als Vorwand vorgebracht, sind aber auch Ausdruck der Resignation und des schlechten Gewissens, sich nicht genügend einzumischen.
L. liest den Text vor. Sch. nehmen Stellung zu den Gründen und erarbeiten die Aussageabsicht. Zu den einzelnen Gründen werden beispielhaft Situationen entwickelt (Aufgabe im SB), die Stichhaltigkeit dieser Begründungen wird überprüft und die Berechtigung für das Nicht-Handeln hinterfragt. Engagement und verantwortliches Handeln sind insbesondere im Bereich des Umweltschutzes notwendig, aber auch zu politischer oder sozialer Aktivität sollte motiviert werden und ihre positive Bedeutung den negativen „Gründen" Frieds entgegengehalten werden.

⇨ Bild: *Ivan Steiger*
Die Karikatur ist als „Hoffnungsbild" zu lesen, mit dem Hinweis, durch eigenes Handeln etwas bewirken zu können. Über die Suche nach einem geeigneten Titel wird erhoben, in welcher Weise die Sch. die Karikatur deuten.
Leitfrage: Zu welchem Thema könnte der Zeichner die Karikatur entworfen haben? Das Gießen ist symbolisch als Helfen und Aufrichten zu interpretieren. Im Zusammenhang mit dem Text von E. Fried kann die Zeichnung als Aufruf verstanden werden, zu handeln und sich trotz möglicher „Gegengründe" zu engagieren und Leben zu erhalten.
Sch. suchen Möglichkeiten und Bereiche, in denen ihre Unterstützung wertvoll sein könnte.

⇨ Text: *Martin Luther zugeschrieben, Und trotzdem ...* (SB, S. 82)
Der Aspekt „Es ist nie zu spät" wird mit Luthers Diktum thematisiert. Sch. äußern sich zu der Bedeutung des Apfelbäumchens (Ausdruck der Hoffnung, Hinweis auf das Paradies). Welche Lebenshaltung kommt in dem Ausspruch Luthers zum Ausdruck?

5. Materialien und Medien

- Hartlieb W. Bautor u.a., Schöpfung. Arbeitshilfen Sekundarstufe I, Heft 1, Unterrichtsmaterialien für den ev. Religionsunterricht für Hauptschulen, Realschulen und Gymnasien, hg. von Siegfried Macht, Religionspädagogisches Institut Loccum, Rehburg Loccum
- Achim Bresser/Hans-Michael Mingenbach/Lothar Ricken, Bioethik. Die zweite Schöpfung? Religion betrifft uns, Unterrichtsmaterialien Nr.4/2000, Bergmoser + Höller Verlag, Aachen 2000
- Axel Justus/Alfred Kall, Gottes Schöpfung. Tierisch gut. Religion betrifft uns, Unterrichtsmaterialien Nr.6/1997, Bergmoser + Höller Verlag, Aachen 1997
- Jens Müller-Kent, Bioethik – Schöpfer Mensch. Gentechnik und Eugenik – Transplantation – Reproduktionsmedizin – Euthanasie. 20 Arbeitsblätter mit didaktisch-methodischen Kommentaren, Sekundarstufe II, Ernst Klett Verlag, Stuttgart 1999
- Horst Stephan, In der Schöpfung leben. 48

Arbeitsblätter mit didaktischen Kommentaren, Sekundarstufe I, Ernst Klett Verlag, Stuttgart 1999

Filme:
- Umwelt und Klima - Treibhaus Erde, Dokumentarfilm von Gerd Behrens, Hamburg 1991, 17 Min.
- Risikoperson, Kurzfilm von J. Gfrörer, Stuttgart 1994 (Gentechnik)
- Unsterblich und perfekt. Die genetische Revolution und ihre Folgen. Manfred Ladwig, Deutschland 2001, 45 Min.

Umweltschutzorganisationen:
- BUND/Misereor (Hg.), Zukunftsfähiges Deutschland. Ein Beitrag zu einer global nachhaltigen Entwicklung. Studie des Wuppertal Instituts für Klima, Umwelt, Energie GmbH, Basel 1996
- www.greenpeace.de
- Umweltstiftung WWF-Deutschland, Rebstöcker Straße 55, 60326 Frankfurt
- www.wwf.ch

Stellungnahmen der Kirche:
- http://www.evangelische-kirche.de/EKD-Texte/2086.html
- http://katholische-kirche.de/Aktuelles/Biomedizin.htm

Macht euch die Erde untertan

Schon seit über 400 Millionen Jahren schwimmen sie durch die Meere der Welt – lange bevor die ersten Saurier aus dem Ei schlüpften. Haie sind doppelt so alt wie Dinosaurier oder die ersten Säugetiere; sie zählen zu den ältesten lebenden Wirbeltieren. Nach Jahrmillionen evolutionärer Verfeinerung brachte die Natur die elegant geformten Jäger hervor, die wir heute kennen. Das Skelett der Haie besteht nicht aus Knochen, sondern aus Knorpel. Weil sie die ersten Lebewesen in der Evolution waren, die ein Immunsystem entwickelt haben, versprechen sich Biomediziner von dessen Erforschung wichtige Erkenntnisse über die Funktion des menschlichen Immunsystems. Für die medizinische Forschung sind Haie noch aus anderen Gründen wichtig. Die Hornhaut des Haiauges wird als Transplantat für Menschen erprobt. Haiblut enthält Substanzen gegen Verklumpung. Haiflossen und Haisteaks gelten in vielen Ländern als Delikatesse. Auch der deutsche Markt für Haiprodukte floriert. Sie verstecken sich hinter phantasievollen Bezeichnungen, sodass die meisten Verbraucher nicht wissen, was sie wirklich kaufen. Eine beliebte Delikatesse sind „Schillerlocken" – die geräucherten Bauchlappen des kleinen Dornhais, der in der Nordsee und im Nordost-Atlantik längst überfischt und gefährdet ist. Der Mensch jagt den Hai in einer Größenordnung, die mehrere Arten an den Rand der Ausrottung treibt. Elf Arten stehen bereits auf der Roten Liste der IOCN, etwa siebzig Arten gelten als gefährdet. Nach Schätzungen der Welternährungsorganisation FAO sterben jährlich hundert Millionen Haie durch die Fischindustrie, die Dunkelziffer dürfte doppelt so hoch sein.

Greenpeace

(aus: http://www.greenpeace.de/GP_DOK_3P/HINTERGR/C10HI33.HTM vom 31.8.2000)

Glaube und Naturwissenschaft

1. Theologische und didaktische Aspekte

Wenn man heutzutage das Verhältnis von Naturwissenschaft und Glaube anspricht, erfährt man viel über Konflikte und Kontroversen, Gemeinsamkeiten jedoch kommen kaum zur Sprache. Ein gegenseitiges Bedenken der unterschiedlichen Positionen scheint nicht notwendig zu sein, man hält sie schlicht für unvereinbar.

„Am Anfang schuf Gott Himmel und Erde. Und die Erde war wüst und leer, und es war finster auf der Tiefe; und der Geist Gottes schwebte auf dem Wasser" (Gen 1,1f.). Mit diesen Worten formuliert die Priesterschrift im AT ein Weltbild, das die Welt und den Menschen durch den Willensakt eines transzendenten Gottes geschaffen sieht. Demgegenüber steht das naturwissenschaftliche Weltmodell eines Kosmos, der aus einem singulären Ereignis, dem Urknall, entstanden ist. Bei näherer Betrachtung erkennt man, dass die Modelle nicht so unvereinbar sind, wie sie scheinen. Insbesondere der modellhafte Charakter der Weltbilder weist darauf hin, dass die Theorien, mit denen wir uns beschäftigen, Versuche sind, die *eine* Wirklichkeit unter ganz bestimmten Voraussetzungen zu beschreiben.

Unter dieser Prämisse ist das Hauptaugenmerk auch eher auf die gemeinsame Verantwortung für die Schöpfung als auf Apologie der eigenen Position zu richten. Gen 1,28 spricht von dieser Verantwortung in folgenden Worten: „Und Gott segnete sie und sprach zu ihnen: Seid fruchtbar und mehret euch und füllet die Erde und machet sie euch untertan und herrschet über die Fische im Meer und über die Vögel unter dem Himmel und über das Vieh und über alles Getier, das auf Erden kriecht." Das hebräische Wort *radah* wird von Luther mit „herrschen über" übersetzt. Die Hauptbedeutung des hebräischen Verbums bezeichnet eigentlich das Umherziehen des Hirten mit seiner Herde, der seine Herde auf eine gute Weide führt und sie vor Gefahren schützt und somit für sie sorgt. Das Bild des guten Hirten wird im AT häufig mit der Amtsführung eines guten und gerechten Königs gleichgesetzt, der sich ganz und gar für sein Volk einsetzt. In der Bezugsstelle (Gen 1,28) wird der Mensch also vom Schöpfergott befähigt und beauftragt, die Erde an seiner Stelle zu schützen und die ihr innewohnenden Lebenszusammenhänge zu fördern und zu entfalten. [vgl. auch Kapitel Schöpfung, SB, S. 69–84]

Das NT geht in seiner Einstellung zur Rolle des Menschen im Schöpfungszusammenhang noch weiter; es postuliert eine umfassende Freiheit des Menschen: „Alles ist erlaubt, aber nicht alles dient zum Guten. Alles ist mir erlaubt, aber es soll mich nichts gefangen nehmen." (1. Kor 6,12, vgl. 1. Kor 10,23), weist aber zugleich auf die immanente Verantwortung des Menschen für sein Handeln hin.

Das bewahrende Element findet sich auch in vielen Äußerungen von Seiten der Naturwissenschaften, wenn es um die ethische Verantwortung der Naturwissenschaften geht. Dennoch muss man festhalten, dass Naturwissenschaftler auf dem Hintergrund der Freiheit der Forschung, des Postulats der Machbarkeit und in einigen Bereichen der Kommerzialisierung der Wissenschaften teilweise die ethische Komponente ausblenden. Dies darzulegen, auszuhalten und nach ethisch verantwortbaren Lösungen zu suchen, sollte insbesondere Aufgabe des Religionsunterrichts sein. Im Prinzip sollten aber die Bewahrung der Schöpfung und die Optimierung der Lebenszusammenhänge als gemeinsames Ziel postuliert werden.

Jugendliche der 9. und 10. Jahrgangsstufe sind entwicklungspsychologisch auf der Suche nach eigenen Weltbildern und lösen sich von ihren tradierten und sozialisierten Auffassungen ab. Der Prozess sollte durch den Religionsunterricht speziell hinsichtlich der ethischen Fragestellungen unterstützt und gefördert werden, um die Entwicklung der Jugendlichen hin zu einem vollwertigen, mündigen Mitglied der Bürgergesellschaft zu ermöglichen und um die Beantwortung der Frage nach einem sinnhaften Leben in einer von der naturwissenschaftlich-technischen Zivilisation geprägten Welt voranzutreiben.

Dies sollte grundsätzlich in Kooperation mit den naturwissenschaftlichen Fächern geschehen, da die Sch. in der Regel Weltbilder entwickeln, die naturwissenschaftliche, ethische und religiöse Sichtweisen aufnehmen. Hier bietet sich der projektartige Fächerübergriff an.

Das Foto *Earthrise* (SB, S. 85) bietet zu Beginn der Einheit aufgrund seines stark assoziativen Charakters die Möglichkeit, Voreinstellungen der Sch. abzufragen. Zudem kann das Foto Einstieg zur Beschäftigung mit der Thematik der ersten Teilsequenz „Weltbilder" sein, da es ja selbst ein „Weltbild" ist. Des Weiteren ist das Phänomen des Perspektivenwechsels anhand des Materials gut zu erschließen, ein Wechsel der Perspektiven zwischen Erde und Mond bietet sich geradezu an. Schließlich kann das Foto auch über den Symbolcharakter der Apollo-11-Mission als Aufbruch des Menschen aus seinem begrenzten Kosmos in das Universum erschlossen werden.

Die Textausschnitte *Weltbilder* ... (SB, S. 86) nehmen das Motiv „Weltbilder" auf und führen es aus. Um eine möglichst umfassende Bearbeitung zu vollziehen, haben naturwissenschaftliche, naturalistische, religiöse und atheistische Auffassungen in gleicher Weise Eingang gefunden. Dies erlaubt den Sch., sich einer Position zu nähern, eine Position anzunehmen, sich kritisch von einer Position abzusetzen oder eine neue Position zu entwickeln.

Von der Vergänglichkeit der Weltbilder zeugt die Abbildung *Wandel der Weltbilder* (SB, S. 87). Die Besprechung sollte deutlich machen, dass es sich jeweils um Modelle handelt und wie schwierig sich oftmals die Ablösung eines vorherrschenden Weltbildes zugunsten eines „moderneren" gestaltete. Hierzu können der sog. „Fall Galilei" und die Auseinandersetzung zwischen Kirche und Naturwissenschaft (Konflikt des Primats des geozentrischen Weltbildes gegenüber dem heliozentrischen Weltbild) herangezogen und thematisiert werden.

Die zweite Teilsequenz beschäftigt sich mit der Kontroverse zwischen „Kreationismus und Evolutionstheorie", die bis in die heutige Zeit wirkt. In eindrucksvoller Weise wird die Gültigkeit des geozentrischen Weltbildes für die frühe Neuzeit durch das Bild *Erschaffung der Welt* von Lucas Cranach (SB, S. 88) festgehalten. Sowohl die Vorstellung eines geschichtsmächtigen Schöpfergottes als auch die zentrale Stellung des Menschen in den beiden Schöpfungsberichten werden hier deutlich und können zur Vorbereitung der Auseinandersetzung mit den folgenden kreationistischen Positionen genutzt werden, lassen sich aber auch zur Absetzung eines naturwissenschaftlichen Weltbildes gut einsetzen.

Der Text *Kreationismus* (SB, S. 89) fasst in prägnanter Weise die Ansichten der Kreationisten in den Vereinigten Staaten von Amerika zusammen und dient in erster Linie zur Positionierung in einer Kontroverse, in einem fiktiven Streitgespräch oder einer Pro- und Contra-Diskussion. Der auch hier zutage tretende Anspruch wissenschaftlicher Fundiertheit und der Alleingültigkeitsanspruch sollten besonders thematisiert werden.

Zur Erarbeitung einer evolutionstheoretischen Position kann der Text *Evolutionstheorie* (SB, S. 89) verwendet werden. An dieser Stelle ist eine enge Abstimmung mit dem Fach Biologie anzuraten, wenn möglich ist ein projektartiges bzw. gemeinsames Arbeiten zu planen. Der Aspekt der angemessenen Ausbildung einer begründeten Meinung und deren vorurteilsfreie Präsentation im Diskurs mit der Gegenposition sollten Ziel des unterrichtlichen Handelns sein.

Der Text *Modellbildung* von Stephen Hawking (SB, S. 90) gibt Auskunft über den Themenkomplex „Wissenschaft und Modellbildung". Hawking stellt die Schwierigkeiten dar, die bei der umfassenden Beschreibung des Universums entstehen, und verweist auf den vorläufigen und revisionsoffenen Charakter jeder Theorie. Als weiterer Aspekt wird im Text die These aufgestellt, dass neben der Frage „Was ist das Universum?" auch die Frage „Warum ist das Universum?" beantwortet werden muss. Dies bietet die Grundlage für einen Ansatz, der die Geisteswissenschaften in der Frage nach dem Sein an die Seite der Naturwissenschaft stellt. An diesem Punkt kann also konkret die *eine* Wirklichkeit attestiert werden, deren Beschreibung mit nur *einer* Theorie so schwer fällt.

Diese partielle Standpunktbezogenheit wird im Bild *Other world* von Maurits Cornelis Escher (SB, S. 91) aufgrund der immanenten Multiperspektivität vollständig aufgehoben. Dieses Faktum in Verbindung mit der Aufnahme der symbolhaften Darstellung des Universums macht es möglich, die eigene Standpunktbezogenheit hinsichtlich eines Weltbildes zu hinterfragen und die Tatsache der Vorläufigkeit aller Theoriebildungen zu betonen. Eine eindeutige Zuordnung kann nicht erfolgen, die Realität ist stets zu hinterfragen.

Durch die Transformation des Motivs *Der Turmbau zu Babel* in die heutige Zeit gelingt es der Zeichnung *Turm zu Babel* von Thomas Zacharias (SB, S. 92), die Aktualität der biblischen Geschichte zu verdeutlichen und in den Themenkomplex „Chancen und Risiken der Naturwissenschaften" einzuführen. Durch die Aufnahme des Bibelverses Gen 11,6 ist auch ein direkter Bezug zum AT möglich. Ferner kann durch die Abbildung eines integrierten Schaltkreises auf der Oberseite der Säule eine Verbindung zur Thematik „Computer als wichtigste Technologie der Wissensgesellschaft" gezogen werden.

In Gen 11,1-9 (SB, S. 92) wird das Motiv des menschlichen Forschungsdrangs und dessen Folgen verarbeitet. Kein Projekt scheint unerreichbar, keine Handlungsmöglichkeit wird ausgeschlossen. Selbst die Transzendenz rückt in greifbare Nähe. Aber auch die Folgen treten zutage, die Gemeinschaft der Menschen bricht auseinander, die Menschen verstehen einander nicht mehr. Ohne Zweifel kann die biblische Geschichte von den Sch. auf die heutige Zeit übertragen werden und an diversen Beispielen konkretisiert werden.

Eben diese Materialisierung der Folgen des Turmbaus versucht Bernhard Heisig in seinem Bild *Neues vom Turmbau* (SB, S. 93) darzustellen. Zerstörung, Krieg, Fernsehen, Fußball, alles in einem chaotischen Nebeneinander. Es gibt keine Ordnung, keine Zuversicht, wenn der Mensch „allmächtig" wird. Gerade diese sehr radikale Darstellung einer möglichen Wirklichkeit regt die Sch. zu einer weiter gehenden Auseinandersetzung mit der Problematik der Verantwortung des Menschen gegenüber den Mitmenschen, den Mitgeschöpfen und der Umwelt an, die anhand der weiteren Beiträge in der Teilsequenz verdeutlicht werden kann.

Der Text *Hiroshima* (SB, S. 94) stellt die grausame Wirklichkeit des ersten Atombombenabwurfs und deren Auswirkungen aus Sicht eines Mediziners dar. Neben der Auflistung der Ereignisse und der Folgen für die Bevölkerung wird aber auch die Frage nach dem Sinn einer solchen Handlung und der Verantwortung für ein solches Geschehen aufgeworfen. Eine unterrichtliche Kooperation mit dem Fach Geschichte wäre in der 10. Jahrgangsstufe während der Behandlung des 20. Jahrhunderts im Geschichtsunterricht durchaus denkbar.

Der Frage der Verantwortung eines Naturwissenschaftlers und die Frage nach der Schuld eines Naturwissenschaftlers, falls seine Erfindung missbraucht wird, spürt das Gespräch *v. Weizäcker/Heisenberg* (SB, S. 95) in sehr eindrucksvoller Weise nach und zeigt Ergebnisse, die die Sch. zur eigenen Beurteilung der Problematik anregen.

Auf dem Hintergrund der globalen, ökologischen Krise befasst sich der Text *Die Entscheidung liegt bei uns ...* von Al Gore (SB, S. 96/97) mit der Frage der Ausgestaltung der menschlichen Zivilisation und der damit zusammenhängenden menschlichen Verantwortung für diesen Planeten. Ohne eine Patentlösung zu suggerieren, plädiert der Text für eine Besinnung auf menschliche Grundüberzeugungen, die den Menschen in einem Verhältnis zur Erde sehen, das auf einem Gleichgewicht basiert.

Das Motiv der Ausgewogenheit und der Balance stellt auch das Bild *Interaktion* von Marylou (SB, S. 97) in den Mittelpunkt. An dieser Stelle ist es den Sch. möglich, den bisherigen Erkenntnisstand zu reflektieren und in ein handlungsorientiertes Konzept zu bringen. Eine Auseinandersetzung mit dem Für und Wider des technischen Fortschritts ist für die sinnvolle Bearbeitung der Thematik unerlässlich.

Zum Abschluss der Einheit bietet das Lied *Solang es Menschen gibt* (SB, S. 98) mit seinem Lob auf den Schöpfer, aber auch auf die Schöpfung, eine Besinnungsmöglichkeit, die den Sch. eine vom Glauben an einen Schöpfergott getragene Position anbietet und die im Lied vermittelte Lebensfreude in den Vordergrund stellt.

2. Intentionen

Die Schüler sollen
- unterschiedliche Weltbilder kennen lernen und deren epochenimmanente Entstehung reflektieren
- den Modellcharakter des jeweiligen Weltbildes erkennen und mögliche Schwierigkeiten bei der Ablösung eines Modells nennen und bewerten
- Thesen der Kreationisten und der Evolutionstheoretiker benennen und hinsichtlich ihrer Schlüssigkeit bewerten
- Fundamentalismus als Form menschlicher Auseinandersetzung kennen lernen und kritisch bewerten
- die Frage nach der Beschaffenheit des Universums mit der Frage nach einem Sinn des Universums in Verbindung bringen und den integrativen Aspekt der *einen* Wirklichkeit erkennen
- das ständige Hinterfragen einer wissenschaftlichen Theorie als Notwendigkeit erkennen und die Vorläufigkeit aller wissenschaftlichen Theoriebildung reflektieren
- die biblische Tradition in ihrer Auseinandersetzung mit dem menschlichen Forschungsdrang kennen lernen und als Modell hinsichtlich eines verantwortbaren Forschens erkennen
- Chancen und Risiken wissenschaftlicher Forschung benennen und deren historische Manifestationen kritisch bewerten
- Verantwortung gegenüber Mitmenschen, Mitgeschöpfen und Umwelt als Prinzip wissenschaftlicher Forschung und biblischer Tradition benennen und Formen der konkreten Umsetzung erkennen und bewerten

3. Literatur zur Vorbereitung

- Albert Biesinger/Hans-Bernd Strack, Gott, der Urknall und das Leben, Kösel, München 1996
- Hans Dürr u.a., Gott, der Mensch und die Wissenschaft, Pattloch, Augsburg 1997
- Stephen Hawking, Das Universum in der Nussschale, Pattloch, Hamburg 2001
- Stephen Hawking, Die illustrierte kurze Geschichte der Zeit, rororo, Reinbek 2001
- Armin Hermann, Weltreich der Physik. Von Galilei bis Heisenberg, GNT-Verlag, Stuttgart 1991
- Hans Jonas, Technik, Medizin und Ethik. Zur Praxis des Prinzips Verantwortung, Insel-Verlag, Frankfurt 1987
- Martin Rothgangel, Naturwissenschaft und Theologie. Wissenschaftstheoretische Gesichtspunkte im Horizont religionspädagogischer Überlegungen (Arbeiten zur Religionspädagogik, Bd. 15), Vandenhoeck & Ruprecht, Göttingen 1999
- Steven Weinberg, Die ersten drei Minuten. Der Ursprung des Universums, Piper, München 2000

4. Unterrichtsideen

A. Weltbilder

⇨ Foto *Earthrise* (SB, S. 85)
Stilles Betrachten der Vorlage. Sammlung der Spontaneindrücke an der Tafel um einen stilisierten Erdball herum.
Verfassen eines fiktiven Briefes eines Apollo-11-Astronauten an seine Familie.
Weiterarbeit:
Gemeinsame Fantasiereise der Sch. durch das Universum mit dem Ausgangspunkt „Erde".

⇨ Texte *Weltbilder* (SB, S. 86)
Stilles Lesen der Texte durch die Sch.; Auswahl eines Textes durch die Sch.; schriftliche Begründung der Auswahl; Formulierung eigener Definitionen bzw. plakativer Formulierungen.
Suche nach weiteren Definitionen bzw. Aphorismen, ggf. als Hausaufgabe.
Erstellen eigener Definitionen bzw. Aphorismen (Zur Arbeitstechnik des kreativen Schreibens s. Gerd Brenner, Kreatives Schreiben. Ein Leitfaden für die Praxis, Cornelsen, Frankfurt am Main 1994).
Weiterarbeit:
Präsentation des Filmes „Eine kurze Geschichte der Zeit" von Stephen Hawking mit anschließender Erörterung des im Film gezeigten Weltbildes.

⇨ Abbildung *Wandel der Weltbilder* (SB, S. 87)
Anfertigung einer Tabelle zum Vergleich der einzelnen Weltbilder durch die Sch.
Ergänzung der Arbeitsergebnisse durch Lexika- bzw. Internetrecherche der Sch.
Weiterarbeit:
Szenische Inszenierung eines Gelehrtenstreites zwischen Vertretern der einzelnen Epochen mit verteilten Rollen (Zur Arbeitstechnik s. Ingo Scheller, Wir machen unsere Inszenierungen selber. Szenische Interpretation von Dramentexten. Theorie und Verfahren zum erfahrungsbezogenen Umgang mit Literatur und Alltagsgeschichte(n), Bd. 1, Oldenburg 1993).

B. Kreationismus contra Evolution

⇨ Bild *Erschaffung der Welt* von Lucas Cranach, 1534 (SB, S. 88)
Die Sch. nähern sich dem Bild durch eine verzögerte Bildbetrachtung; das Bild wird per OHP präsentiert, der Mittelkreis wird abgedeckt.
Spekulative Ausdeutung des Bildes hinsichtlich des Mittelkreises.
Vergleich des immanenten Weltbildes mit heutigen Vorstellungen. „Fehlersuche" und Einkreisen der Fehler auf sw-Kopie.
Weiterarbeit:
Die Sch. fertigen gemäß den ihnen bekannten Weltbildern ein Gegenbild, indem sie den Mittelkreis neu gestalten.

⇨ Texte *Kreationismus/Evolutionstheorie* (SB, S. 89)
Textvergleich zwischen den beiden Texten, Erarbeitung der Positionen durch die Sch., ggf. unter Einbezug des Faches Biologie.
Weiterarbeit:
Inszenierung einer Podiumsdiskussion zum Thema Schöpfungslehre contra Evolutionslehre.
Inszenierung eines Hearings zum Thema „Verbot der Lehre der Evolutionstheorie im Biologieunterricht".

C. Naturwissenschaft und Modellbildung

⇨ Text *Modellbildung* von Stephen Hawking (SB, S. 90)
Bearbeitung des Textes anhand der Arbeitsfragen durch die Sch.
Zusatzfragen: Nach dem Sachtext von Hawking besteht kein qualitativer Unterschied zwischen der Schildkröten-Theorie und der String-Theorie – wie meint er das? Der fiktionale Text *Scheibenwelt* von Terry Pratchett (ZM1) führt ein weiteres Weltbild ein – wie bewertet ihr dieses gegenüber den beiden bei Hawking erwähnten? Was verbindet die drei (Möglichkeiten, Grenzen)? Was lässt sich nach deinen Beobachtungen an beiden Texten allgemein über Funktion und Geltung von Weltbildern sagen? (Erarbeiten der Standpunktbezogenheit als Phänomen der Modellbildung)

Weiterarbeit:
Doppeltes Schreibgespräch in Gruppen zum Thema „Was ist das Universum?“ / „Warum ist das Universum?“. Die Sch. schreiben ihre Antworten auf vorbereitete DIN-A-2-Blätter, ohne dass gesprochen werden darf. Die Kommunikation erfolgt ausschließlich schriftlich.

⇨ Bild *Other World* von Maurits Cornelis Escher, 1947 (SB, S. 91)
Verteilen des Bildes (sw-Kopie) als Bildpuzzle (Das SB sollte während dieser Phase geschlossen sein. Zur Arbeitstechnik: Franz Wendel Niehl/Arthur Thömmes, 212 Methoden für den Religionsunterricht, Kösel, München 1998, S. 39).
„Richtige Positionierung“ des Bildes durch die Sch.
Weiterarbeit:
Exkurs in den Bereich „Wahrnehmungsübungen“, ggf. weitere Bilder von Escher einbeziehen.

D. Chancen und Risiken der Naturwissenschaft

⇨ Zeichnung *Turm zu Babel* von Thomas Zacharias (SB, S. 92)
Stille Betrachtung der Zeichnung durch die Sch.; Sammlung der Eindrücke im Plenum.
Herstellen von Bezügen zum Bibeltext Gen 11,1–9.
Weiterarbeit:
Verteilen einer DIN-A4-sw-Kopie der Zeichnung, auf der die Oberseite geweißt ist.
Die Sch. gestalten die Oberseite neu, indem sie andere Motive (z. B. Gentechnik, Medien, Atomkraft, Raumfahrt usw.) einsetzen.

⇨ Bibeltext *Genesis 11,1–9* (SB, S. 92)
Vorlesen der Bibeltextes durch den Lehrer; Aktualisierung des Bibeltextes durch die Sch. Die Sch. übertragen die Diktion und den Inhalt in die heutige Sprache (Zur Arbeitstechnik: Niehl/Thömmes, 212 Methoden für den Religionsunterricht, Kösel, München 1998, S. 135).
Weiterarbeit:
Die Sch. gestalten in Partnerarbeit einzelne Bausteine (DIN-A4), die im Anschluss an die Partnerarbeit zu einem gemeinsamen Turm im Plenum zusammengefügt werden.

⇨ Bild *Neues vom Turmbau* von Bernhard Heisig, 1977 (SB, S. 93)
Betrachten des Bildes durch eine Bildschablone am OHP. Die Schablone gibt nur einen Teilbereich des Bildes frei. Beschreibung und Nennung der einzelnen Bildelemente.
Weiterarbeit:
Collagenartige Anfertigung eines eigenen „Turms zu Babel“ in Gruppenarbeit.

⇨ Text *Hiroshima* (SB, S. 94)
Der Text wird Betroffenheit auslösen. Den Sch. muss hinreichend Freiraum zur inneren Auseinandersetzung eingeräumt werden (Stillarbeit: grafische Gestaltung eines Schlüsselwortes wie „Atombombe“ oder „Hiroshima“ oder Partnerarbeit); erst dann dürfte der rationalere Zugang (s. Arbeitsvorschläge im SB) möglich sein.
Information über die Ereignisse am 6.8. bzw. 8.8.1945 im Geschichtsunterricht; ggf. Einsatz eines entsprechenden Dokumentarfilmes.
Weiterarbeit:
Zeitzeugeninterviews zum Thema „Atombombenabwurf“.
Archivrecherche in der entsprechenden Ausgabe einer Regionalzeitung.

⇨ Gespräch *v. Weizsäcker/Heisenberg* (SB, S. 95)
Vorlesen des Gesprächs mit verteilten Rollen, ggf. Vorstellung vorbereiteter Biographien der beiden Physiker (als Hausaufgabe) vor dem Vortrag. Erarbeitung der Positionen zur Schuldfrage.
Weiterarbeit:
Anspielen einer fiktiven Gerichtsszene auf dem Hintergrund der o. g. Schuldfrage durch die Sch.
Besuch eines der Theaterstücke: *Die Physiker* von Friedrich Dürrenmatt oder *In der Sache Robert Oppenheimer* von H. Kipphardt.

⇨ Text *Die Entscheidung liegt bei uns* von Al Gore (SB, S. 96/97)
Erarbeiten der Hauptaussagen und Schlüsselbegriffe des Textes durch die Sch.
Diskussion der konkreten Umsetzungsmöglichen der Vorschläge von Al Gore, insbesondere hinsichtlich der Möglichkeiten der Sch.

Weiterarbeit:
Schreiben eines fiktiven Textes zum Thema „Wie sieht unsere Zukunft 2050, 2500 ... aus?“
Zeichnerische Umsetzung der o. g. Fragestellung.
Bildnerische Umsetzung der o. g. Fragestellung.

⇨ Bild *Interaktion* von Marylou, 1998 (SB, S. 97)
Stilles Betrachten des Bildes durch die Sch.
Bildung einer freien Assoziationskette in Einzelarbeit.
Näherung der Sch. an das Bild durch eine Bildbefragung: Zwei oder drei Sch. stellen abwechselnd Fragen an das Bild und erschließen es somit.
Entfaltung des Aspektes „Balance“ im Unterrichtsgespräch und Übertragung auf die im vorhergehenden Text genannten Aspekte.
Weiterarbeit:
Das Bild dient als Ausgangspunkt einer Fantasiereise, die sich mit der Entwicklung der Menschheit, der Erde, des Universums beschäftigt.

⇨ Lied *Solang es Menschen gibt* ... (SB, S. 98)
Singen des Liedes bzw. Vortrag der Strophen.
Die Sch. ergänzen weitere Strophen unter dem Gesichtspunkt „Hoffnung“ und formulieren eigene Hoffnungsaspekte.
Weiterarbeit:
Die Sch. gestalten ein eigenes „Lob auf die Schöpfung“. Der produzierte Text kann künstlerisch gestaltet präsentiert werden.

5. Materialien und Medien

- Diaserie „Himmel und Erde“, PTI Kassel 1996
- Diaserie „Wenn ich sehe die Himmel, deiner Finger Werk ...“ - Schöpfung und Kosmologie, PTI Kassel 1992
- Eine kurze Geschichte der Zeit. Dokumentarfilm, 80 min., Großbritannien 1991
- Hans Kellner/Michael Vogt/Bernhard Böttge, „Wenn ich sehe die Himmel, deiner Finger Werk ...“. Informationen - Bilder - Materialien zur neuen kosmologischen Frage, in: forum religion 2/92, S. 2–14
- Mensch - Natur - Technik. Antworten für den Unterricht, Jahresheft 1999, hg. v. Friedrich-Verlag, Seelze 1999
- Theo Sombeck/Axel Vering/Albrecht Willert, Das Bild von der Welt in Naturwissenschaft und Theologie, (Studienbuch Religionsunterricht, Bd. 2), Vandenhoeck & Ruprecht, Göttingen 1993
- Bartholomeus Vrijdaghs, Liebeserklärung an die Erde, in: forum religion 2/96, S. 4–11
- www.weltbilder.de.vu (Weltbilder)
- www.windows.ucar.edu (Astronomie-Seite)
- www.zum.de/Faecher/kR/Saar/gym/projekt/evolutio.htm (Texte zu den Bereichen Evolutionstheorie und Schöpfungsglaube)

Scheibenwelt

Die Sonne stand über dem Horizont.

Die kurzlebigsten aller Geschöpfe auf der Scheibenwelt waren Eintagsfliegen: Ihre Existenz dauerte kaum mehr als vierundzwanzig Stunden.

Zwei der ältesten Exemplare flogen im ziellosen Zickzack über einem Forellenbach und sprachen mit einigen jungen Fliegen aus der Abendbrut.

„Heute ist die Sonne nicht mehr so wie damals", klagte einer der beiden Alten.

„Das stimmt. In den guten alten Stunden gab's eine richtige Sonne. War ganz gelb und nicht so rot wie jetzt."

„Und sie stand höher am Himmel."

„Lässt sich nicht leugnen."

„Und Nymphen und Larven zeigten einem mehr Respekt."

„Und ob, und ob", bestätigte die andere alte Eintagsfliege.

„Wenn sich die jungen Burschen anständig benehmen würden, hätten wir bestimmt eine bessere Sonne."– Die jungen Eintagsfliegen hörten geduldig zu.

„In meiner Jugend erstreckten sich hier überall Felder, so weit das Auge reichte", ließ sich die andere alte Eintagsfliege vernehmen.

Die jüngeren blickten sich um. „Die Felder existieren noch immer", erklang es nach einer höflichen Pause.

„Aber früher waren sie *besser*", betonte die alte Fliege scharf.

[*Etwas später*:]

„Womit haben wir uns vor unserem Gespräch über die Sonne beschäftigt?"

„Wir sind ziellos und im Zickzack überm Wasser herumgeflogen", erwiderte eins der jungen Exemplare. Diese Antwort war praktisch immer richtig.

„Und *da*vor?"

„Äh ... da hast du uns von der Großen Forelle erzählt."

„Ja. Ja, genau. Die Forelle. Nun, wenn man eine gute Eintagsfliege gewesen ist und immer auf die richtige Weise im Zickzack überm Bach flog ..."

„... und wenn man außerdem immer Respekt vor älteren hatte, dann kommt die Große Forelle und ..."

Plitsch. Platsch.

„Ja?", fragte eine der jungen Eintagsfliegen.

Keine Antwort.

„Dann kommt die Große Forelle und was?", ertönte die nervöse Stimme einer anderen Fliege.

Sie blickten aufs Wasser hinab und sahen mehrere sich ausdehnende konzentrische Kreise.

„Das heilige Zeichen!", entfuhr es einer Eintagsfliege. „Man hat mir davon erzählt! Ein großer Kreis im Wasser! Es ist das Zeichen der Großen Forelle!"

Die älteste der jungen Eintagsfliegen starrte nachdenklich auf den Bach hinab. Als Senior hatte sie das Recht, besonders dicht an der Wasseroberfläche zu fliegen.

„Wenn man von der Großen Forelle geholt wird ...", begann jene Eintagsfliege, die über allen anderen im Zickzack flog. „Es heißt, sie bringt einen in ein Land, wo ... wo ..." Eintagsfliegen können mit Milch und Honig nichts anfangen und deshalb fügte sie unsicher hinzu: „Wo Wasser fließt."

„Glaubst du?", fragte die älteste Fliege.

„Dort muss es herrlich sein", sagte die jüngste.

„Ach? Warum denn?"

„Es kehrt nie jemand zurück."

Aus: Terry Pratchett, Alles Sense, Wilhelm Goldmann Verlag, München 1994 (gekürzt)

Kreuz und Auferstehung

1. Theologische und didaktische Aspekte

Jesus von Nazareth wurde um das Jahr 30 an einem Freitag einer Passahwoche durch Kreuzigung hingerichtet. Mit dem Tod am Kreuz bestraften die Römer staatsgefährdende Aufrührer, Hochverräter oder rebellische Sklaven. Die Inschrift „Jesus von Nazareth – König der Juden" verweist darauf, dass Jesus als politischer Rebell hingerichtet worden ist. Aber auch die jüdischen Behörden und Hohepriester hatten vor allem aus religiösen Motiven Interesse an der Verurteilung Jesu (Anstoß erregten besonders die Tempelkritik, der Vollmachtsanspruch Jesu und sein Umgang mit der Tora). Eine Beteiligung der breiten Volksmasse, wie sie in den Evangelien dargestellt wird, ist jedoch eher fraglich.

Der Tod Jesu hat auf seine Anhänger zutiefst desillusionierend gewirkt (vgl. Lk 24,13–35). Den enttäuschten Jüngern, die ihr bisheriges Leben für Jesus aufgegeben hatten, musste der beschrittene Weg als Irrweg erscheinen, und die Verurteilung und das Sterben ihres Meisters konnten nur ein entlarvendes Scheitern seiner Person und seiner Ideen bedeuten. Umso bemerkenswerter ist die Tatsache, dass die Jesusbewegung nicht im Sande verlaufen ist, sondern im Gegenteil plötzlich neue Kraft erhalten hat. Der Anlass für einen derartig fundamentalen Umschwung entzieht sich den naturwissenschaftlichen Erkenntnismöglichkeiten, zumal es keine nichtchristlichen Zeugnisse davon gibt. Wir sind auf Zeugenberichte angewiesen. So wird uns von Erscheinungen berichtet und die Aussage der Jünger überliefert, sie hätten den Auferstandenen gesehen. Jesus, so ihre Überzeugung, ist nicht im Tod geblieben, und sie schlossen daraus, dass Jesus auferstanden bzw. auferweckt worden sei. Seinen ältesten Ausdruck findet dies in der Aussage „Gott hat Jesus von den Toten auferweckt" (Rö 10,9; 1. Kor 6,14). In den Paulusbriefen (aber auch in den Reden der Apg) finden sich die ältesten Auferstehungszeugnisse in Form solcher kerygmatischen und bekenntnisartigen Überlieferungsformeln.

Die später verfassten Evangelien vermitteln die Botschaft von der Auferstehung in erzählender Form. Dieser jüngeren Traditionslinie sind die Erscheinungserzählungen und, davon unabhängig, die Berichte vom leeren Grab zuzuordnen.

An der Auferstehung Jesu, so zentral sie für den christlichen Glauben ist, scheiden sich die Geister. Dementsprechend erfuhr und erfährt sie unterschiedliche Deutungen. Ob sie als ein reales historisches Ereignis oder als zeitbedingtes Ausdrucksmittel verstanden wird, hängt auch davon ab, welchen Stellenwert man den Erscheinungen und den Berichten vom leeren Grab beimisst. Es sollen im Folgenden einige repräsentative Positionen skizziert werden.

Die im 19. Jahrhundert von D. F. Strauß entwickelte Theorie von einer „subjektiven Vision" geht davon aus, dass die Jünger aufgrund der großen psychischen Belastung nach dem Tod Jesu in Galiläa Visionen erlebten, in denen sie den Auferstandenen zu sehen glaubten. Im Gegensatz zur objektiven Visionstheorie werden diese Erscheinungen nicht als von Gott gewirkt angesehen, sondern als psychogene, innerseelische Phänomene verstanden. Diese Ansicht wurde immer wieder vertreten, in jüngerer Zeit durch G. Lüdemann (Auferstehung, 1994), der die Visionen des Petrus und des Paulus psychologisch als Verarbeitung von Schuldgefühlen bzw. als Folge einer verdrängten Faszination deutet. Die Erscheinung vor den 500 wird von Lüdemann als Massensuggestion verstanden.

Den Theologen, die in dem Auferstehungsereignis eine objektive Realität sehen (W. Pannenberg), stehen jene gegenüber, die die Auferstehung nicht als ein reales Ereignis verstehen. So trifft W. Marxsen eine Unterscheidung zwischen den (historisch als gesichert eingestuften) Erscheinungen und der Aussage, Jesus sei auferstanden. Marxsen zufolge widerfuhr den Jüngern das „Sehen des Gekreuzigten". Erst im Zuge einer Reflexion dieses Ereignisses deuteten sie die Erscheinung mit den ihnen zur Verfügung stehenden Vorstellungsmustern als „Auferstehung". Gemeint sei damit, dass die „Sache Jesu" weitergehe.

Die Kerygmatheologie erklärte das Fragen nach den historischen Umständen der Auferstehung grundsätzlich für unangemessen: Es handle sich um ein eschatologisches Ereignis, durch das Gott die neue Welt herbeiführt; dieses könne folglich nicht im Rahmen der bestehenden Welt und Wirklichkeit verstanden werden. Einzig historisch fassbar sei der Osterglaube der ersten Jünger (Bultmann). Auferstehung meint dann „Auferstehung ins Kerygma", das heißt: die Präsenz Jesu in der Verkündigung und somit ein Fortwirken des mit Jesus begonnenen Heilsereignisses.

H. Braun weist darauf hin, dass es in der Antike viele herausragende Persönlichkeiten gegeben habe, von denen berichtet wurde, sie seien auferstanden. Es handle sich dabei um eine umweltbedingte Ausdrucksweise zum Erweis der außerordentlichen Autorität und Bedeutung dieser Person. Eben dieses solle auch von Jesus ausgesagt werden, indem man den Begriff der „Auferstehung" auf ihn angewendet hat.

Neben den Erscheinungserzählungen werden die Berichte vom leeren Grab als Bestätigung der Auferstehung Jesu angeführt. Die Argumente für und gegen die Historizität des leeren Grabes werden differenziert bei G. Theißen (Der historische Jesus, 1996) erörtert. Seiner Ansicht nach ergibt sich ein kleines Plus für die Möglichkeit, dass die Überlieferung vom leeren Grab einen historischen Kern habe (Theißen, S. 439): Das Grab wird von Frauen leer vorgefunden. Wäre diese Begebenheit eine Erfindung, hätte man nicht ausgerechnet Frauen als Zeugen angeführt, da im Judentum des ersten Jahrhunderts nur Männer als „zeugnisfähig" anerkannt waren. Außerdem hätte die Auferstehungsbotschaft in Jerusalem nur schwerlich verbreitet werden können, wenn das Grab verschlossen geblieben wäre.

Paulus erwähnt das leere Grab in keiner seiner Schriften. Es mag für seinen Auferstehungsglauben unerheblich sein. Allerdings legen die jüdische Vorstellung von einer leiblichen Auferstehung (Pharisäer) und die paulinische Formulierung von einer Verwandlung des irdischen in einen verklärten Leib die Annahme eines leeren Grabes nahe, ohne dass sie indes zwingend wäre, denn eine Auferstehung ist auch mit der Tatsache eines verschlossenen Grabes durchaus vereinbar (Fleisch und Blut können das Reich Gottes nicht ererben, 1. Kor 15,50).

Zusammenfassend ist zu sagen, dass sich das leere Grab weder beweisen noch widerlegen lässt. Möglicherweise war eine Grabstätte, in der Jesus beigesetzt wurde, bekannt. Joseph von Arimathia hat Jesus in einem ungenutzten, möglicherweise ihm selbst zugedachten Grab bestattet. Erst als sich die Nachricht von den Erscheinungen verbreitete, wurde das leer gefundene Grab als eine Bestätigung der Auferstehung angesehen. Als Beweis kann der Bericht vom leeren Grab nicht gelten; er ist nur vor dem Hintergrund der Erscheinungen im Sinne einer Auferstehung Jesu zu deuten.

In der Auferweckung Jesu bekennt sich Gott zu Jesus, dessen Tod damit nicht länger als Scheitern verstanden werden kann. Gott erweist vielmehr, dass er zur Person und Sache Jesu steht. So kommt im Licht der Auferstehung dem Tod Jesu und insbesondere dem Kreuz eine besondere Bedeutung zu. Jesus, so die neutestamentliche Botschaft, ist „für uns" gestorben. Die zur Deutung des Todes Jesu verwendeten Begriffe stammen aus der Vorstellungswelt des jüdischen Opferwesens. Typisch dafür sind die Worte vom vergossenen Blut (Mk 14,24 par) oder vom Opferlamm (1.Kor 5,7). In ähnlichem Sinn wird Jesu Tod im NT als stellvertretend für alle Menschen verstanden. Vermutlich hat Jesus selbst durch die Einsetzung des Abendmahls sein Sterben in dieser Weise gedeutet. Er stirbt stellvertretend für die vielen, die durch die Sünde dem Tod verfallen wären (Mk 14,24). Paulus übernimmt die Formel, Jesus sei „für unsere Sünden" gestorben (1. Kor 15,3). Damit wird dem Tod Jesu eine sühnende Bedeutung beigemessen, die allerdings missverständlich ist. So entspricht die von Anselm von Canterbury begründete Satisfaktionslehre, nach der Gottes Gerechtigkeit eine Strafe für die von der Menschheit begangenen Sünden verlangte und der Tod Jesu als Opfer die Ersatzleistung sei, mit der Gott versöhnt wird, nicht dem neutestamentlichen Sühnegedanken. Bultmann hält die Tatsache, dass ein Mensch gewordenes Gotteswesen durch sein Blut die Sünden der Menschen sühnt, für „primitive Mythologie". Betrachtet man die verschiedenen Ausdrucksformen zur Deutung des Todes Jesu, so kristallisiert sich eine gemeinsame Kernaussage heraus: Im Tod Jesu am Kreuz und in seiner Auferstehung erweist sich, dass Gott den Menschen trotz dessen Schuldhaftigkeit nicht verurteilt und verwirft (vgl. 2.Kor 5,19). In der Auferstehung wird erkennbar, dass die Gemeinschaft Gottes mit den Menschen auch nach der Ermordung Jesu und über den Tod hinaus besteht. Jesus selbst tritt dafür ein. „Vater vergib ihnen, denn sie wissen nicht, was sie tun" (Lk 23,34). Das Kreuz wird zum Zeichen der Vergebung (Berger, Wer war Jesus wirklich?, 1995).

In der Theologie wird eine Debatte darüber geführt, ob das Heilsereignis im Kreuz oder in der Auferstehung zu sehen sei. Im Luthertum liegt der Akzent auf dem Wort vom Kreuz. In diesem Sinne sieht Bultmann in der Auferstehung lediglich das ausgesagt, was das Kreuz bedeutet, nämlich die Entmächtigung des Todes. Dem gegenüber steht die Auffassung, dass das Kreuz erst durch die Auferstehung zum Heilsereignis wird (z.B. W. Künneth). Die Details dieser Diskussion sind in der Jahrgangsstufe 9/10 didaktisch nicht von zentraler Bedeutung. Es sollte aber das Kreuz nicht von der Auferstehung verdeckt werden. Indem sich Jesus der Kreuzigung nicht entzieht, sondern seinen Weg konsequent geht und die Demütigung der Verhöre und die Qualen der Hinrichtung am Kreuz auf sich nimmt, stellt er sich auf eine Stufe mit allen Gedemütigten und Gequälten. Und mehr noch: Jesus steht hier auf einer Stufe mit allen Menschen. Sein Leid, seine Zweifel und seine Angst (Mein Gott, mein Gott, warum hast du mich verlassen? Mk 15,34) sowie der unausweichliche Tod stehen für das menschliche Dasein schlechthin. Jesus macht sich den Menschen gleich, er „verbündet" sich mit ihnen (J. Klepper) und stellt in diesem Augenblick die größtmögliche Nähe zwischen sich und uns her. Gott selbst zeigt sich solidarisch mit den Menschen, die nun in der Gewissheit leben dürfen, nie allein zu sein. Und ferner: Wenn das Heilsgeschehen aus menschlicher Niedrigkeit erwächst, bleibt es kein exklusives Ereignis Jesu Christi, sondern es betrifft auch und vor allem uns Menschen.

Der Satz einer Schülerin, sie könne nicht nachvollziehen, wie jemand vor 2000 Jahren für *ihre* kleinen Sünden gestorben sein solle, macht eine der Schwierigkeiten deutlich, das Thema „Kreuz und Auferstehung" im Unterricht zu behandeln. Zum einen liegen sie in der theologischen Dichte des Themas. Insbesondere der soteriologische Aspekt des Geschehens ist schwer zu vermitteln. Zum anderen ist die Tatsache nicht zu verkennen, dass Jesu Tod und Auferstehung Sch. in der Regel als Glaubensinhalt bekannt ist, aber die persönliche Auseinandersetzung durch die „Das-muss-man-eben-glauben-Haltung" behindert wird. Allerdings sind Sch. der Frage nach den Perspektiven über den Tod hinaus aufgeschlossen (dazu auch W. Thiede, Ratlos vor der Auferstehungshoffnung?). Es gilt also, verschiedenartige Zugänge zur Auferstehungstradition zu ermöglichen. Dabei haben gerade bei diesem Thema Symbole und ihre Deutung einen besonderen Stellenwert. Symbole weisen über sich hinaus auf eine Wirklichkeit, die nicht unmittelbar zugänglich ist, sind also geeignet, eine „tiefere Wirklichkeit" (Biehl, 1991) zu vermitteln. In Symbolen kann sprachlich nicht Fassbares Form und Ausdruck gewinnen. Das Titelbild (SB, S. 101) bietet einen Zugang zum Verständnis von Symbolen generell (Tür) und zum Symbol des Kreuzes im Speziellen.

Die Bildmontage „*Heilige Nacht*“ und „*Kreuzigung*“ (SB, S. 102) stellt die Geburtsszenerie dar, allerdings verfremdet vor dem Hintergrund der Kreuzigung. Weihnachten wird als Fest verdeutlicht, das ohne Ostern nicht denkbar ist, als „Projektion der Osterfreude in die kindliche Mentalität“ (M. Machovec).

Das Adventslied „*Die Nacht ist vorgedrungen*“ von Jochen Klepper (1903–1942) verdichtet die Weihnachtsbotschaft und -hoffnung. Die Bedeutung dieser Botschaft für den Einzelnen ist am Beispiel Kleppers zu erörtern. Nach einem Theologiestudium war er als Journalist in Berlin tätig. Unter der nationalsozialistischen Herrschaft beging er mit seiner jüdischen Frau in der Adventszeit 1942 (11. Dezember) Selbstmord.

Die Interpretationen des Kreuzsymbols durch einen zeitgenössischen Künstler (SB, S. 104/105) ermöglicht das Erschließen von unterschiedlichen Deutungsaspekten dieses zentralen Symbols des Christentums.

Möglichkeiten, sich dem soteriologischen Verständnis des Kreuzestodes Jesu anzunähern, bieten ein (anspruchsvoller) Text von H.R. Rapp (SB, S. 106), ein Gedicht von R.O. Wiemer und eine bildliche Darstellung (Altarkreuz; SB, S. 107). Es stehen damit unterschiedliche Herangehensweisen zur Verfügung, verschiedene Aspekte dieses Themas zu erarbeiten.

Das bevorstehende Osterereignis wird mit dem Bild „*Ostermorgen*“ von C. D. Friedrich (SB, S. 108) thematisiert. Der mit Ostern sich vollziehende Wandel wird auf symbolischer Ebene verstehbar. Mk 16,1–3 ist der dem „Ostermorgen“ von C.D. Friedrich zugrunde liegende Bibeltext. Beide Materialien sind eigenständig einzusetzen, aber auch vergleichend und einander ergänzend. Mk 16,1–3 bringt die Absicht und die Gedanken der Frauen vor deren Ostererfahrung zur Sprache. Die Salbung von Toten, die auch in neutestamentlicher Zeit eine Ausnahme darstellte, ist ein besonderer Akt der dankbaren Verehrung. Die Sorge um das Wegwälzen des schweren Steins wird sich angesichts der alles sprengenden Kraft der Auferstehung als unnötig herausstellen.

Die Texte des Abschnitts „*Was wissen wir von der Auferstehung Jesu?*“ (SB, S. 109) zeigen, dass das Ereignis der Auferstehung unterschiedlich überliefert wird und dass dem Glauben an die Auferstehung konkrete Erfahrungen zugrunde liegen. Im Fall des Paulus wird die alles verändernde Wirkung der Erscheinung deutlich. Es bieten sich daran anknüpfend Möglichkeiten, nach der „objektiven Realität“ und dem historischen Kern der überlieferten Ereignisse zu fragen – ebenso wie die Plausibilität des leeren Grabes zu diskutieren.

Die Relevanz der Auferstehung Jesu für uns wird in dem Text „*Was soll man davon halten, dass es heißt, er lebe?*“ (SB, S. 110) von R.O. Wiemer thematisiert. Die Gedanken des Joseph von Arimathia bringen die Hoffnung auf die eigene Auferstehung zum Ausdruck. Das Bild von Benedikt Werner Traut (SB, S. 110) ist aufgrund seiner Symbolhaftigkeit interessant. Beide Materialien können dazu anregen, über das Verständnis von Auferstehung ins Gespräch zu kommen.

Den Vorstellungen von einem Leben nach der Auferstehung und den „Bildern“, mit denen sich Christen das „Wie“ der Auferstehung ausmalen, setzt der Text „*Mein jüdischer Freund Moische Weinstock*“ (SB, S. 111) eine andere Deutung entgegen. Auferstehung wird als Metapher für den im Leben wie im Tod beständigen Halt durch Gott gedeutet. Im Rahmen der Auseinandersetzung mit dieser nicht-christlichen Interpretation des Begriffs „Auferstehung“ könnten in interessierten Klassen auch Positionen christlicher Theologen (z.B. Marxsen, Braun; WB, S. 84) diskutiert werden.

Die Frage nach dem „Wie“ der Totenauferstehung wird in dem Abschnitt 1. Kor 15,35–44 erörtert, in dem Paulus sich gegen Auferstehungsleugner wendet. Der Apostel denkt den Auferstehungsleib als geistlichen Leib (!) substanzhaft. Zwar ist die paulinische Vorstellung von der zukünftigen Seinsweise ein gedankliches Konstrukt, aber es wird begreifbar, dass Auferstehung ein Sein in neuer Qualität meint, das sich allerdings konkreter Vorstellungen entzieht. In Analogie zu den Substanzen der irdischen Schöpfung erschafft Gott in der Auferweckung der Toten eine neue, mit der irdischen nicht zu vergleichende Substanz, die das Schöpfungswerk Gottes abschließt.

In dem Gedicht „*Auferstehung*“ von Marie Luise Kaschnitz (SB, S. 112) wird die Auferstehung als Ereignis im Hier und Jetzt verstanden, das als Vorwegnahme die kommende Auferstehung erahnen lässt. Dies kann mit den traditionellen Vorstellungen vom Leben nach dem Tod verglichen werden, auf die im Text angespielt wird.

Das Bild *„Die Treppe“* (SB, S. 113) gibt Impulse, über Jenseitsvorstellungen nachzudenken.

Der Liedtext *„Da kannst du Osterspuren finden“* (SB, S. 114) thematisiert das Fortwirken und Wirksam-werden-Lassen des Osterereignisses im Alltag. Die mit Ostern geschehene Verwandlung von Tod in Leben, von Trostlosigkeit in Hoffnung lässt sich in vielfältigen Prozessen der Natur, aber auch im menschlichen Miteinander erkennen. Das Lied spricht Verhaltensweisen an, die diesem Aspekt des Osterereignisses entsprechen, und enthält damit ethische Forderungen. Anhand des Liedtextes lassen sich Möglichkeiten erörtern, Spuren der Heilszeit sichtbar werden zu lassen.

Die Grafik von Helme Heine *„Zukunft“* (SB, S. 114) bezieht sich auf den Martin Luther zugeschriebenen Ausspruch, auch angesichts eines bevorstehenden Weltuntergangs ein Apfelbäumchen pflanzen zu wollen. Das Bild lässt sich als Symbol der Hoffnung gegen die Realität der gegenwärtigen Welt lesen. Ein Bezug zum Liedtext ist über die Themen Hoffnung und Zukunft möglich.

2. Intentionen

Die Sch. sollen

- die Tradition von Kreuz und Auferstehung kennen lernen und die Erfahrungen der Osterzeugen kritisch reflektierend als Grundlage des Glaubens an die Auferstehung verstehen
- anhand von künstlerischen Werken Symbole interpretieren und die Bedeutung der Symbole Kreuz und Auferstehung erheben und verstehen können
- sich mit traditionellen und modernen Deutungen des Todes Jesu auseinander setzen und in Grundzügen die Heilsbotschaft von Tod und Auferstehung Jesu verstehen
- Interpretationen des Begriffs „Auferstehung“ kennen lernen und sich mit Vorstellungen vom Ereignis der Auferstehung auseinander setzen
- für Auferstehungsspuren im Alltag sensibilisiert werden und die Osterbotschaft auch als ethischen Anspruch verstehen.

3. Literatur zur Vorbereitung

- Klaus Berger, Wer war Jesus wirklich?, Quell Verlag, Stuttgart 1995
- Peter Biehl unter Mitarbeit von Ute Hinze und Rudolf Tammeus, Symbole geben zu lernen. Einführung in die Symboldidaktik anhand der Symbole Hand, Haus und Weg. Neukirchener Verlag, Neukirchen-Vluyn 1991[2]
- Peter Biehl unter Mitarbeit von Ute Hinze, Rudolf Tammeus und Dirk Tiedemann, Symbole geben zu lernen II, Zum Beispiel: Brot, Wasser und Kreuz, Beiträge zur Symbol- und Sakramentendidaktik, Neukirchener Verlag, Neukirchen-Vluyn 1993
- Peter Biehl, Festsymbole, Zum Beispiel: Ostern, Neukirchener Verlag, Neukirchen-Vluyn 1999
- Evangelischer Erwachsenenkatechismus, hg. v. Katechismuskommission der VELKD, Kapitel „Jesus Christus“ und „Ziel aller Wege: ewiges Leben“, Gütersloher Verlagshaus, Gütersloh [6]2000
- Peter Kliemann, Glauben ist menschlich, Argumente für die Torheit vom gekreuzigten Gott, Calwer Verlag, Stuttgart [8]1998
- Gerd Lüdemann/Alf Özen, Was mit Jesus wirklich geschah, Radius-Verlag, Stuttgart 1995
- Jürgen Roloff, Artikel „Auferstehung“ in: Re-

clams Bibellexikon, Philipp Reclam jun. Stuttgart [6]2000
- Gerd Theißen/Annette Merz, Der historische Jesus, Vandenhoeck & Ruprecht, Göttingen [2]1997
- Werner Thiede, Ratlos vor der Auferstehungshoffnung? Zum Problem ihrer Präsentation in neueren evangelischen Religionsbüchern und Unterrichtsmodellen, in: Michael Wermke (Hg.), Tod und Auferstehung Jesu Christi. Theologische und religionspädagogische Annäherungen. Arbeitshilfen Gymnasium, Bd. 8, Texte und Materialien für den evangelischen Religionsunterricht an Gymnasien, hg. v. B. Dressler, Religionspädagogisches Institut Loccum, Loccum 1997

4. Unterrichtsideen

A. Durch das Kreuz zum Leben

⇨ Abb.: *Tür der Friedhofskapelle zu Wittmar* von Manfred Fischer, 1988 (SB, S. 101)
Die Türflügel lassen in geschlossenem Zustand ein Kreuz und andeutungsweise den Gekreuzigten erkennen (Rundung des Kopfes am Schnittpunkt der Kreuzbalken, s/w Abb. ZM 1). Wird sie geöffnet, bricht dieses Kreuz in der Mitte gezackt auf und gibt den Weg hinaus frei. Der Verstorbene wird „durch das Kreuz hindurch" zum Grab getragen. Die Tür versinnbildlicht, dass der Weg zur Auferstehung nicht am Kreuz vorbei geht. Der Weg zum ewigen Leben führt durch den Tod, der durch Jesu Sterben und Auferweckung zerbrochen und machtlos geworden ist und so den Menschen eine neue Perspektive eröffnet.
Sch. tragen vor Betrachten der Abb. Assoziationen zum Wort „Tür" zusammen.
Stilles Betrachten; Sch. notieren ihre Eindrücke, Beobachtungen, Fragen.
Mögliche Impulse: Es handelt sich hier um keine gewöhnliche Tür. Beschreibe die Besonderheiten! Am oberen Rand der Tür sind Metallstäbe angebracht. Beschreibe ihre Wirkung! Stell dir vor, die Tür ist geschlossen. Was wird erkennbar? Durch den Türspalt kann man nach außen sehen. Gehe in Gedanken hinaus und beschreibe, wie du dir die Außenanlage vorstellst!
Vertiefung: Auf der Basis der Assoziationen zum Begriff „Tür" kann der Begriff „Symbol" thematisiert werden, indem die Bedeutungen erarbeitet werden, die die Worte „Tür" oder „Tor" über ihren konkreten Sinn hinaus besitzen können (Öffnung, Übergang, Eintritt, Ausgang). Die Bedeutungen werden zur weitergehenden Interpretation auf die abgebildete Tür angewendet.
Das Vorwissen der Sch. über das Symbol des Kreuzes kann erhoben werden. Offene Fragen (Welche Bedeutung hat das Aufbrechen des Kreuzes? Warum werden die Toten „durch das Kreuz hindurch" getragen? etc.) werden notiert und können am Ende der Unterrichtseinheit noch einmal vorgelegt und beantwortet werden.

B. Von der Krippe zum Kreuz

⇨ Bild: Almir Mavignier, *Montage „Heilige Nacht" und „Kreuzigung"* von Emil Nolde (SB, S. 102)
Die Montage kombiniert die 1912 von Emil Nolde (1867–1956) für das neunteilige Werk „Das Leben Christi" gemalten Bilder „Heilige Nacht" und „Kreuzigung". A. Mavignier (geboren 1925) stellt die Geburt Jesu in unmittelbare Beziehung zur Leidensgeschichte. Beide sind Ereignisse des einen Heilsgeschehens, wobei die Geburtsgeschichten nach dem Osterereignis ausgestaltet worden sind. Das Heil des anbrechenden Reiches Gottes hat mit Weihnachten „schon jetzt" begonnen. Durch die Überlagerung beider Motive entsteht eine Verfremdung, die Entdeckerfreude weckt. Die Sch. nennen die zu erkennenden traditionellen Elemente der Weihnachtsgeschichte (im Bildzentrum die – von Nolde als Südländerin gestaltete – Maria, die ihr Kind in die Höhe hält; unterhalb des Kindes (herbeieilende) Hirten; über Maria der Kopf Josephs; links

oben der Stern) und die der Kreuzigung (in der vertikalen Bildmitte Jesus, außen die zwei Mitgekreuzigten; drei Frauen rechts von Maria; würfelnde Soldaten mit Lanze links unten).
Sch. stellen eine der dargestellten Personen als *Standbild* mit dem Auftrag nach, Gefühle und Gedanken der von ihnen repräsentierten Person nachzuempfinden. Verfasst einen Dialog zwischen zwei oder mehreren Personen! Dabei sollten ausdrücklich auch Dialoge zwischen Personen des jeweils anderen Motivs erlaubt sein. Z.B. auch: Maria als junge Mutter und als Mutter unter dem Kreuz sprechen über ihre jeweiligen Erwartungen, Enttäuschungen, Hoffnungen.
Vertiefung: Wie empfindest du die Kombination der Motive Geburt und Kreuzigung? Welche Bildaussage erzeugt der Künstler durch die Kombination beider Motive? Welcher Zusammenhang besteht zwischen Weihnachten und Karfreitag?
Die Montage ist als Poster (DIN-A0 und DIN-A1) in der Nolde-Stiftung, Seebüll, erhältlich (s. 5. Materialien), die Einzelbilder als Diapositive, die „Heilige Nacht" auch als Postkarte (vgl. auch ZM 2). Die Sch. verlangen in der Regel danach, die Motive einzeln zu sehen. Auf Folie präsentieren. *Möglicher Auftrag*: Zeichnet die einzelnen Bildelemente schematisiert als Kompositionsskizze ab! Dabei wird im Bild „Heilige Nacht" die nach rechts (in der Montage seitenverkehrt!) aufstrebende (positive) Diagonale von Maria über das Kind zum Stern erkennbar. Stern abdecken. Was ändert sich an dem Bild? (Durch das Fehlen wird der Stern als ein zentrales kompositorisches (und theologisches) Element erkennbar).

⇨ Lied: *Johannes Klepper „Die Nacht ist vorgedrungen" (1938)* (SB, S.103)
Bei dem Lied handelt es sich um ein Adventslied. Der Inhalt der einzelnen Strophen wird geklärt. *Auftrag*: Gebt die Hauptaussage jeder Strophe mit einem Satz wieder! (1) Weihnachten als Ende von Angst und Pein. (2) Gott zeigt sich in Gestalt eines Kindes zur Rettung der Sünder. („Sühne" erklären: urspr. Versöhnung; Die Schuld der Menschen wird als bestraft und gebüßt, also als „erledigt" angesehen.). (3) Jesus verbündet sich mit den Menschen. (4) Gottes Wohlwollen („Gotteshuld" erklären!) begleitet den Menschen von nun an. (5) Wer an Christus glaubt, braucht im Endgericht keine Strafe zu fürchten.
Die Grundstimmung ist positiv und hoffnungsvoll, auch wenn das Leid und die Angst noch nicht besiegt sind. Dem Negativen der Welt wird Positives gegenübergestellt.
Tafelbild:

Durch die Geburt Jesu verändert sich die Welt

Nacht	→	Tag
weinen	→	froh einstimmen
Angst, Pein	→	Morgenstern (Licht, Hoffnung)
Schuld	→	Rettung, Heil
Menschenleid	→	Gotteshuld (Gottes Wohlwollen, Zuneigung, Schutz)
Dunkel	→	Licht
richten	→	belohnen

Die metaphorischen Begriffe Dunkelheit, Nacht, Licht werden gedeutet. Sch. informieren sich über J. Klepper. *Möglicher Impuls zur Vertiefung*: Klepper lebte zur Zeit des Nationalsozialismus. Vor diesem Hintergrund bekommen die Begriffe „Dunkelheit" und „vorgedrungene Nacht" noch eine weitergehende Bedeutung.

C. Das Kreuz

⇨ Abb.: *Kreuze* von Andreas Kasparek, 1998 (SB, S. 104/105)
Beide Kreuze stellen jeweils in stark reduzierter und schematisierter Form den Gekreuzigten dar. Die schmalere Konstruktion und der abgeknickte senkrechte Balken des Bronze-

kreuzes (S. 104) lassen an Emotionalität, Zerbrechlichkeit, Leiden und „Geknickt-Sein“ denken. Die gerade Linienführung des Edelstahlkreuzes (S. 105) ist sachlicher und vermittelt den Eindruck von Stabilität, Würde, Gewissheit. Die Rundöffnung, die den Kopf stilisiert, unterstreicht den Gesamtcharakter der Kreuze. Im Bronzekreuz, das das Kreuzesgeschehen unter dem Aspekt des Leidens und der Menschlichkeit Jesu und seiner Nähe zu den Menschen sieht, weist sie nach unten, während das Edelstahlkreuz mit seinem Akzent auf der im Kreuz sich ereignenden Gottesnähe, Heilsgewissheit und Überwindung des Leidens nach oben hin geöffnet ist.
Impulse und Fragen: Zeichne die Kreuze ab! Welche Form gefällt dir besser? Die Kreuze sind unterschiedlich, weisen aber einige Gemeinsamkeiten auf. (Hinweis auf die Öffnungsrichtung zunächst vermeiden; Sch. entdecken lassen!). Die Kreuze stellen den Tod Jesu auf sehr unterschiedliche Weise dar.
Sch. ordnen den beiden Kreuzen die Sieben letzten Worte Jesu zu. Zu erwarten ist folgende Zuordnung: *zum Bronzekreuz*: „Mein Gott, mein Gott, warum hast du mich verlassen?“ (Mt 27,46), „Mich dürstet.“ (Joh 19,28) und „Vater, ich befehle meinen Geist in deine Hände!“ (Lk 23,46); *zum Edelstahlkreuz*: „Vater, vergib ihnen; denn sie wissen nicht, was sie tun!“ (Lk 23,34), „Wahrlich, ich sage dir: Heute wirst du mit mir im Paradies sein.“ (Lk 23,43), „Es ist vollbracht!“ (Joh 19,30), wie auch: „Frau, siehe, das ist dein Sohn! – Siehe, das ist deine Mutter!“ (Joh 19,26.27), wenngleich weniger eindeutig. (Verfahren: Kreuz auf Folie kopieren und Letzte Worte auf Folienstreifen zuordnen). Auf der Grundlage der Zuordnungen und ihrer Begründungen ist ein Gespräch über die unterschiedliche Akzentuierung des Todes Jesu im NT möglich. Es lässt sich auch historisch-kritisch nach der Intention der Evangelisten fragen. Die erarbeiteten Aspekte können in einer gespielten Gemeindediskussion zur Auswahl eines der Kreuze verarbeitet werden. *Alternative Aufgabe*: Du verschenkst eines der Kreuze zur Konfirmation. In einem Brief an die Konfirmandin/den Konfirmanden begründest du deine Wahl.

Weiterarbeit: Suche Wendungen mit dem Begriff „Kreuz“! Was bringen wir mit ihnen zum Ausdruck? In welchen Situationen sprechen wir davon, „unser Kreuz auf uns nehmen zu müssen“? Kennst du Kreuzessituationen aus eigener Erfahrung? Würdest du sie dem Edelstahl- oder dem Bronzekreuz zuordnen?

D. Rettung durch Jesu Sterben?

⇨ Text: *Hans Reinhard Rapp, Brauchte Gott den Tod Jesu?* (SB, S. 106)
Rapp untersucht die auf Anselm von Canterbury (1033–1109) zurückgehende Ansicht vom stellvertretenden Sühnetod Jesu, der zufolge Sünde unbedingt zu bestrafen ist und Jesus für die Menschen die von Gott geforderte Genugtuung leistet. Rapp stellt demgegenüber die Kreuzigung nicht als Akt Gottes, sondern als Tat der Menschen dar. Sie haben ihn getötet, weil er Vergebung predigte und ihre Autorität untergrub. Der Widerspruch zwischen dem von Jesus gepredigten Gott der Gnade und dem Gott, der seinen einzigen Sohn als Sühneopfer einfordert, wird damit aufgehoben. Der Tod Jesu wird nicht als Bedingung für die Vergebung der Sünden angesehen, sondern die Bedeutung des Todes Jesu besteht darin, dass in der Situation des Leidens Gott in Christus seine Solidarität mit den Menschen erweist, ihr Leid mit trägt und es zu überwinden verheißt (Versöhnung, Auferstehung)
Hinführung: Was mag Jesus bewogen haben, in der Nacht vor seiner Verhaftung die Möglichkeit zur Flucht nicht genutzt zu haben? Mögliche Gründe: der Wille, konsequent den Weg zu Ende zu gehen, Erkennen der Bedeutsamkeit seines Schicksals/seines Todes für seine Botschaft und für die Menschen, Furchtlosigkeit vor dem Tod, Hoffnung auf eine glückliche Wende.
Alternativer Einstieg: Kirchenlied EG 81,3.4 *„Herzliebster Jesu, was hast du verbrochen?“ Was ist doch wohl die Ursach solcher Plagen?/ Ach meine Sünden haben dich geschlagen; / ich, mein Herr Jesu, habe dies verschuldet, / was du erduldet. // Wie wunderbarlich ist doch diese Strafe! / Der gute Hirte leidet*

für die Schafe, / die Schuld bezahlt der Herre, der Gerechte, / für seine Knechte.
Anhand dieser Strophen lässt sich das traditionelle Verständnis vom stellvertretenden Sühnetod erarbeiten. Warum musste Jesus dem Kirchenlied zufolge leiden? Wie empfindet ihr dieses Verständnis vom Tod Jesu? *Textarbeit:* Sch. notieren Fragen und eine ihnen wichtig erscheinende Aussage (möglicher Ausgangspunkt des Unterrichtsgesprächs). Welches Gottesbild steht jeweils hinter der Ansicht Anselms v. Canterbury und Rapps? In welcher Hinsicht erwächst nach Ansicht von Anselm bzw. Rapp aus dem Tod Jesu die Hoffnung für die Menschen? Bewerte beide Ansichten!

⇨ Text: *Rudolf Otto Wiemer, Das Wort* (SB, S. 107)
In der Erniedrigung und Angst Jesu wird das Menschliche in ihm erkennbar. Während seine Taten und Worte ihn bislang als außergewöhnliche Persönlichkeit, als den „Sohn Gottes" erscheinen ließen und Worte „von weiter oben" waren, so erweist sich Jesus am Kreuz als ein Mensch ganz unten, mit Ängsten und Zweifeln. Seine Verzweiflung (vgl. die Zerrissenheit der Sätze, die Vers-Brechung!) macht ihn glaub-würdig und wirkt zurück auf die Glaubwürdigkeit der Worte „von weiter oben" (Seligpreisungen, Reich Gottes-Verkündigung, Sündenvergebung, Annahme der Ausgegrenzten). *Möglicher Einstieg:* Wodurch werden uns Menschen glaubwürdig? L. liest den Text vor oder *Textpuzzle:* Text kopieren und die Verse auseinander schneiden. Sch. rekonstituieren den Text. Alternativen werden diskutiert. Leitfrage: Welche Bedeutung hat es für Wiemer, dass Jesus „selber so weit unten war"? *Zusatz:* In welcher Weise drückt sich die beschriebene Verfassung Jesu in der Form des Gedichts aus?

⇨ Abb.: *Kruzifix* von Peter Hinz,1976 (SB, S. 107)
Das Kruzifix steht in der Marktkirche in Halle. Es ist aus einem alten Kreuz umgeschweißt und der Körper aus Metallabfällen gestaltet worden. Christus neigt sich vom Kreuz herunter zu den Menschen und streckt ihnen seine Hand entgegen. In der Niedrigkeit am Kreuz begegnet Jesus den Menschen. Hier wendet er sich ihnen zu, reicht ihnen die Hand, fordert zum Mitkommen auf.
Sch. betrachten das Kreuz und formulieren ihre Eindrücke. Sie interpretieren die Bewegung und die Geste Christi (Es geht ausdrücklich nicht um den Wunsch Jesu, sich vom Kreuz zu befreien!)
Weiterarbeit: Übertragt das Kruzifix auf ein Blatt Papier und gestaltet ein Bild, auf dem deutlich wird, wem oder was sich Jesus in dieser Weise zuneigt (Zeichnung, Collage)! Was sagt er in dieser Situation? Was entgegnet jemand, dem sich Jesus in dieser Weise zuwendet?

E. Ostererfahrungen

⇨ Bild: *Ostermorgen* von Caspar David Friedrich (1774 - 1840), 1828 (SB, S. 108)
Das Bild zeigt drei Frauen auf dem Weg zu einem Friedhof. Der Vordergrund ist durch die dunkle Farbgebung und die noch toten Bäume gekennzeichnet, an denen allerdings die ersten Blätter erkennbar sind. Der Hintergrund wird von einer bereits deutlich über dem Horizont stehenden, aber noch hinter einem Dunstschleier liegenden Sonne (nicht Mond!) erhellt. Es herrscht eine kühle, noch winterliche, geheimnisvolle Atmosphäre. Der Titel „Ostermorgen" ermöglicht eine Zuordnung der dargestellten Personen (Maria aus Magdala, Maria des Jakobus und Salome auf dem Weg zur Grabstätte Jesu?) Der Vordergrund spiegelt die Bedrückung durch den Tod wieder, aber am Horizont kündigt sich bereits das (noch verschleierte) Licht der Auferstehung an (aufgehende Sonne, neuer Morgen, Neubeginn, vgl. auch beginnendes Grün der Bäume).
Sch. tragen vor der Betrachtung des Bildes ihre Assoziationen zu den Begriffen „Morgen" und/oder „Sonnenaufgang" zusammen. *Bildbetrachtung.* Wird das Bild zunächst auf einer Folie dargeboten, könnte die hellere obere Bildhälfte eingangs abgedeckt werden. Der Titel des Bildes sollte nicht gleich bekannt gegeben werden. Sch. äußern Vermutungen zu den dargestellten Personen und deuten die

Symbole Winter, Nacht, tote Bäume vs. Frühling, Sonnenaufgang, ausschlagende Bäume. Was bedeutet Ostern für C.D. Friedrich? Sch. nehmen kritisch Stellung zum Bild.

⇨ Text: *Mk 16,1-3* (SB, S. 108)
Sch. gestalten den Gang der Frauen zum Grab aus (innerer Monolog, Dialog, Szene gestalten)
Der Text wird mit dem Bild *Ostermorgen* in Beziehung gesetzt (ähnliche Atmosphäre, Unterschiede: Vegetation des Bildes lässt nicht zwangsläufig an Palästina denken, Grabsteine entsprechen nicht der Grabstätte Jesu). Vielleicht stellt C.D. Friedrich einen moderneren Ostermorgen dar. Überlege, ob und inwiefern sich in diesem Fall die Bildaussage ändert!

⇨ Texte: *Was wissen wir von der Auferstehung Jesu? Lk 24,1-5; Apg 9,1-9.18b.19; 1. Kor 15,3-6;* (SB, S. 109)
Die Texte repräsentieren die zentralen Aussagen über die Auferstehung im Neuen Testament. Neben dem Zeugnis von einer leiblichen Auferstehung Jesu, verbunden mit dem Verlassen des Grabes, (Evangelien) stehen die Berichte von der Vision des Paulus vor Damaskus (Apostelgeschichte) und vom Erscheinen des Auferstandenen vor vielen anderen Zeugen (Brief an die Korinther).
Die Sch. berichten das Ereignis vom leeren Grab aus der Perspektive der Frauen (Unverständnis, Ratlosigkeit, Zweifel, Angst). Die Zuhörer werden die Botschaft der Frauen nicht glauben.
Weiterarbeit: Wie beurteilt ihr die Tatsache des leeren Grabes? Diskussion: Gibt es plausible Gründe anzunehmen, dass das Grab leer war? (Auch die damals bereits kursierende These vom Leichenraub setzt voraus, dass ein leeres Grab gefunden worden ist; weiteres s. WB, S. 84).
Einige Informationen zur Biografie des Paulus können den Zugang zu Apg 9 erleichtern. Seine Vision wird von den Sch. nicht unbedingt als Begegnung mit dem Auferstandenen erkannt. In allen Auferstehungstexten wird ein Phänomen beschrieben, das auf eine andere Realität verweist. Jesus ist nicht mehr kontinuierlich wahrnehmbar – und dann nur in anderer Seinsweise (auch dort, wo er sich in menschlicher Gestalt zeigt: z.B. Emmausjünger, Lk 24,13-35). Sch. erzählen das Ereignis aus der Sicht des Paulus. Welche Wirkung hat die Vision auf Saulus? Die Verwandlung des Christenfeindes Paulus entzieht sich der rationalen Erklärung.
(*Ergänzung* durch ZM 3, Barbara Cratzius, Argumente für Ostern)
Weiterarbeit: Was bringt Menschen dazu, ihr ganzes Leben zu ändern? Kennst du Beispiele?
Was bedeutet „nach der Schrift“? (Hinweis auf Jes 53). Insbesondere „für unsre Sünden“ muss im Rahmen der Vorstellungswelt von Jes 53 erklärt werden. Vier Stellen im Jesajabuch (Deuterojesaja) bringen die Erwartung zum Ausdruck, dass ein von Gott erwählter Gottesknecht die Israeliten als Volk aufrichten und die göttliche Weisung zu allen Völkern bringen werde. Vorher jedoch müsse er erniedrigt und getötet werden, was er stellvertretend für die Vielen um der Sünden willen auf sich nehme. Erst dann könne er sein Werk vollbringen. Es bleibt höchst ungewiss, wer mit der Bezeichnung Knecht Gottes gemeint ist (Sie kann auf das ganze Volk Israel ebenso wie auf eine Einzelperson bezogen sein). Das Urchristentum glaubte, in Jesus den leidenden Gottesknecht zu erkennen, und sah in seinem Schicksal die Erfüllung der alttestamentlichen Verheißung.

F. Auferstehung

⇨ Text: *Rudolf Otto Wiemer, Was soll man davon halten, dass es heißt, er lebe?* (SB, S. 110)
Der Text gibt in fiktiver Form die Gedanken Josephs von Arimathia angesichts des Ereignisses wieder, das in seiner Grabstätte stattgefunden hat. Gedankengang: Joseph bezieht das Ereignis auf sich; die Auferstehung hat eine neue Art von Leben begründet (neue Dimension eröffnet); die Neugründung des Lebens hat in *seinem* Grab stattgefunden; wo der Tod einmal besiegt worden ist, hat er möglicherweise nie mehr Macht; Schlussfolgerung: der Sieg über den Tod könnte auch ihn betreffen.

Einstieg: Versetze dich in die Situation Josephs v. Arimathia: Du hast Jesus in dem für *dich* vorgesehenen Grab beigesetzt und er ist auferstanden. Welche Gedanken bewegen dich? Die Sch. arbeiten den Gedankengang anhand der von Joseph gestellten Fragen heraus. Der Inhalt der Nachricht wird formuliert.
Weiterarbeit: Unter Umständen verbinden Sch. mit Auferstehung eine ungewisse Art des Weiterlebens und einen ihnen unbehaglichen Zustand des Nicht-Tot-Seins. *Impulse:* Erscheint euch die Perspektive, nach dem Tod neu zu leben, eher beunruhigend oder verheißungsvoll? Kann ich mir vorstellen, plötzlich nicht mehr zu existieren? *Gedankenstrudel:* In der Mitte eines Blattes den Satz: „Mich gibt es nicht mehr" notieren lassen. Sch. schreiben nun schneckenförmig von außen auf die Blattmitte hin ihre Gedanken zu diesem Satz. Vorlesen nur freiwillig! (Zweck eines Gedankenstrudels: Entwickeln von Gedanken im Vollzug des Schreibens, dabei zunehmende Vertiefung und „Zentrierung").

⇨ Bild: *Ohne Titel* von Benedikt Werner Traut (SB, S. 110)
Sch. nennen Assoziationen (Steinplatten, Heiligenschein, Sonne, Grab, Auferstehung). Aureole als Symbol der Hoffnung. Die an Grabplatten erinnernden massiven Flächen verändern durch den Kreis ihre Wirkung: sie erscheinen leichter und weniger kompakt (Bild auf Folie kopieren und Kreis zunächst abdecken). Impuls durch die Wörter „verschlossen/umschließen, verborgen/geborgen; sichtbar/unsichtbar, nah/fern. Sch. informieren sich über die Symbole Rechteck, Quadrat (Erde, menschliche Ordnung und Einteilung) und Kreis (Himmel, Vollkommenheit, Ganzheit). Der Symbolwert der Formen unterstützt die Bildaussage: Das Himmlische (Kreis) wirkt auf den irdischen Bereich (Rechtecke) ein und durchdringt ihn. In der Auferstehung hat ein göttliches Ereignis den irdischen Bereich berührt und verändert. Über diesen Aspekt ist ein Bezug zum Text R. Wiemers möglich. *Möglicher Impuls:* Ein Künstler könnte das Bild als Illustrierung der Überlegungen Josephs v. Arimathia gestaltet haben. Erläutere inwiefern!

⇨ Text: *Michael Becker, Mein jüdischer Freund Moische Weinstock,* (SB, S. 111)
Der Text hinterfragt aus jüdischer Sicht die Vorstellungen, die sich die Christen im Laufe der Zeit von dem gemacht haben, was mit „Auferstehung" bezeichnet wird (sich öffnende Gräber, wiederbelebte Tote, Auferstehen im Paradies, friedliches Miteinander, ewiges Leben). Das Entscheidende werde durch die Vorstellungen verzerrt und verdeckt: Auferstehung sei Ausdruck für die Tatsache, dass der Mensch nicht falle: im Leben und im Tod nicht „stürzen", d.h. geborgen und gehalten bleiben, nicht erniedrigt oder vernichtet werden. Sch. lernen den Begriff „Auferstehung" als Metapher statt als Beschreibung eines reales Geschehens kennen. Anlass für das Gespräch könnten die gemeinsamen Überlegungen eines Pfarrers und seines jüdischen Freundes zu einer Osterpredigt sein. *Möglicher Einstieg:* Was erwartet ihr von einer Osterpredigt?
Vor der Arbeit mit dem Text: Sch. notieren auf einem Bogen Papier in Gruppen Gedanken zum Begriff „fallen". (Brainstorming, Assoziogramm, Schreibgespräch). *Alternative:* Betrachtung von Auferstehungsdarstellungen der bildenden Kunst und Diskussion. Setze diese Darstellungen in Beziehung zu den „Bildern", die Weinstock meint! Weinstock versteht „Auferstehung" anders, als wir es bisher getan haben. Worin bestehen die Unterschiede? Deute den Satz „Es gibt eine Hoffnung, die nicht aus dieser Welt kommt"! (Glaube; vom Menschen nicht steuerbares Vertrauen auf göttlichen Halt; Vertrauen darauf, im Leben wie im Tod gut aufgehoben zu sein; eine dem Menschen innewohnende Hoffnung über den Tod hinaus). *Abschluss*: Vermittelt Weinstocks Erklärung eine größere Hoffnung als die Vorstellungen, die sich die Christen ausmalen? Gibt es Berührungspunkte?

⇨ Text: *Wie werden die Toten auferstehen? 1. Kor 15,35–44* (SB, S. 112)
Vorschlag für einen Einstieg: Mitbringen einer Pflanze und des dazugehörigen Samens. Beschreibe, wie es zum Entstehen dieser Pflanze kommt! Sch. erkennen, dass es sich um das „Begraben" und „Sterben" des Samens

handelt, aus dem etwas Neues entsteht. Text wird von L. vorgelesen (poetische Wirkung des Textes wahren!). Sch. übertragen das Beispiel von der Pflanze auf die Auferstehung und arbeiten die von Paulus genannten Gegensätze heraus (irdisch/himmlisch; verweslich/unverweslich; Niedrigkeit/Herrlichkeit; Armseligkeit/Kraft; natürlicher Leib/geistlicher Leib).
Vertiefung: Beschreibe, wie Paulus verfährt, um die Vorstellung von der Auferstehung zu verdeutlichen (Lob der Schöpfung und ihrer Vielfalt in rhythmischer Sprache, Kontraste, Beispiele aus der Erfahrungswelt der Adressaten)! Welchen Stellenwert hat die Auferstehung im Rahmen der göttlichen Schöpfung (Fortsetzung, Vervollkommnung, Abschluss)? Die Sch. sollen erkennen, dass jede Erklärung des *Wie* der Auferstehung nur ein Modell sein kann, denn so wenig, wie der Same die aus ihm entstehende Pflanze erahnen lässt, so wenig sagt möglicherweise der irdische Körper etwas über seine zukünftige Form aus.

⇨ Text: *Marie Luise Kaschnitz, Auferstehung* (SB, S. 112)
Einstieg über Auszüge aus Jes 11 (4–9: Das kommende Friedensreich) möglich. Beschreibe das zukünftige Friedensreich! Die Beschreibung kann von den Sch. individuell erweitert werden.
Alternative: Sch. stellen die Bedeutungen der Worte „aufstehen“ (aus dem Bett, sich aufrichten, protestieren) und „auferstehen“ (aus dem Tod lebendig werden, Neuschöpfung, neues Leben) gegenüber und stellen Unterschiede und Gemeinsamkeiten heraus. Für M. L. Kaschnitz kann Auferstehung wie ein Aufstehen im Alltag sein. Die Dimensionen von Raum und Zeit bleiben erhalten („Weckuhren hören nicht auf zu ticken“), aber das Gefühl der Geborgenheit in einer geheimnisvollen Ordnung nimmt die Unverwundbarkeit des zukünftigen Seins vorweg. Das in der letzten Strophe zum Ausdruck kommende Gefühl sollte ausgestaltet und inhaltlich gefüllt werden.
Sch. nennen Momente dieses Lebensgefühls (verliebt sein, Erfolgsgefühl, Anerkennung). Stellt das in der letzten Strophe zum Ausdruck kommende Gefühl dar (Spielszene, Pantomime, Bild)! Die Produkte können als „Auferstehungsdarstellung“ im Sinne Kaschnitz` gelten. Neben den Unterschieden zu Paulus besteht die Gemeinsamkeit darin, dass auch Kaschnitz Auferstehung als Verwandlung, Unverwundbarkeit und Erhöhung versteht.

⇨ Abb.: *Die Treppe* (nach einer Zeichnung von W. Wellenstein, 1950) (SB, S. 113)
Die Grafik bietet Anlass, Jenseitsvorstellungen zu thematisieren. Das Bild lädt zur Deutung, aber auch zur Vervollständigung ein. Die Treppe ist wie die Leiter traditionelles Symbol des Aufstiegs und der Himmelfahrt. Der Himmel wird allgemein als Wohnung der Erlösten angesehen. Die offene, aber leere Tür vermag sehr unterschiedliche und auch gegensätzliche Assoziationen zu wecken (Einladung, Hoffnung, Eintritt in einen neuen Raum oder: Tod, Nichts, Hoffnungslosigkeit, Enttäuschung).
Das Bild soll zu einer kreativen Auseinandersetzung anregen. Sch. zeichnen die Treppe auf den unteren Rand eines Blattes. Nach erstem Gedankenaustausch und Festlegung des thematischen Rahmens werden die Sch. gebeten, das Bild weiter zu gestalten. Dabei sollten die Erkenntnisse aus den Texten S. 111 und S. 112 (Mein Freund Moische Weinstock und 1. Kor 15,35–44) über die Begrenztheit bildlicher Vorstellungen von der Auferstehung und die Verwandlung des irdischen Leibes berücksichtigt werden. Anhand der angefertigten Produkte kommen die Sch. über Vorstellungen vom Jenseits ins Gespräch. (Zusicherung, dass niemand zu einer Erläuterung seines Bildes gezwungen werde!).

⇨ Text: *Reinhard Bäcker, Da kannst du Osterspuren finden* (SB, S. 114)
Bäcker thematisiert die Frage nach der Bedeutung von Ostern für unseren Alltag.
Die Botschaft von „damals“ kann und soll heute weiterhin zur Geltung gebracht werden. Es besteht ein Zusammenhang zwischen dem Osterereignis und den Alltagserfahrungen der Menschen heute. Damals machte Gott deut-

lich, dass der Tod überwunden ist und dass es für den Menschen Hoffnung gibt. In diesem Sinne sind Osterspuren dort zu finden, wo Hass, Leid, Hoffnungslosigkeit, Lüge, Unaufrichtigkeit nicht hingenommen, sondern überwunden werden und neues (Zusammen-)Leben ermöglicht wird. Die Osterbotschaft ist damit auch als Aufforderung zu begreifen, im Rahmen der menschlichen Handlungsmöglichkeiten die neu machende Kraft des Osterereignisses im Alltag für andere erfahrbar zu machen.
Einstieg: L. gibt den Titel des Liedes vor. Sch. äußern sich zu möglichen „Osterspuren". Was heißt „da" in der Titelzeile (also wo?)? *Alternative:* Sch. erheben die Bedeutungen der Begriffe „tot" und „lebendig" und verstehen, dass auch Verhältnisse und Beziehungen tot oder lebendig sein können, und finden Beispiele.
Textarbeit: Welche Gemeinsamkeiten weisen alle Strophen auf? Die Sch. arbeiten heraus, dass es stets um das Überwinden von Leben verneinenden Verhältnissen geht und neues Miteinander und damit neues Leben ermöglicht wird.

Weiterarbeit: Die Schüler finden weitere Situationen mit Osterspuren und formulieren zusätzliche Strophen. Der Text kann zur Vertonung anregen.

⇨ Bild: *Zukunft* von Helme Heine (SB, S. 114)
Der Baum als Symbol des Lebens steht als Zeichen der Hoffnung gegen das in der Kreuzform symbolisierte Leid und Hoffnungslose. Aus dem Kreuz erwachsen frische, grüne Blätter.
Möglicher Einstieg: Unter dem Titel „Zukunft" zeichnet L. den Baum ohne die grünen Blätter (Tafel, Arbeitsblatt). Sch. werden gebeten, zu dem Bild Stellung zu nehmen. *Aufgabe*: Zeichnet es (im Sinne des Themas) weiter! Vergleich der Produkte. Kontrastierend dazu wird das Bild von Helme Heine betrachtet.
Bildbetrachtung: Sch. beschreiben das Bild von H. Heine. Die Kreuzform und die frisch keimenden, hellgrünen Blätter werden als Symbole für Leid und Hoffnung herausgestellt. Inwiefern könnte das Bild von H. Heine eine Illustration zu dem Liedtext sein?
Weiterarbeit: Sch. schreiben ein „Elfchen" (Gedicht aus 11 Wörtern, Vorgabe: 1. Zeile – ein Wort, in jeder Zeile ein Wort mehr, 5. Zeile – wieder nur ein Wort) zum Thema „Zukunft".

5. Materialien und Medien

- Peter Biehl unter Mitarbeit von Ute Hinze, Rudolf Tammeus und Dirk Tiedemann, Symbole geben zu lernen, Band 2. Zum Beispiel: Brot, Wasser und Kreuz. Beiträge zur Symbol- und Sakramentendidaktik, Neukirchener Verlag, Neukirchen-Vluyn 1993
- Peter Biehl, Festsymbole. Zum Beispiel: Ostern. Kreative Wahrnehmung als Ort der Symboldidaktik, Neukirchener Verlag, Neukirchen-Vluyn 1999
- Wolfgang Bukowski / Michael Forysch, Theologie im Unterricht. Schwierige Themen für den Religionsunterricht in der Sekundarstufe I, Vandenhoeck & Ruprecht, Göttingen 1992
- Ursula Früchtel, Astrid Ohla, Kerstin Othmer-Haake, Tod und Auferstehung. Das Thema im Unterricht der Kirche und der Schule. Vandenhoeck & Ruprecht, Göttingen 1996
- Michael Wermke (Hg.), Tod und Auferstehung Jesu Christi. Theologische und religionspädagogische Annäherungen. Arbeitshilfen Gymnasium, Bd. 8, Texte und Materialien für den evangelischen Religionsunterricht an Gymnasien, hg. v. B. Dressler, Religionspädagogisches Institut Loccum, Loccum 1997

Fotos, Folien und Diareihen
- Christusbilder. Zwischen Provokation und Tradition. Folien, Farbbilder, Erklärungen. Text und Bildauswahl Siegfried Gruber, hg. v. Josef Ruf, Religionspädagogisches Seminar der Diözese Regensburg 1997, Niedermünstergasse 2, 93043 Regensburg, Tel.: 0941/5699-238
- Mathias Grünewald, Der Isenheimer Altar,

Diareihe, Musée d'Unterlinden, 1 rue d'Unterlinden,
F–68000 Colmar, Tel.: 0033/89 41 89 23
- Misereor Medienproduktion und Vertriebsgesellschaft mbH, 1998, Postfach 14 50, 52015 Aachen, Tel.: 0241/47 98 60,
- Nolde-Stiftung Seebüll, 25927 Neukirchen/Niebüll, Tel.: 04664/364

Trickfilme
- Espolio, Sidney Goldsmith, Kanada 1970, Trickfilm, 7 Min.
- Am Kreuz, Radivoj Gvozdanovic, Jugoslawien 1973, Trickfilm, 2 Min.
- Mr. Pascal, A. Vere, Großbritannien 1979, Trickfilm, 7 Min.

Spielfilme
- Das Erste Evangelium Matthäus, Pier Paolo Pasolini, Italien 1964, 136 Min.
- Jesus, John B. Heyman, USA/Israel 1979, 120 Min.
- Die letzte Versuchung Christi, Martin Scorcese, USA 1988
- Jesus von Montreal, Denys Arcand, Kanada 1989, 110 Min.

ZM1

Abb.: Tür der Friedhofkapelle zu Wittmar in geschlossenem Zustand

ZM 2

Abb.: Emil Nolde „Kreuzigung“ (1912) und „Heilige Nacht“ (1912) aus dem neunteiligen Werk „Das Leben Christi“ (1911/12), © Nolde-Stiftung Seebüll.

Argumente für Ostern

Nicht das leere Grab
und der weggewälzte Stein,
nicht die römischen Wächter,
die starr vor Entsetzen
zu Boden gesunken waren,
auch nicht der Engel,
der zu den verstörten Frauen sprach,
sind Argumente genug für Ostern...

Aber dass Saul sich ergreifen ließ,
dass die Jünger ihre ängstlich
verschlossenen Türen aufsperrten
und die Botschaft weitersagten
von Mund zu Mund,
dass sie über Meer und Gebirge
auch zu uns gelangt ist
mit ihrer verwandelten Kraft:
das ist das Wunder.

„Ich bin bei euch alle Tage" –
wenn wir das erfahren,
dann geschieht Ostern
wahrhaftig auch heute noch in uns.

Barbara Cratzius

Aus: Heidi Kaiser (Hg.), Leiden und Hoffen. Ein Lesebuch für Schule und Gemeinde. Verlag Ernst Kaufmann, Lahr 1993, S. 179

Leben, Sterben und Tod

1. Theologische und didaktische Aspekte

„Mitten wir im Leben sind mit dem Tod umfangen", so lautet ein Vers aus einem alten Choral (EG 518). Sterben und Tod stehen nicht erst am Ende unseres Lebens, sondern begleiten unser Leben von Anfang an, z. B. in Krankheit, Leiden, Misserfolg. Sterben und Tod gehören unmittelbar zu unserem Leben.

Die Schöpfungsberichte sowie das AT im Allgemeinen sprechen sehr nüchtern und sachlich vom Tod: Der Mensch stirbt als Ganzes, seine individuellen Merkmale verwischen sich: „Denn Staub bist du, zum Staub musst du zurück" (Gen 2,19). Die Lebenszeit wird von Gott bemessen und ist begrenzt.

In den Psalmen wird die Vergänglichkeit des Menschen durch die Entzweiung von Gott und Menschen erklärt. Dort, wo Zweifel, Anfeindung, Schmerzen, Krankheit und Leiden den Menschen entkräften, beginnt die Entfremdung des Menschen von Gott. Die Entfremdung beginnt im diesseitigen Leben und reicht bis hin zu einer Wirksamkeit Gottes im Tod: „Denn wir vergehen durch deinen Zorn, werden vernichtet durch deinen Grimm. Du hast unsere Sünden vor dich hingestellt, unsere geheime Schuld in das Licht deines Angesichts" (Ps 90,7f.).

Die alttestamentliche Vorstellung bleibt dennoch nicht ohne den Aspekt der Hoffnung auf ein Leben nach dem Tod. So spricht der Prophet Hesekiel von einem Versprechen Gottes an das gesamte Volk Israels: „ Siehe, ich will eure Gräber auftun und hole euch, mein Volk, aus euren Gräbern herauf und bringe euch ins Land Israels. Und ihr sollt erfahren, dass ich der Herr bin, wenn ich eure Gräber öffne und euch, mein Volk, aus euren Gräbern heraushole. Und ich will meinen Odem in euch geben, dass ihr wieder leben sollt, und will euch in euer Land setzen und ihr sollt erfahren, dass ich der Herr bin." (Ez 37,12ff., vgl. Ps 73,23f., Ps 16,9). Die jüdische Apokalyptik nimmt diesen Gedanken auf („Gott wird den Tod verschlingen auf ewig", Jes 25,8) und führt ihn weiter: „Von denen, die im Land des Staubes schlafen, werden viele erwachen, die einen zum ewigen Leben, die anderen zur Schmach, zu ewigem Abscheu." (Dan 12,2). Hier deutet sich schon ein Glauben an die Auferstehung der Toten an, der dann im NT entfaltet und insbesondere in der Auferweckung Jesu Christi erfüllt wird.

Im NT wird der Tod ausschließlich vom Tod Jesu Christi her interpretiert. Anders als im AT spielt der Tod im NT eine zentrale Rolle, denn Jesu Tod und Auferstehung bilden das Herzstück des NT. Dennoch ist es auch für das NT aufgrund der verschiedenen Adressaten, Anlässe, Entstehungszeiten, Topoi und Interessen schwierig, ein einheitliches Todesverständnis herauszuarbeiten.

Grundsätzlich ist auch das NT wie das AT von dem Gedanken geprägt, dass Gott „nicht ein Gott der Toten, sondern der Lebenden" (Mk 12,27) ist. Für den Apostel Paulus muss festgehalten werden, dass er Sünde nicht als naturhaftes und zwanghaft durch den Ungehorsam Adams ausgelöstes, weiterzureichendes Erbe gesehen hat, sondern als aktive Feindschaft gegen Gott (Röm 8,1–6). Der Tod ist folglich die Konsequenz der Gegnerschaft des Menschen. Dementsprechend wird der Tod nicht nur als physisches Verlöschen, sondern als Gottesferne und Sichtbarkeit von Schuld aller Menschen verstanden. Christus stellt für Paulus ein Gegenbild zu Adam dar, der den Tod aller Menschen auslöste, während Christus das Leben brachte, indem er die Macht der Sünde brach und so dem „Tod den Stachel zog" (1. Kor 15,55).

Aus der Sicht des Evangeliums ist für Paulus der Tod aber auch Gnade. Mit dem Tod endet das von Gottesferne, Egozentrik und Rücksichtslosigkeit bestimmte Leben. Der Tod bringt dem Menschen letztendlich das vollkommene, endgültige Leben bei Gott.

Für die Urgemeinde bleibt aber zunächst, ganz im Zeichen der Parusie, die Auferstehungshoffnung auf Jesus Christus beschränkt. Erst in 1. Thess 4,13f. werden von Paulus erstmals verstorbene Christen in die Auferstehungshoffnung einbezogen.

Diese Vorstellungen werden von den Synoptikern und späteren Autoren ausgeführt und bearbeitet. In Jesus Christus, seinem Leben, Sterben und Auferstehen, bricht das Reich Gottes unter den Menschen an (Mk 1,15; Lk 4,16–21). Die Gewissheit der Gegenwart Christi gibt den Christen die Entschlossenheit, auch in schwierigsten Situationen ihres Lebens Zeichen des kommenden Reiches Gottes zu sehen und gestalterisch mit ihnen umzugehen.

Aufgrund der beschriebenen Verbindungen zwischen Tod und Auferstehungshoffnung erscheint es sinnvoll, diese beiden Bereiche auch bei der Unterrichtsgestaltung zu verknüpfen [s. Kapitel Auferstehung, S. 101–116].

Bei der Integration des Themas „Leben, Sterben und Tod" in den Unterricht ist mit einem stark emotionalisierten Schülerinteresse zu rechnen, das auf der einen Seite eine Vielzahl von eher handlungsorientierten Arbeitsformen (z. B. Interviews, Umfragen, Rollenspiele, Streitgespräche usw.) möglich macht, auf der anderen Seite aber auch die Bereitstellung von „Schutzzonen/-phasen" bei persönlicher Betroffenheit verlangt. Das Bedenken, bei den Sch. unkontrollierte Ängste auslösen zu können, sollte nicht dazu führen, das Thema Tod beiseite zu schieben, sondern dazu herausfordern, durch angemessene Vorbereitung eine Entwicklung zu einem positiven Todesbewusstsein und somit ein positives Lebensbewusstsein zu ermöglichen.

Zu Beginn des Kapitels soll versucht werden, sich der Thematik allmählich und anhand von Begriffen (Lebensweg, Lebenszeit, Zeit, Ewigkeit, Todeszeit) zu nähern.

Das Bild *Die Beständigkeit der Erinnerung* von Salvador Dali (SB, S. 117) soll einen ersten, assoziativen Zugang zur Thematik „Zeit bzw. Lebenszeit" ermöglichen.

Der Aspekt „begrenzte Lebenszeit" soll durch die Behandlung konkreter Poesie anhand des Gedichtes *Die Zeit verrinnt* (SB, S. 118) focussiert werden. Sowohl die bildliche als auch die wörtliche Aussage regen zur Auseinandersetzung mit der menschlichen Vergänglichkeit an. Auch der Liedtext *Nichts bleibt für die Ewigkeit* von den Toten Hosen (SB, S. 119) thematisiert in altersangemessener und drastischer Form diese Problematik und wirft zudem die Frage nach der Sinnhaftigkeit von Leben auf. Das Gedicht *Reklame* von Ingeborg Bachmann (SB, S. 119) schafft aufgrund seines ambivalenten Charakters eine Brücke zwischen den Bereichen Lebenszeit und Tod. Insbesondere die Frage nach dem Umgang mit Sterblichkeit und Tod kann hier behandelt werden. Ziel der Behandlung der angesprochenen Materialien sollte insbesondere die Entwicklung eines positiven Todesbewusstseins und einer lebensbejahenden Grundeinstellung sein.

Der Bereich „Sterben und Tod" bietet mehrere Aspekte, die je nach Schülerinteresse vertieft werden können. Das Foto eines Verstorbenen (SB, S. 120) schafft die Möglichkeit zu einer emotionalen Näherung an das Phänomen „Tod". Über die Assoziation des Schlafes können mögliche Interpretationen des Todes geäußert werden und einer christlichen Auffassung von „Tod" und „Ewigem Leben", wie der Text *Christlicher Glaube und Ewiges Leben* von Heinz Zahrnt (SB, S. 123) sie vorstellt, gegenübergestellt werden. In diesem Zusammenhang kann auch das Bild *Das Medizinfenster* von Johannes Schreiter (SB, S. 122) angesprochen werden, dass die medizinische und theologische Interpretation des Todes verbindet.

Den Themenbereich „Sterben – Umgang mit Sterbenden“ decken in eindrucksvoller Weise die *E-Mail-Ausschnitte* von Ruth Picardie (SB, S. 121) ab. Die sehr persönlichen und emotionalen Eindrücke können in besonderer Weise zur Erarbeitung der sog. Sterbephasen verwandt werden. Sinnvollerweise schließt sich die thematische Bearbeitung der Hospiz-Bewegung in Deutschland (SB, S. 124) an, die den Sch. eine konkrete Handlungsorientierung bietet und zur Diskussion der heutigen Situation von Sterbenden in unserer Gesellschaft anregt. Der Text *Worte eines Sterbenden an seinen Begleiter* von der Organisation Omega (ZM 1) nimmt diese Diskussion auf und zeigt Möglichkeiten des persönlichen Umgangs mit Sterbenden auf. Falls die Sch. den Wunsch äußern, die Problematik der Sterbehilfe zu thematisieren, wäre eine Integration an dieser Stelle denkbar und sinnvoll. Die ZM 2 und ZM 3 bieten die Möglichkeit, dieses Thema in einem dialogischen Verfahren anhand der Kontroverse um postnatale Euthanasie stärker zu akzentuieren und zu diskutieren.

An der Traueranzeige von *Anna Henkel-Grönemeyer* (SB, S. 125) lässt sich der Bereich „Trauer und Trauerarbeit“ erarbeiten. Zunächst können Merkmale und Funktionen einer Traueranzeige herausgestellt und andere Trauerriten genannt und analysiert werden. Zudem ist durch die persönliche Anteilnahme der Angehörigen in diesem Beispiel eine tiefer gehende Auseinandersetzung mit Trauerarbeit und Jenseitsvorstellungen möglich [s. Kapitel Auferstehung, S. 101–116].

Die Fotos eines *Waldweges in den vier Jahreszeiten* (SB, S. 126) verbinden den Aspekt des Zyklischen in allem Leben mit dem Symbol „Weg“ und der prinzipiellen Abhängigkeit zwischen Mensch und Natur. Interessant ist an dieser Stelle auch die Zuordnung der Jahreszeiten zu verschiedenen Lebensabschnitten. Die angesprochenen Fotos eignen sich insbesondere zum Einstieg in die Bearbeitung der dritten Teilsequenz „Leben“.

Auch der Text *Das Leben ist ein Kreislauf* (SB, S. 127) insistiert auf der Beschreibung des Lebens als Zyklus, zeigt aber ebenso eine Perspektive hinsichtlich einer abstrakten Fortbestandsgarantie des Lebens im Leben. An dieser Stelle können eher säkulare Vorstellungen von jenseitigem Leben bzw. Weiterleben nach dem Tod thematisiert und diskutiert werden Die Beschäftigung mit dem Text *Wiedergeburt im Buddhismus* von Peter Neysters und Karlheinz Schmitt (SB, S. 11) richtet den Blick auf die interreligiösen Aspekte des Themas und ermöglicht sowohl die Auseinandersetzung mit fernöstlicher Religiosität als auch den Vergleich mit den anderen Weltreligionen. [s. Kapitel Buddhismus, S. 165–180]

Durch die Aufnahme alttestamentlicher Weisheitsliteratur aus dem *Predigerbuch* (SB, S. 12) kann der Blick der Sch. auf grundlegende Menschheitserfahrungen gelenkt und Gelegenheit zur eigenen Beschäftigung mit Lebenszielen gegeben werden. Der Text *Brief an einen Freund* von Antoine de Saint-Exupéry (SB, S. 129) macht in sehr persönlicher Weise deutlich, welche Überlegungen und Umstände für ein subjektiv gelingendes Leben nötig erscheinen, und bietet in jeder Strophe weitere Gesichtspunkte, die zur Diskussion anregen. In dem Text *Schaffe dir ein Nebenamt* von Albert Schweitzer (SB, S. 130) wird der Aspekt des gelingenden Alltagsleben durch die Aufforderung zu einer sinnhaften, ethisch motivierten Tätigkeit im Sinne der Nächstenliebe erweitert. Hier können für die Sch. insbesondere handlungsorientierte Phasen des Unterrichts integriert werden.

2. Intentionen

Die Sch. sollen

- der Frage nach dem eigenen Lebensweg nachgehen und eigene Lebensziele formulieren
- die Frage nach der Endlichkeit der menschlichen Existenz als Grundfrage erkennen und ein positives Lebens- sowie Todesverständnis entwickeln
- Tod als zum Leben gehörig begreifen und Scheitern, Misserfolg, Krankheit und Leiden als dem Tod verwandte Phänomene im Leben erkennen
- eine Definition von Tod im wissenschaftlichen Sinne kennen lernen und mit anderen Interpretationsversuchen vergleichen
- Sterben als Phase im Leben erkennen und die auftretenden Verhaltensmuster beschreiben und reflektieren
- Sterbebegleitung als gesellschaftliche Notwendigkeit erkennen, verschiedene Möglichkeiten der Sterbebegleitung beschreiben und unterschiedliche Verhaltensregeln im Umgang mit Sterbenden reflektieren
- unterschiedliche Trauerriten kennen lernen und die damit verbundenen Funktionen nennen und reflektieren
- im interreligiösen Vergleich verschiedene Todesauffassungen kennen lernen
- den Zyklus als ein Motiv zur Beschreibung des Lebens erkennen und die damit verbundenen Konsequenzen nennen und bewerten
- der Frage nach der Sinnhaftigkeit von Leben nachspüren, einige Antwortmuster kennen lernen und kritisch reflektieren

3. Literatur zur Vorbereitung

- Philippe Ariès, Geschichte des Todes, dtv, München [5]1991
- Constantin von Barloewen, Der Tod in den Weltkulturen und Weltreligionen, Insel Verlag, Frankfurt u. a. 2000
- Peter Biehl, Symbole geben zu lernen. Einführung in die Symboldidaktik anhand der Symbole Hand, Haus und Weg, Wege des Lernens, Bd. 6, Neukirchen 1989
- Constance Jones, Die letzte Reise. Eine Kulturgeschichte des Todes, Piper, München 1999
- Gisela Kittel, Befreit aus dem Rachen des Todes, Vandenhoeck & Ruprecht, Göttingen 1999
- Elisabeth Kübler-Ross, Interviews mit Sterbenden, GTB, Gütersloh [15]1990
- Siegfried J. Schwemmer, Den Tod durchdringt das Leben, Vandenhoeck & Ruprecht, Göttingen 1997
- Georg Schwikart, Tod und Trauer in den Weltreligionen, GTB, Gütersloh 1999
- Gunther Stephenson (Hg.), Leben und Tod in den Religionen. Symbol und Wirklichkeit, WBG, Darmstadt [3]1994
- Jean-Pierre Wils, Sterben. Zur Ethik der Euthanasie, Schöningh, Paderborn 1999

4. Unterrichtsideen

A. Lebenszeit und Todeszeit

⇨ Bild *Die Beständigkeit der Erinnerung* von Salvador Dalí, 1931 [SB, S. 117]
Stilles Betrachten des Bildes. Sammlung der spontanen Eindrücke, ggf. Bildbeschreibung. Vergleich des Bildes mit anderen, den Sch. bekannten Bildern, ggf. Präsentation weiterer themenbezogener Bilder.
Weiterarbeit:
Anfertigung eines eigenen Bildes, Collage oder Zeichnung zum Thema „Zeit".
Ggf. Vergleich und/oder Überleitung zum Gedicht *Die Zeit verrinnt* (SB, S. 118)

⇨ Gedicht *Die Zeit verrinnt* (SB, S. 118)
Vorstellen des Gedichtes ggf. durch den Versuch, das Gedicht zu lesen.
Erstellen eines Wortfeldes zum Thema „Zeit" auf einem Arbeitsblatt DIN-A3, auf dem das Gedicht mittig abgedruckt ist.
Schreibgespräch in Kleingruppen unter der Vorgabe des Satzes „Wenn ich daran denke, dass die Zeit verrinnt, will ich ...".
Weiterarbeit:
Anfertigung von konkreter Poesie in Form von Bildgedichten bzw. eigenen Gedichten.

⇨ Liedtext *Nichts bleibt für die Ewigkeit* von den Toten Hosen (SB, S. 119)
Vorspielen des Liedes; Beschreibung der liedimmanenten Stimmung.
Auseinandersetzung mit dem Thema „Ewigkeit" durch Bildung von freien Assoziationsketten.
Weiterarbeit:
„Wenn ich nur noch einen Tag zu leben hätte, ..." – Pantomimische Darstellungen (freiwillig!) in Partnerarbeit entwickeln.

⇨ Gedicht *Reklame* von Ingeborg Bachmann (SB, S. 119)
Vorlesen des Gedichts mit verteilten Rollen. Erarbeitung der unterschiedlichen Bedeutungsebenen.
Weiterarbeit:
Visualisieren des Gedichtes durch die Herstellung einer Collage; kontrastive Gegenüberstellung von Realität und Wunschvorstellung.

B. Sterben und Tod

⇨ Foto eines Verstorbenen (SB, S. 120)
Bildbetrachtung in Verbindung mit offenem Unterrichtsgespräch zur Darlegung möglicher Voreinstellungen im Umgang mit Tod und Sterben.
Aufnahme des Motivs „Schlaf" als Interpretationsmusters.
Brainstorming zum Themenkomplex „Gesellschaftlicher Umgang mit Tod und Sterben";
Auflistung unterschiedlicher Rituale und Verhaltensmuster im Bereich der Trauerriten.
Weiterarbeit:
Planung und Durchführung eines Friedhofsbesuches bzw. Einladung eines Bestattungsunternehmers in den Religionsunterricht.
Internetrecherche zum Thema „Friedhof". Auch: „Virtuelle Friedhöfe"!

⇨ E-Mailausschnitte von Ruth Picardie (SB, S. 121)
Unterrichtsgespräch „Wie gehen Carrie und Ruth mit der unheilbaren Erkrankung um?"
Aufstellung von Verhaltensregeln bezüglich des Umgang mit Sterbenden.
Vergleich mit dem Text der Organisation Omega *Worte eines Sterbenden an seinen Begleiter* (ZM 1), ggf. Thematisierung der Sterbephasen nach Kübler-Ross.
Weiterarbeit:
Internetsuche zum Thema Sterbebegleitung.
Einladung eines Vertreters einer mit Sterbebegleitung befassten Organisation in den Religionsunterricht.

⇨ Bild *Das Medizinfenster* von Johannes Schreiter, 1987 (SB, S. 122)
Das Bild verbindet die medizinische und die theologische Interpretation des Lebens und des Todes. Johannes Schreiter hat im oberen Bildbereich, auf rotem Grund, die Herzbewegungen eines ungeborenen Kindes, wie sie im Mutterleib von einem EKG aufgezeichnet wurden, weiß wiedergegeben. Darunter ein kleiner, blauer Stern als Zeichen für die Geburt des Menschen. Es folgen in acht Streifen die Herzstromkurven eines Sterbenden. Das Herz kommt zum Stillstand. Die „Flatline" geht in ein Blau über, das schon zu Beginn bei der Geburt als Schimmer der Hoffnung auftauchte. Der Kreis des Lebens schließt sich. Auf dem untersten EKG-Streifen ist ein Kreuz gemalt, darunter ist ein Datum festgehalten, das uns an unsere Sterblichkeit erinnert. Johannes Schreiter trägt hier den 4.9.1965 ein, den Todestag des bedeutenden Arztes und Theologen Albert Schweitzer, der wie kaum ein anderer durch sein Wirken Menschlichkeit und Nächstenliebe lebte. [s. SB, S. 130]
Bildbefragung: Zwei oder drei Schüler stellen abwechselnd Fragen an das Bild. Die Fragen werden auf einer DIN-A3-Kopie von den Sch. unzensiert und unkommentiert gesammelt.
Welchen Titel würdet ihr dem Bild geben? Was drückt das Bild für dich aus?

⇨ Text *Christlicher Glaube und Ewiges Leben* von Heinz Zahrnt (SB, S. 123)
Erarbeitung einer Definition von „Tod" und „Ewigem Leben" aus christlicher Sicht durch die Sch.
Bezug der Arbeitsergebnisse auf die eigene Lebenswirklichkeit durch die Sch.
Weiterarbeit:
Gruppenarbeit zum Thema „Tod" und „Leben nach dem Tod" in anderen Religionen und Kulturen. Präsentation der Arbeitsergebnisse auf einer Wandzeitung.

⇨ Text *Hospiz-Bewegung in Deutschland* (SB, S. 124)
Beschreibung der Aufgabe und Funktion in Partnerarbeit. Bewertung der gesellschaftlichen Notwendigkeit in Bezug auf die Einrichtung von Hospizen.
Weiterarbeit:
Besuch bei einer Hospiz-Einrichtung in der Umgegend.
Ggf. Thematisierung des Problemfeldes „Euthanasie" am Beispiel der Kontroverse um die Thesen von Peter Singer (ZM 2/ZM 3).
Inszenierung einer Pro- und Contra-Diskussion im Plenum.

⇨ Traueranzeige von *Anna Henkel-Grönemeyer* (SB, S. 125)
Unterrichtsgespräch zum Thema „Traueranzeige"; Funktion und Ausdeutung der Symbolik von Traueranzeigen.
Weiterarbeit:
Herstellung einer Collage aus Traueranzeigen. Diskussion des unterschiedlichen Umgangs mit Trauer. Thematisierung der Frage nach dem Sinn von Trauerarbeit.

C. Leben

⇨ Fotos eines *Waldweges in den vier Jahreszeiten* (SB, S. 136)
Bildmeditation zum Thema „Jahreszeiten": Die Sch. betrachten das Bild und entwerfen zu einer Jahreszeit oder allen Jahreszeiten einen Meditationstext. Vorstellung der Arbeitsergebnisse.
Vergleich Bild – Thoreau-Text (ZM 4): Freie Assoziation zur Sinngebung des eigenen Lebens auf dem Hintergrund des Lebens von Henry David Thoreau.
Weiterarbeit:
Kreatives Schreiben: Tagebuchauszug eines „letzten Tages im Leben" erstellen.

⇨ Texte *Das Leben ist ein Kreislauf/Wiedergeburt im Buddhismus* von Peter Neysters und Karlheinz Schmitt (SB, S. 127)
Lexikonrecherche bzw. Internetrecherche zum Thema „Wiedergeburt im Buddhismus" [vgl. Kapitel Buddhismus]
Weiterarbeit:
Erstellen von Fotoarbeiten zum Thema Kreislauf, Wiedergeburt in Verbindung mit den Fotos (SB, S. 126).
Besuch einer Pagode unter besonderer Berücksichtigung der buddhistischen Vorstellung von Wiedergeburt und persönlichem Tod.

⇨ *Predigerbuch Kapitel 3* (SB, S. 128)
Vortrag des Bibeltextes durch den Lehrer.
Formulieren eines Gegentextes: „Ich habe keine Zeit für ..."
Transformation des Textes in die heutige Zeit.
Weiterarbeit:
Kreatives Gestalten einer Lebensmauer/-treppe aus Kartons oder ähnlichem Material. Die Sch. gestalten die Kartons farbig und fügen jeweils einen für ihr Leben wichtigen Aspekt an.

⇨ Text *Brief an einen Freund* von Antoine de Saint-Exupéry (SB, S. 129)
Schülervortrag des Briefes. Texterweiterung durch die Sch.: Die einzelnen Strophen werden durch von Sch. gewählte Beispiel ergänzt und konkretisiert.
Weiterarbeit:
Formulierung eines eigenen Gebets auf dem Hintergrund der persönlichen Lebenswünsche und -ziele.

⇨ Text *Schaffe dir ein Nebenamt* von Albert Schweitzer (SB, S. 130)
Erarbeitung des Textes anhand von Leitfragen: Welche Aufgabe könntest du dir als „Nebenamt" vorstellen? Worin liegen die Schwierigkeiten, ein Nebenamt auszuführen! Vergleich mit dem Text *Brief an einen Freund* von Antoine de Saint-Exupéry.

Weiterarbeit:
Übernahme einer projektartigen Aufgabe im karitativen, sozialen oder ökologischen Bereich.

5. Materialien und Medien

- Uta Brumann/Hans Joachim Knopff /Wilfried Stascheit, Projekt Tod. Materialien und Projektideen, Verlag an der Ruhr, Mülheim 1998
- Egbert Daum /Friedrich Johannsen, Leben, Sterben, Tod. (Werte und Normen/Ethik/Religion. Entwürfe, Konzepte, Modelle für den Unterricht in der Sekundarstufe I und II, Bd. 6), Vandenhoeck & Ruprecht, Göttingen 1993
- Die Reise, Kurzspielfilm, 14 Min., Jugoslawien 1972
- Ein Leben in der Schachtel, Zeichentrickfilm, 7 Min., Italien 1969
- Hospiz - Sterbenden helfen, fünf Dokumentarfilme, jeweils 30 Min., Deutschland 1991
- Heidi Kaiser, (Hg.), Glauben und Hoffen. Ein Lesebuch für Schule und Gemeinde, Kaufmann, Lahr 1993
- Moskito: Tod, Magazinsendung, 42 Min., Deutschland 1990
- Wenche Oyen/Marrit Kaldhol, Abschied von Rune, 24 Dias, Calwer, Stuttgart 1989
- Religion betrifft uns: Suizid. Ich mach Schluss, Nr. 5, 1998
- www.memoriam.de
- www.ewigesleben.de
- www.hall-of-memory.de (Cyberfriedhöfe)
- www.ekd.de/EKD-Texte/sterben/sterben.html (Texte zum Thema Sterben und Tod)

Worte eines Sterbenden an seinen Begleiter

Lass nicht zu, dass ich in den letzten Augenblicken entwürdigt werde. Das heißt, lass mich, wenn es irgend einzurichten ist, in der vertrauten Umgebung sterben. Das ist schwerer für dich. Aber es wird dich bereichern, Sterbebegleiter zu sein.

Bleibe bei mir, wenn mich jetzt Zorn, Angst, Traurigkeit und Verzweiflung heimsuchen. Hilf mir, zum Frieden hindurchzugelangen.

Denke dann nicht, wenn es soweit ist und du hier ratlos an meinem Bett sitzt, dass ich tot sei. Das Leben dauert länger, als die Ärzte sagen. Der Übergang ist langwieriger, als wir bisher wussten. Ich höre alles, was du sagst, auch wenn ich schweige und meine Augen gebrochen scheinen. Drum sag jetzt nicht irgendwas, sondern das Richtige. Du beleidigst nicht mich, sondern dich selbst, wenn du jetzt mit deinen Freunden belanglosen Trost erörterst und mir zeigst, dass du in Wahrheit nicht mich, sondern dich selbst bedauerst, wenn du nun zu trauern beginnst. So vieles, fast alles ist jetzt nicht mehr wichtig.

Das Richtige, was du mir jetzt sagen möchtest, wenn ich dich auch nicht mehr darum bitten kann, wäre zum ersten das, was es mir nicht schwer, sondern leichter macht, mich zu trennen. Denn das muss ich. Ich wusste es auch längst, bevor du oder der Arzt es mir mit euren verlegenen Worten eröffnet hattet. Also sag mir, dass ihr ohne mich fertig werdet. Zeig mir den Mut, der sich abfindet, nicht den haltlosen Schmerz. Mitleid ist nicht angebracht. Jetzt leide ich nicht mehr. Sag mir, dass du das und das mit den Kindern vorhast und wie du dein Leben ohne mich einrichten wirst. Glaub nicht, es sei herzlos, das jetzt zu erörtern. Es macht mich freier.

Ich höre, obwohl ich schweigen muss und nun auch schweigen will. Halte meine Hand. Ich will es mit der Hand sagen. Wisch mir den Schweiß von der Stirn. Streich die Decke glatt. Bleib bei mir. Wir sind miteinander verbunden. Das ist das Sakrament des Sterbestands. Wenn nur noch die Zeichen sprechen können ..., so lass sie sprechen.

Auszug aus einem Text der Organisation Omega
J. Chr. Hampe in: Die Schwester/Der Pfleger, 26. Jg., 11/1987

Gemeinsamer Brief der Klasse 8.2 körperbehinderter Kinder des Reha-Zentrums in Neckargemünd an Prof. Peter Singer

Sehr geehrter Herr Prof. Singer,

wir, eine Klasse behinderter Schüler aus Deutschland, haben im Religionsunterricht Auszüge aus Ihrem Buch "Praktische Ethik" gelesen und mehrere Fernsehaufzeichnungen über Sie gesehen. Danach entstand eine lebhafte Diskussion in unserer Klasse. Zunächst einmal hatten wir den Eindruck, daß Sie sich in die Situation eines Behinderten nicht hineinversetzen können. Als Behinderter lebt man grundsätzlich nicht viel anders als ein Nichtbehinderter. Die Schwierigkeiten tauchen erst auf, wenn man merkt, daß man von der Gesellschaft nicht für voll genommen wird. Wir haben z.B. alle schon mehrfach erlebt, daß Leute uns Geld zustecken und dabei wahrscheinlich denken, sie hätten eine gute Tat vollbracht, obwohl sie uns damit eher kränken, oder daß man ständig wie ein Zootier bestaunt wird, und vor allem, daß man in der Öffentlichkeit meistens Behinderung mit geistigem Defekt gleichsetzt. Wir haben den Eindruck gewonnen, daß die folgenden Gedankengänge in Ihrem Buch gar nicht berücksichtigt werden. Als Behinderter wird man schon sehr früh zum Nachdenken über sich selbst und wichtige Lebensprobleme gezwungen. Das führt dazu, daß der Behinderte im Durchschnitt sehr viel schneller reift und meist tiefere Einsichten über das Leben gewinnt, als der Nichtbehinderte.

Können Sie sich einen Roosevelt, Stephen Hawking, Cäsar oder Dostojewski aus unserer Welt wegdenken? Alle waren mehr oder weniger schwerbehindert. Wir finden das Leben trotz unserer Behinderung sehr lebenswert und haben uns noch nie den Tod gewünscht.

Wir würden uns sehr freuen, wenn Sie trotz Zeitmangels auf unseren Brief antworten würden. (Wir verstehen auch Englisch.)

Viele Grüße
in der Hoffnung, bald von
Ihnen zu hören
Klasse 8,2

Brief von Prof. Peter Singer an die Klasse 8.2 des Reha-Zentrums in Neckargemünd vom 22.10.1991

MONASH UNIVERSITY

Director: Professor P. Singer, 565 4270
Deputy Director: Dr. H. Kuhse, 565 4266
Resources Development Officer: Ms L. Gillam, 565 4278
Secretary: Ms H. Mahamooth, 565 4279

22. 10. 1991

Liebe Klasse 8.2,

ich danke Euch für Euren Brief. Ich weiß den konstruktiven Grundton zu schätzen, der im Gegensatz zu einigen der Beschimpfungen steht, die ich von Leuten in Deutschland erfahren habe, die in mir eine Art Faschist sehen. Darum habe ich mir die Zeit für eine Antwort genommen.

Ich kann Euch versichern, daß meine Ansichten in keiner Weise eine Bedrohung für irgendeine(n) von Euch bedeuten. Ich freue mich, daß Ihr so voller Begeisterung für das Leben seid, und ich hoffe, daß die gesellschaftlichen Hindernisse, die Euch im Wege stehen, immer mehr abgebaut werden.

Die "Praktische Ethik" beschäftigt sich natürlich nur sehr verkürzt mit dem Thema der Euthanasie von behinderten Neugeborenen. Ich empfehle dazu die ausführlichere Darstellung in "Should the Baby Live?", das ich zusammen mit Helga Kuhse verfaßt habe. Ich hoffe, daß das Buch nächstes Jahr in deutscher Übersetzung erscheint: Deutscher Titel: "Muß dieses Kind am Leben bleiben? Das Problem schwerstgeschädigter Kinder." Verlag Harald Fischer, Erlangen 1993. Darin wird deutlich, daß mir etwas daran liegt, Eltern ein Entscheidungsrecht zu geben - ein Recht, das sie bereits in vielen Ländern während der Schwangerschaft, zur Zeit jedoch [noch] nicht nach der Geburt haben. Auf keinen Fall möchte ich mit meinen Ansichten irgendjemanden dazu nötigen oder unter Druck setzen, das Leben seines Kindes zu beenden.

Ihr sagt, daß Ihr das Leben mit einer Behinderung für nicht schlechter haltet als das Leben ohne eine Behinderung. Doch mich würden Eure Antworten auf die folgende Frage interessieren: Wenn Ihr eine einzige Tablette nehmen könntet, die - ohne irgendwelche Nebenwirkungen - Eure Behinderung beseitigen würde, würdet Ihr sie nehmen?

Ich frage mich, ob Ihr auch soweit gehen würdet zu meinen, daß Eltern nicht einmal das Recht haben sollten, pränatale Diagnostik in Anspruch zu nehmen, und danach die Schwangerschaft abzubrechen, falls sich zeigt, daß das Kind eine schwere Behinderung hat? Lehnt ihr ebenso eine genetische Beratung ab, die der Empfängnis behinderter Kinder vorbeugen soll? Meint Ihr, es sei richtig, schwangere Frauen davon zu überzeugen, auf exzessiven Alkoholgenuß zu verzichten, da er nachweislich eine Ursache für Gehirnschädigungen bei Kindern ist? Wenn Ihr es in irgendeiner dieser Situationen für akzeptabel haltet, eine Behinderung zu vermeiden, dann doch deshalb, weil Ihr glaubt, daß die Meinung akzeptabel ist, daß - vorausgesetzt alles andere wäre gleich - es besser ist, ohne Behinderung zu sein.

Der Kernpunkt meiner Auffassung ist, daß neugeborene Kinder - ob behindert oder nicht - nicht dasselbe Recht auf Leben haben wie ein Wesen, das ein (starkes) Interesse an der Fortsetzung seines Lebens haben kann. Darum meine ich, daß die Tötung eines Neugeborenen ein Recht auf Leben, das das Kind hat, nicht mehr verletzt als die Entscheidung zur Verhütung eines Kindes oder zur Abtreibung eines Fötus ein Recht auf Leben verletzt. Es ist klar, daß diese Auffassung in keiner Weise das Lebensrecht irgendeines Wesens in Frage stellt, das fähig ist, die Fortsetzung seines Lebens zu wünschen.

Schließlich, was Roosevelt, Hawking usw. betrifft: Wer vermag denn schon zu sagen, welche Genies nicht einmal empfangen wurden, weil ihre Eltern bereits ein Kind hatten und sich dafür entschieden, kein zweites mehr zu wollen? Ich glaube nicht, daß dieses Argument wirklich von Bedeutung ist für die Sache, die ich erörtere.

Mit den besten Wünschen
Peter Singer

Übersetzung: Angelika Heyse, Tübingen

entwurf, Religionspädagogische Mitteilungen, Nr. 2/3/93, Stuttgart 1993, S.52.54

„Ich bin in den Wald gezogen"

Ich bin in den Wald gezogen, weil mir daran lag, bewusst zu leben,
es nur mit den wesentlichen Tatsachen des Daseins zu tun zu haben.

Ich wollte sehen, ob ich nicht lernen könne, was es zu lernen gibt,
um nicht, wenn es ans Sterben ginge,
die Entdeckung machen zu müssen, nicht gelebt zu haben.

Ich wollte kein Leben führen, das eigentlich kein Leben ist,
dazu war es mir zu kostbar.

Ich wollte intensiv leben, dem Leben alles Mark aussaugen,
so hart und spartanisch leben,
dass alles die Flucht ergreifen würde, was nicht Leben war;

wollte mit großen Schwung knapp am Boden mähen,
um das Leben in die Ecke zu treiben und es auf die einfachste Formel zurückzubringen.

Wenn es sich als erbärmlich erwies,
dann wollte ich seine ganze Erbärmlichkeit kennen lernen
und sie der Welt kundtun.

War es aber herrlich, so wollte ich es aus eigener Erfahrung kennen
und imstande sein, einen wahrheitsgetreuen Bericht davon zu geben.

Henry David Thoreau: Walden. Ein Leben mit der Natur,

Schuld und Vergebung

1. Theologische und didaktische Aspekte

„Schuld“, „Sünde“, „Buße“ und „Vergebung“ gehören zu den „dirty words“. Man trifft vor allem bei Sch. auf keine große Bereitschaft, sich mit dieser Thematik näher zu befassen. Es ist wohl menschlich, auf den leisesten Vorwurf von Schuld mit Abweisung, Verdrängung und Widerstand zu reagieren, abgewandelt nach J. P. Sartres Wort von der Hölle: Schuldig – das sind die anderen.

Und gleichzeitig gibt es in unserer modernen Welt, die sich auf dem Hintergrund eines nüchternen und durchschaubaren Kausalitätsprinzips versteht, ein ungeheures Bedürfnis, den Schuldigen zu benennen, um bei einem Unglück, einer Krankheit oder irgendeinem Versagen Transparenz und Verstehen wiederherzustellen. Es scheint für unsere Rationalität bedrückend zu sein, sich mit Unaufgeklärtem oder unlösbaren Spannungen zufrieden geben zu müssen. Deshalb bedeutet die Zuweisung von Schuld im Sinne eines technischen Fehlers oder eines menschlichen Fehlverhaltens eine wichtige gesellschaftliche Entlastungsfunktion. Es wird (wie bei Jona) ein Verursacher gebraucht, der das bedrohliche Gemisch aus Rätsel, Wut und Ohnmacht ordnen hilft. Man könnte sagen: Schuldzuweisung ist ein entlastendes Ordnungsprinzip unserer Wirklichkeit. Bei dem höchst richterlichen Freispruch des amerikanischen Marinesoldaten, der auf einem Trainingsflug das Drahtseil einer Gondel kappte und damit zwanzig Menschen in den Tod riss, gab es neben Trauer und Verzweiflung über den Tod der Opfer weltweit eine ungeheure Wut und Verständnislosigkeit darüber, dass offenbar niemand zur Rechenschaft gezogen werden sollte. Es *musste* doch einen Schuldigen geben!

Woher kommt das Wort „Schuld“? Mittelhochdeutsch „Schult“, althochdeutsch „Sculd“ bedeutet: Verpflichtung zu einer Leistung, Zahlung; Verpflichtung zu Buße, Sünde; Veranlassung, warum etwas sein soll. (F. Kunze, Etymologisches Wörterbuch) Durch die Geschichte des Begriffs zieht sich die Bedeutung von „sollen“, dem englischen „should“ verwandt.

Theologisch gesprochen ist die Erfahrung „unter dem Gesetz“ gemeint: Der Mensch erfährt sich als einer, der ständig Antwort geben muss auf die Situationsansprüche, Pflichten, Erwartungen und auf die Gewissensstimme. In dieser verantwortlichen Existenz gilt als letztgültiger Maßstab für einen Christen Gottes Wille in Form des doppelten Liebesgebots. Dieses leitet sich ab von dem Lebensverständnis einer „verdankten Existenz“, d.h. von dem Glauben an den Schöpfergott und an unsere Geschöpflichkeit. Dieser Schöpfergott, dem der Mensch sein Leben verdankt, ruft ihn gleichzeitig als radikal fordernde Instanz in die Verantwortung für alles geschenkte Leben um ihn herum: „Ich bin Leben, inmitten von Leben, das leben will.“ (Albert Schweitzer).

Ein Blick in die Tageszeitung offenbart unwiderlegbar: Die Welt ist nicht in Ordnung. Der Mensch tut nicht, was er tun soll, sondern verstrickt sich und andere in Bosheit, Leiden, Mangel und Ungerechtigkeit. Statt verantwortete Existenz lebt er häufig verfehlte Existenz oder – theologisch formuliert: Der Mensch ist Sünder. Kaum ein anderer theologischer Begriff ist so verballhornt worden. Umgangssprachlich redet man z.B. von der Esssünde im Blick auf zu üppiges Essverhalten. Mit der „Du darfst"-Reklame wird diese „Versuchung" interessanterweise fast reformatorisch ins Positive gewendet. Dies alles kann nicht gemeint sein, sondern in christlichem Verständnis meint „Sünde" nicht nur eine moralisch bedenkliche Handlung oder das Übertreten von Einzelgeboten, sondern dass der Mensch in Distanz zu Gott lebt, was sich in einzelnen schuldhaften Handlungen niederschlägt.

Die religionspädagogische Aufbereitung des Themas „Schuld und Vergebung" sollte deshalb nicht ein Erfüllen von christlichen Einzelgeboten thematisieren (Gesetzlichkeit) und daraus einen Schuldbegriff ableiten. Die symbolische Rede von „Sünde" meint vielmehr ein gestörtes Vertrauensverhältnis zu Gott, das infolge der Sorge um die eigene Selbstentfaltung (Kain und Abel, Gen 4; Turmbau zu Babel, Gen 11) Bosheit, Verantwortungslosigkeit, Verfallenheit an Ideologien etc. als schuldhaftes Verhalten nach sich zieht.

Die Voraussetzung für eine aktive Vergebung liegt in der Versöhnungsbereitschaft Gottes mit den Menschen. Schon in der Hebräischen Bibel ist vom barmherzigen Gott die Rede, der vergibt (Ex 34,9; Num 30,6.9; Dtn 29,19), Sünde bedeckt oder wegnimmt (Lev 10,17) und ihrer nicht mehr gedenkt. Am Versöhnungstag belastet der Hohepriester den „Sündenbock" stellvertretend mit der Sünde des ganzen Volkes und „schickt ihn in die Wüste", damit dem Volk Vergebung widerfährt. Auch in diesem Sinne ist Christus nicht gekommen, gänzlich Neues zu bringen, sondern das Alte zu erfüllen (Mt 5,17). In seinem Auftreten spiegelt sich das Bild des alttestamentlichen „Knechts Gottes" wider (1. Petr 2,21ff.). Die Zuwendung Gottes in Christus überwindet die Trennung („Sünde") und führt zur Rechtfertigung des Sünders (Röm 1–3) und zur Versöhnung mit Gott (2. Kor 5,20ff.). Die Rechtfertigung des Menschen gründet sich daher nicht auf die Gerechtigkeit und Sündlosigkeit des Menschen, sondern vielmehr darauf, dass Gott ihn – trotz seiner Sündhaftigkeit – als gerecht betrachtet.

Wie missverstanden der christliche Glaube ist, wenn man ihn – wie es oft geschieht – in seiner Anwendung mit einer pragmatischen Moral verwechselt, zeigen z.B. die neutestamentlichen Geschichten von Zachäus (Lk 19) oder der Ehebrecherin (Joh 8): Nach den Regeln geläufiger Moral hätte Jesus ganz anders reagieren müssen! Danach hätten beide erst ein Anrecht auf Vergebung, wenn sie Einsicht in ihr böses Tun gezeigt und ein verändertes Verhalten in Aussicht gestellt hätten. Nun handelt Jesus aber gerade umgekehrt: Er führt eine Begegnung herbei, ohne eine Vorbedingung zu stellen. Die Buße (das Umdenken) ist Konsequenz aus der Begegnung mit ihm, nicht Bedingung. Das zutage Treten dessen, wie sehr Gott Liebe ist, führt die Umkehr herbei; es ist nicht die Umkehr, die es Gott erst ermöglicht, sich zugewandt zu zeigen. Erst nachher, nicht vorher, verteilt Zachäus die Hälfte seiner Güter an die Armen. Sein Handeln ist Folge, nicht Ursache der Vergebung Gottes.

Welche didaktischen Konsequenzen ergeben sich aus diesen theologischen Überlegungen zu den „dirty words"?

1. Die Beschäftigung mit Schuld und Vergebung bereitet eine theologische Anthropologie vor: Diese setzt sich zusammen aus verdankter Existenz (Schöpfungsgedanke), verfehlter, gestörter Existenz (Sünde) und „entstörter" Existenz (Vergebung).

2. Das Reden von „Sünde" bewahrt vor flachen Heile-Welt-Vorstellungen und klammert Negativerfahrungen wie Scheitern, Schuld und Zerbrechen nicht aus, die Jugendliche im Alltag und an sich selbst erleben.

3. Die religionspädagogische Entfaltung dieser Thematik sollte Ich stärkende und Mut machende Wege aufzeigen, für sich selbst Vergebung in Anspruch zu nehmen und Vergebungsbereitschaft einzuüben.

Das Titelbild *Pilatus* führt zentral in eine neutestamentliche Schuldproblematik hinein. Es handelt sich um die Szene, in der Pilatus den sprichwörtlich gewordenen Satz formuliert „Ich wasche meine Hände in Unschuld", obwohl er Jesus gerade der Kreuzigung ausgeliefert hat (Mt

27,15–26). Im Bildmittelgrund ist Jesus zu erkennen, barfuß, mit geneigtem Kopf und auf dem Rücken gefesselten Händen. Von oben rechts ragt eine Fahne mit einer Taube ins Bild. Die Spitze der Fahnenstange zeigt in ihrer Fluchtlinie genau auf Jesus und veranschaulicht als Friedenszeichen möglicherweise den Heiligen Geist. Um Jesus herum sind auf einem schachbrettartigen Marmorboden verschiedene Gruppierungen angeordnet: Ganz vorne steht sehr groß Pilatus, der seine Hände wäscht; hinter Jesus stehen einige Männer, die als Juden auszumachen sind (Kippa, dickes Buch als Zeichen der Gelehrsamkeit), und dahinter eine große Volksmenge. Erst auf den zweiten Blick fällt auf, dass bis auf Jesus die bisher beschriebenen Personen gar keine Füße haben, sondern im Fußbereich als Schachfiguren dargestellt sind. Die Volksmenge erscheint überdies als „Bauern“ eines Schachspiels. Die Darstellung will nicht nur eine Illustration der Szene sein, sondern beinhaltet gleichzeitig einen Interpretationsansatz zum Thema „Schuld“: Schachfiguren werden gezogen, und so verfügen die beteiligten Personen offenbar nicht mehr über ein selbstbestimmtes Handeln, sie scheinen passiv in diese Schuldgeschichte eingepasst zu sein, ohne eine Möglichkeit zur Individualentscheidung. Besonders das Volk entspricht nur noch einer nicht mehr zu unterscheidenden Masse „Bauern“. Ist dies eine Abbildung von Wirklichkeit, oder hat der Künstler mit seiner Darstellung nicht eher die (verlogene) Eigenwahrnehmung von Menschen in einer Schuldverstrickung widergespiegelt? Diese Schachfiguren haben ihre Verantwortung abgegeben und stehlen sich aus der aktiven Beteiligung an ihrem schuldbeladenen Handeln heraus.

In den folgenden Texten und Bildern geht es um verschiedene persönliche und gesellschaftliche Schuldverstrickungen, in die Menschen bewusst oder unbewusst eingebunden sind: körperliche und seelische Gewalt, Verzweiflung wegen Schuldenlast und Ohnmachtgefühle angesichts von Bosheit und Ungerechtigkeit.

Der Text *Die Jäger* ist ein Ausschnitt aus William Goldings Roman „Herr der Fliegen“ (1954). Darin geht es um die Verfolgung eines Unschuldigen in Zusammenhang mit einer Ausnahmesituation, aus der sich eine Massenhysterie entwickelt – eine Schuld, die „einfach passiert“? Eine Gruppe englischer Schüler landet nach einem Flugzeugunglück auf einer unbewohnten Insel. Kein Erwachsener hat überlebt und so müssen die Jugendlichen ihr Überleben selbst organisieren. Zuerst halten sie sich an überkommene, verinnerlichte Ordnungsprinzipien der Zivilisation, aber bald entwickelt sich eine Krise, die mehr und mehr diabolische Züge trägt. Bei einer Wildschwein-Jagd verwandelt sich die Gruppe gut erzogener Jungen in eine Horde Wilder, die, vollkommen entfesselt, vor dem Mord an einem Gruppenmitglied nicht zurückschreckt. Der Textausschnitt wirkt beklemmend, weil das Böse nicht weit weg am Rand unserer Gesellschaft wohnt, sondern mitten darin. Es braucht gar nicht viel, damit es ausbrechen kann, und jeder ist dazu fähig.

Das Gedicht *Unaufhaltsam* thematisiert das Schuldigwerden in einem scheinbar harmloseren Zusammenhang: Es geht um die Unwiederbringlichkeit eines ausgesprochenen Wortes im persönlichen Bereich. Dem Gedicht liegt eine Dreigliederung zugrunde: Ausgangsfrage – Weg des Wortes – Fazit. In metaphorischer Sprache wird ausgemalt, was ein unbedachtes „schwarzes“ Wort anrichten kann. Kosmetische Korrekturen am ausgesprochenen Wort bleiben ohne Erfolg. Das Wort kann verletzen, es trifft ins Herz, das zentrale, lebenswichtige Organ des Menschen. Dies geschieht sogar exakter als ein körperlicher Angriff: „Ein Messer trifft oft am Herzen vorbei. Nicht das Wort.“ Das Ende des Gedichts weist Parallelen zum Johannesprolog auf: Dort ist es das kreative, Leben schaffende Wort, das von Gott ausgeht. Hier ist es das Leben zerstörende Wort, das vom Menschen ausgeht. Das nebenstehende Bild visualisiert die Wirkungsweise eines „schwarzen Wortes“. Ein verletzendes Wort kann einen anderen niederstrecken.

Der Hilferuf in dem Brief *Liebe K.* befasst sich vordergründig „nur“ mit finanzieller Schuld. Aber sowohl die (Kleidungs)vorschriften, denen der Teenager entsprechen will, wie auch die Karikatur – der Mensch wird „eingezogen“ – weisen darauf hin, dass es hier um mehr geht als eine vorübergehende Zahlungsunfähigkeit – um eine allgemeine Entpersönlichung, die junge Menschen sich gegenseitig durch ihr extensives Konsumverhalten auferlegen.

Die moderne Fassung von Ps 7 bringt die verschiedenen Aspekte der Thematik „Schuldverflechtung" in einen Zusammenhang. Der Sprecher ist verwirrt und geschockt durch die Menge der schlechten Tagesnachrichten, über menschliche Lieblosigkeit und Brutalität. Aber er will nicht resignieren und beklagt, dass viele gute Bestrebungen oft so schwer umzusetzen sind. Er weiß um das Schuldigwerden durch Unterlassen und sucht nach glaubhaften Vorbildern. Die Beschäftigung mit diesem nachgedichteten Psalm erfordert eine kreative Auseinandersetzung.

Nach diesen säkularen Denkanstößen zu persönlicher und gesellschaftlicher Schuldverstrickung wird nun, ausgehend von der biblischen Urgeschichte *Kain und Abel* (*Gen 4,1–16)*, nach den Beweggründen von schuldig Werdenden gefragt. Es ist das alte Thema des Missachteten und Zurückgesetzten, der um Anerkennung ringt, das gelungene Leben des Bruders (Mitmenschen) nur mit Neid und Eifersucht betrachten kann und es in letzter Konsequenz als Bedrohung des eigenen Lebensentwurfs bekämpft. Kain ist der Benachteiligte, nicht der Böse. Sein Zorn richtet sich auf den, mit dem er sich vergleicht – obwohl Gott ihn noch warnt (Gen 4,6 u. 7)! Unserem modernen Empfinden entgegen stellt die Erzählung dabei nicht die Theodizeefrage. Sie ist nicht an der Gerechtigkeit Gottes, sondern an Kains Schuld interessiert. Nach der Bluttat leugnet Kain. Das Böse zeigt sich in der Verweigerung der Verantwortung, wie schon beim Sündenfall. Doch hier wie dort erzählt die Bibel in erster Linie von der Barmherzigkeit Gottes *trotz allem*. Im Mittelpunkt stehen die Gewährung von Schutz und die Resozialisierung des Täters. Das von Gott gesetzte Kainszeichen schützt den Mörder vor Verfolgung. Es handelt sich dabei nicht um eine Stigmatisierung, wie es in manchen Kunstwerken und in der Volksfrömmigkeit gedeutet wird. Bei Sch. stößt die Erzählung von Kain und Abel erfahrungsgemäß auf sehr unterschiedliche Identifikationsmuster und lässt sich vor allem in Bezug auf das Handeln Gottes, das den Konflikt auslöst, recht kontrovers diskutieren.

Die biblische Erzählung von Kain und Abel hat nachdrücklichen Niederschlag in Kunst und Literatur gefunden. Im didaktischen Sinn der Aneignung durch Verfremdung übersetzen und entfalten die drei nächsten Materialien die Thematik in unsere Zeit.

Auf dem Bild *Adam und Eva finden den toten Abel* von W. Blake flieht Kain vor dem frisch geschaufelten Grab, in das er die Leiche Abels verscharren wollte. Aber das Geschehen bleibt nicht verborgen. Während Adam starr vor Entsetzen scheint, wirkt Eva von ihrer Körperhaltung her im Schmerz geradezu gebrochen. Adam blickt Kain in grenzenloser Enttäuschung an. Dieser erwidert seinen Blick nicht mehr. Er scheint zu ahnen, welche Feuersbrunst von Mord und Totschlag er mit dieser Tat in Gang gesetzt hat. Die Farbgebung des Himmels spiegelt die Erde als von nun an unwirtlichen Ort wider.

Die beiden nächsten Gedichte übersetzen die zwischenmenschliche Tragik ebenfalls in moderne psychologisch begründete Verhaltensmuster. Schon der Titel *„Kain, mein bruderloser Freund"* von Peter Horton weist auf die Spannung hin, die den gesamten Text durchzieht. Kain ist nach der Tat „bruderlos", er ist einsam, ohne einen Menschen, der ihm besonders verbunden ist. Seine Tat hat ihn in die selbst gewählte Isolation getrieben, unter der er jetzt leidet. Kain ist zur Symbolfigur eines Nörglers und Zerstörers von guten Ansätzen anderer geworden. Er scheint der Geist, der stets verneint. Andererseits spricht Abel ihn als seinen „Freund" an, er versteht die Hintergründe seines Handelns offenbar tiefer, als Kain dies selbst tut, und möchte ihn aus der Isolation wieder zur Gemeinschaft befreien. Dies wird an etlichen Beispielen aus der heutigen Lebenswelt entfaltet: Kain quält die Einsamkeit seines Computerhirns; er sieht nichts, trotz schöner Augen; er sucht nach einem Bruder (Mitmenschen), aber er „erschlägt ihn, hundertfach!"; er klagt über Beziehungskälte, aber sein eigenes Herz ist aus „Gletscherfirn". Im Weiteren erscheint Kain immer wieder als einer, der zerstört, undifferenziert beurteilt und richtet, zuschlägt, einreißt und kritisiert – ein „Menschenfresser". Gleichzeitig sieht Abel tiefer und erkennt die Not in seinem Tun, er fordert ihn auf, sich mehr um die Wahrheit seiner Urteile zu bemühen, die Welt, deren Brot ihm doch schmecke, mit aufzubauen, statt sie zu benörgeln. Der Leser bleibt bis zum

Schluss im Unklaren über den Sprecher dieser kritischen, aber liebevollen Anrede, erst die letzte Zeile offenbart, dass es sich um das erste Opfer von Kains destruktiver Lebenshaltung handelt.

Das Gedicht *Abel steh auf* von Hilde Domin wendet sich an Abel, das Opfer. Es kreist um die Begriffe „Antwort" und „Frage", die zunächst den Dialog zwischen Gott und Kain abbilden. Gott fragt Kain: „Wo ist dein Bruder Abel?" (Gen 4,9a), und Kain antwortet: „Soll ich meines Bruders Hüter sein?" Mit diesem Dialog ist das Thema des Gedichts umrissen. Es geht um das fehlende Mitgefühl und Verantwortungsgefühl für den Nächsten. In Kains Antwort ist etwas „falsch gelaufen" und so wird Abel achtmal fast beschwörend zum Aufstehen aufgefordert. In dieser Metapher „steh auf" klingt die Sprache der Auferstehung als Sprache des Lebendigen und der Hoffnung an. Hilde Domin will die Tragik um Kain und Abel nicht als Festlegungsgeschichte verstanden wissen, die aus einem deterministischen Menschenbild heraus das Sündhafte, das „So-Sein" des Menschen zementiert: Vielmehr sind es Konkurrenz und Neid, die jede Beziehung zerstören. Die theologische Folie dieser Hoffnung auf einen Gegenentwurf ist die Auferstehungsgeschichte Christi, in der der Tod nicht das letzte Wort behalten hat. In diesem Sinne soll auch die Geschichte von Kain und Abel nicht als eine überholte, sondern eine zu überholende Geschichte „neu gespielt" werden. Abel und allen, die sich als niedergeschlagen erleben, wird das Aufstehen und Gehen zugemutet. „Neuspielen" heißt, dass das Leben mehr zu bieten hat als Konkurrenzverhalten. Der Mensch soll dem Mitmenschen ein Nächster sein: „Ja, ich bin hier, ich, dein Bruder, deine Schwester" ist das Bekenntnis zum ganz für den anderen Dasein. Dann sind alle Versuche staatlicher oder kirchlicher Reglementierung, die das „Falschgelaufene" verwalten müssen, zwischen Menschen überflüssig, dann muss sich kein Mensch mehr vor dem Übergriff anderer fürchten. „Abel steh auf" ist Metapher für die Hoffnung auf ein neues Miteinander zwischen Menschen, das nicht mehr vom Sich-Hüten-vor, sondern vom Behüten („Hüter") geprägt ist. Aber es gibt keine Garantie, dass die Geschichte anders ausgeht, dass Kain nicht zuschlägt, wenn Abel aufsteht. Das lyrische Ich hat selbst Zweifel an dieser Utopie: „Ich, ein Kind Abels, fürchte mich täglich vor der Antwort." Dies spiegelt die wohl autobiografische Skepsis der jüdischen Autorin in Bezug auf ein friedvolles Miteinander unter den Menschen wider.

Die neutestamentliche Erzählung *Jesus und die Ehebrecherin* (Joh 8,1–11) steht als Grundmuster für eine barmherzige und vergebende Haltung der Menschen untereinander. Die Pointe dieser Begegnung zwischen Jesus, der Ehebrecherin und den Pharisäern liegt in dem stummen Eingeständnis der zunächst so unangefochtenen Richtenden, ihrerseits auch nicht schuldlos zu sein (Joh 8,7). Die Pharisäer sind nicht als historische Gruppe der jüdischen Religionsgemeinschaft zu deuten, sondern als Typus: Es ist der selbstgefällige und des eigenen Schattens nicht bewusste Verurteiler von Schwächen anderer.

Die moderne *Farbzeichnung von Max Beckmann* spitzt die Begegnung auf einige prägnante Deutungsansätze zu. Auffällig sind der Ausdruck und die Körpersprache der umstehenden Männer: um Steine geballte Fäuste, spitze, moralische Zeigefinger und Spieße, arrogant verzerrte Gesichter. All dieses ist in einem graubraunen Farbton gehalten. In der Bildmitte steht hell gekleidet Jesus, der die Frau mit seiner gesamten Gestalt schützt. Sein rechter Arm ist kraftvoll muskulös gezeichnet, die Hand macht eine die Frau aufhebende Geste, die linke scheint die Gewalt abwehren zu wollen. Er ist die dominierende Gestalt des Bildes: Richter, Schlichter und Beschützer. Die Frau ist entblößt und ausgeliefert, demütig knieend verschließt sie die Augen vor der sie umgebenden Brutalität. Sie wirkt perspektivisch verkleinert. Ihr rotes Haar ist der auffälligste Farbteil des Bildes; in seiner Symbolik erinnert es an Liebe oder auch an Blut. Einzig ihre zu Jesus erhobenen Hände deuten einen Ausweg aus der Situation an. Der Geliebte könnte die Gestalt links hinter dem Zaun sein. Er wird von Soldaten abgedrängt. Sein Gesicht zeugt von Verzweiflung und Mitleid.

Wenn Vergebung ein befreiendes Handeln bedeutet, das Lebensperspektiven erschließt, dann muss diese Einsicht auch konkrete Konsequenzen für das Urteil und Handeln von Christen haben. Dies soll am Beispiel der Resozialisierung von Strafgefangenen verdeutlicht werden; es lässt sich natürlich ebenso auf viele alltägliche

Lebenssituationen beziehen, in denen Schüler (und Lehrende) zu einem vergebenden Handeln herausgefordert sind.

Als Einstimmung dient das *Bild eines Mannes vor einem zerbrochenen Spiegel*. Ein Mann hält einen zerbrochenen Rundspiegel in seiner rechten Hand. Der Spiegel versagt ihm ein heiles, unzerstörtes Selbstbild; es zeigt ihm nur noch einen Teil seiner selbst. Offenbar ist er in einem tieferen Sinn, um den vielleicht nur er selbst weiß, nicht mehr unversehrt. Schuld ist von außen für andere nicht (sofort) erkennbar. Diese Zeichnung einer inneren Verletzung und Verunsicherung korrespondiert mit dem biografischen Text *Gefängnisgedanken*, der die drohende Sinnlosigkeit eines Gefängnisalltags und das Hafterlebnis überhaupt thematisiert. Als Kontrast dazu dient das *Protokoll eines ganz anderen Tagesablaufs in der Haft*, an Hand dessen die Schüler Ansätze einer sinnvollen Haftgestaltung und Resozialisierung herausarbeiten können.

Der Segenstext *Zum Geleit* des Kabarettisten Hans Dieter Hüsch, geschrieben für einen Evangelischen Kirchentag, steht bewusst am Ende der Einheit. Er nimmt den „endlos schmalen Pfad zwischen Gut und Böse", den der Mensch auf dem Weg zu seiner „Menschwerdung" sucht, ein wenig humorvoll auf. H. D. Hüsch versucht den Leser in Distanz zu bringen zu dem, was er beim anderen so hart verurteilt oder bekämpft. Dabei setzt er auf Humor, der eine Form der Selbstrelativierung sein kann. So entsteht Freiheit.

2. Intentionen

Die Sch. sollen

- die allzu menschliche Verknüpfung von Schuld und Abgabe von Verantwortung am Beispiel von Pilatus entdecken
- den sinnlosen Ausbruch von Gewalt im Schutz der Gruppe als Möglichkeit in uns allen diskutieren
- vielfältige persönliche und gesellschaftliche Schuldverstrickungen kennen lernen
- am Beispiel der alttestamentlichen Erzählung von *Kain und Abel* (Gen 4) mangelnde Anerkennung und Angst vor Konkurrenz als eigentlichen Beweggrund zur „bösen" Tat reflektieren
- an der Erzählung *Jesus und die Ehebrecherin* gleichnishaft die Vergebungsbereitschaft Gottes kennen lernen
- erkennen, dass Vergebung nicht Stillstand bedeutet, sondern neue Wege eröffnet
- Vergebungsbereitschaft als Grundlage für den Ansatz des humanen Strafvollzugs erkennen

3. Literatur zur Vorbereitung

- Evangelisches Kirchenlexikon (EKL), darin die Artikel zu „Schuld", „Sünde", „Vergebung" und „Versöhnung", Vandenhoeck & Ruprecht, Göttingen 1986–1997.
- Eugen Drewermann, Strukturen des Bösen (Bd.1). Die jahwistische Urgeschichte in exegetischer Sicht, Ferdinand Schöningh, Paderborn, 1988. S. 111–148.
- Karin Finsterbusch/Helmut A. Müller (Hg.), Das kann ich dir nie verzeihen!? Theologisches und Psychologisches zu Schuld und Vergebung, Vandenhoeck & Ruprecht, Göttingen 1999.
- Böse, was ist das?, in: Feuervogel, Heft Nr. 1/1999, 5. Jahrgang, Evangelisches Missionswerk in Deutschland
- Gisela Kittel, Der Name über allen Namen (Bd.2), Vandenhoeck & Ruprecht, Göttingen 1990. (bes.: Gestorben für unsere Sünden, S. 69–87)
- Rainer Lachmann, Grundsymbole christlichen Glaubens. Eine Annäherung, Vandenhoeck & Ruprecht, Göttingen 1992, S. 57–106
- Hans Schwarz, Im Fangnetz des Bösen. Sünde – Übel – Schuld, Vandenhoeck & Ruprecht, Göttingen 1993.

- Wolfgang Vögele (Hg.), Verantwortung – Schuld – Vergebung, Evangelische Akademie Loccum 54/98, 1999

4. Unterrichtsideen

A. Titelbild

⇨ Bildbetrachtung: *Pilatus* von Hans-Dieter Crede, 1988/90 (SB, S. 133). Evtl. begleitendes Lesen von Mt 27,15–26. Die Sch. sollen umschreibende Formulierungen für den Satz „Ich wasche meine Hände in Unschuld" sammeln (z.B. Daran war ich eigentlich gar nicht beteiligt. Ich musste ja so handeln.) und die Aussage des Pilatus mit seiner realen Beteiligung an der Verurteilung Jesu vergleichen (Hinweis auf das Apostolische Glaubensbekenntnis). Anschließend wird der Frage nachgegangen, was den Künstler bewogen hat, die Personen als Schachfiguren auf einem Schachbrett anzuordnen. Die drei beteiligten Personen bzw. Gruppen (Pilatus, Schriftgelehrte, Volk) können sich aus heutiger Perspektive verteidigen: Ich bzw. wir konnte(n) gar nicht anders, weil ... Am Schluss sollte der Zusammenhang von „Schuld" und „Abgabe von Verantwortung" als Tafelbild zur Diskussion gestellt werden.
Alternative Annäherungen an das Thema:
- Cluster-Methode. Der Begriff „Schuld" wird in die Mitte gesetzt (Tafel, OHP) und sternförmig assoziativ entfaltet (oder: Mind-Map anlegen).
- Symbole der Schuld. Der Lehrer legt eine Reihe von mitgebrachten Gegenständen so hin, dass sie für alle gut sichtbar sind. (Stein, irgendein zerbrochenes Teil, Herz, Geldschein, Kreuz, Grundgesetz, geknickte Pflanze, Zentimetermaß, Gewaltfotos ...) Die Schüler wählen sich einen Gegenstand und benennen (oder schreiben) dazu ihre Assoziationen zum Thema „Schuld".

B. Verstrickungen

⇨ *Die Jäger* (SB, S. 134) Zunächst sollte das Textverständnis hergestellt werden, indem die Geschichte in Sinnabschnitte eingeteilt und stichwortartig zusammengefasst wird. Zum Verständnis wichtig: Die Gruppe verfällt in der Ausnahmesituation in eine Art Hysterie, so dass das grausame Geschehen eine ungebremste Eigendynamik erhält. Persönlich verantwortetes Handeln wird ausgeschaltet und geht völlig im Gruppenzwang auf. Erst im Rückblick könnte es bei den beteiligten Mitgliedern der Gruppe zu einem schrecklichen Erwachen kommen ...
Die Sch. versetzen sich in die Rolle eines fingierten Mitglieds und notieren – in Form eines Tagebucheintrags – Empfindungen, Gedanken und Erinnerungen des nächsten Morgens. In einem abschließenden Unterrichtsgespräch wäre zu fragen, welche Aktualität ein solches Verhalten hat. Gibt es Parallelen in der heutigen Skinhead-Szene oder bei gewalttätigen Übergriffen mehrerer auf Ausländer, Asylanten oder einzelne Schüler? Kann der Einzelne in einer Gruppe noch persönliche Schuld empfinden?

⇨ Gedichtinterpretation *Unaufhaltsam* (SB, S. 135). Die Sch. sollten das Gedicht zunächst mehrfach laut und sinnbetont vorlesen, eventuell mit Untermalung durch ein Instrument, z.B. Trommel. Anschließend: Deutung des Gedichts. Die Metaphern für die verheerende Wirkungsweise eines „schwarzen" Wortes (verdorren die Gräser, werden die Blätter gelb, fällt Schnee) können durch weitere Sprachbilder ergänzt werden. Das Gedicht liest sich als Aufruf, sorgsam und verantwortungsvoll mit dem gesprochenen Wort umzugehen. Um diese Sensibilisierung bewusst zu machen, könnten die Sch. entsprechend „schwarze" Worte oder Sätze in bestimmte Situationen hinein formulieren – jedoch keinesfalls zu Mitschülern! Abschließend sollten das Gedicht und die nebenstehende Zeichnung aufeinander bezogen und für letztere eine passende Überschrift gesucht werden.

⇨ *Liebe K.* (SB, S. 136). Bei dieser Thematik, Verschuldung bei Jugendlichen, geht es scheinbar nicht um eine moralische Schuld; dem Gläubiger wird ja keine direkte Verletzung zugefügt. Trotzdem liegt ein Fehlverhalten vor, das aber vor allem den Verursacher selbst trifft. Nach dem Lesen des Textes bietet sich eine Spontanphase an, in der auch eigene oder fremde Erfahrungen von Freunden angeführt werden können. Im Weiteren sollte die Verführung, die von der Ratenzahlung grundsätzlich ausgeht, thematisiert werden. Weiterhin sollte die Klasse ausrechnen, wie viel Geld ein Sch. heute anlegen muss, um „trendy" gekleidet zu sein. Zum Comic: Inwiefern verstärkt der Geldautomat ein unnötiges Konsumverhalten? (Verlust des Überblicks, bis die EC-Karte eingezogen wird) Warum lässt der Zeichner des Comics den Menschen „einziehen" und nicht die Karte?
Weitere Ideen: Die Klasse lädt einen Mitarbeiter der kirchlichen Schuldnerberatung in den Unterricht ein.

⇨ ZM 1 Die verantwortungsethische Betrachtung des Textes *Wenn Mittelwege den Tod bringen* von Ulrich von der Steinen weitet den Horizont von der persönlichen Schuldverflechtung zur gesellschaftlichen Extremsituation, in der es um die Wahl zwischen zwei oder mehreren Übeln geht. Um das Leben von Schutzbedürftigen zu verteidigen, kann auch für einen Christen der Einsatz von (Waffen)-Gewalt geboten sein. Beispiele für diesen Zwiespalt lassen sich nach dem Terroranschlag auf das World Trade Center in New York (11.09.2001) wie auch in der aktuellen Tagespolitik finden.

⇨ *Gebet in Verfolgung – Ps 7* (SB, S. 137)
Diese moderne Fassung des alttestamentlichen Psalms lädt zur kreativen Gestaltung einer Collage ein: Die Sch. sollen die ersten beiden Strophen der gemeinsamen Überschrift „Das ganz normale Chaos" zuordnen und diese mit entsprechende Bilder und Reportagen aus Zeitschriften unterstreichen. Ebenso verfahren sie mit der dritten Strophe, wobei hier Lebensbilder einzelner Persönlichkeiten zu dem Grundgedanken: "Es gibt so viele Menschen, die das Gute wollen" (Z. 14) aus dem Geschichts- oder Religionsbuch herangezogen werden können. Hier liegt der Akzent auf der Vergangenheit. Die letzte Strophe spricht Gott direkt an und schließt mit dem Wunsch „Gib mir Beispiel, nach dem wir uns alle richten können." (Z. 23f.) Hier anknüpfend sollten die Sch. Beispiele aus der Gegenwart zusammenstellen, die den engagierten Einsatz der Kirche in der Welt verdeutlichen (Brot für die Welt, Misereor, Deutsches Rotes Kreuz, Notfallseelsorge, Ärzte ohne Grenzen).

C. Alttestamentlicher Bezug: Eine alte Geschichte ... Kains Brudermord

⇨ Die alttestamentliche Erzählung in *Gen 4,1–16* (SB, S. 138) nimmt eine so dramatische Entwicklung, dass sich eine Szeneneinteilung durch die Schüler anbietet. Im weiteren Unterrichtsgespräch ist zu betonen, dass die Erzählung nicht Gott auf die Anklagebank setzt, sondern nach dem Handeln des Menschen fragt, der mangelnde Anerkennung und Zurücksetzung erleiden muss. Die bildliche Sprache der Hebräischen Bibel muss in ihrer Bedeutung aufgeschlüsselt und übersetzt werden, z.B. „die Sünde lauert vor der Tür, und nach dir hat sie Verlangen" (V.7)/„des Bruders Hüter sein" (V.9)/„unstet und flüchtig sein" (V.12)/„jenseits von Eden" (V.16). Inwieweit einzelne Szenen als Standbilder gestellt werden können, hängt von der Bereitschaft und Zusammensetzung der jeweiligen Lerngruppe ab.

⇨ Bildbetrachtung: *Adam und Eva finden den toten Abel* von William Blake, 1826 (SB, S. 138f.)
Nach einer Spontanphase eignet sich bei diesem Bildaufbau die Abdeckmethode: Nacheinander werden die verschiedenen Personen (Adam, Eva, Kain) für sich interpretiert, indem die anderen durch Zettel abgedeckt werden. Gedanken, Empfindungen und Zukunftsphantasien (besonders bei Kain) können in Form des inneren Monologs von den Sch. formuliert und vorgetragen werden. *Zur Vertiefung*: Mit Hilfe einer Schwarz-Weiß-Kopie können die vier Personen in die Mitte

eines Blattes gesetzt werden und statt des Bildhintergrunds moderne „Folgen“ dieses Brudermords aus Zeitschriften collagenartig darum geklebt werden.

⇨ Textinterpretation: *Kain, mein bruderloser Freund* (SB, S. 140). Zunächst ist es wichtig, dass die Sch. die Verfremdung von Kain nachvollziehen. Hier wird nicht der Ackermann vor rund 3000 Jahren angesprochen, sondern ein Kain des 21. Jahrhunderts, der in ganz anderer Weise seinen Bruder, hier die Menschheitsfamilie, mit seinem destruktiven Verhalten „erschlägt“. Deshalb sollten die Eigenschaften von Kain mittels einer Tabelle erhoben werden, um im nächsten Schritt die Diskrepanz zwischen äußerem Auftreten (Keulenschwingerei) und Innenleben (Kälte, Not) deutlich zu machen. Im Weiteren kann die sensible Art von Abel thematisiert werden, der als Gegentypus nicht gleich zuschlägt, sondern mit der Unvollkommenheit der Welt umzugehen weiß.

⇨ Das Gedicht *Abel steh auf* von Hilde Domin (SB, S. 141) ist von der Verfasserin nicht mit Satzzeichen versehen worden. Deshalb sollten die Sch. es zunächst mehrmals still für sich lesen und eigenständig je nach eigener Deutung die nötigen Satzzeichen setzen und dadurch Sinnabschnitte finden (evtl. Kopie anfertigen). So kann ein erstes inhaltliches Gespräch eingeleitet werden. Zum weiteren Verständnis können „Antwort“ und „Frage“ der entsprechenden Szene in der alttestamentlichen Erzählung zugeordnet und im heutigen Sprachgebrauch formuliert werden. Wie würden „Frage“ und „Antwort“ heute lauten? (z.B. Wo ist dein Bruder Abel? = Wo ist dein Mitmensch? / Soll ich meines Bruders Hüter sein? = Was geht mich das an?) Ähnliche Umschreibaufträge bieten sich an für „Hüter“, „die Kinder Abels“ und für „Kain werden“. Bei theologisch interessierteren Lerngruppen kann der Bogen zum Auferstehungsgeschehen im NT geschlagen werden.

D. Neutestamentlicher Bezug: Neue Wege ... Jesus und die Ehebrecherin

⇨ Als Einstieg in die Arbeit am Text *Jesus und die Ehebrecherin, Joh 8.1–11* (SB, S. 142) kann die Erzählung in Szenen eingeteilt und der Skopus herausgearbeitet werden. Anschließend schreiben die Sch. einen inneren Monolog, wobei sie sowohl die jeweilige Person (Jesus, Ehebrecherin, Pharisäer, Volk) als auch die Situation (direkt in der Szene oder später zu Hause), selbst auswählen sollten. Nun wird ein Standbild erstellt und Sch. lesen ihren jeweiligen Text passend zur Szene vor. Das abstrakte Geschehen „Vergebung“ kann noch in folgender Weise plastisch werden: Der Lehrer legt ein Symbol für die Frau auf den OHP (z.B. Quadrat oder Rechteck) und gibt jedem Sch. einen kleinen zurecht geschnittenen Stein, ebenfalls aus Papier. Das NT berichtet, dass jeder Pharisäer nach dem Logion „Wer unter euch ohne Sünde ist, der werfe den ersten Stein“ fortgegangen sei – Was aber ist aus den Steinen geworden? Der L. gibt die Frage in die Klasse und liest dazu Joh 8,11 vor. „Gehe hin und sündige hinfort nicht mehr.“ Aufgabe ist nun, die (Papier-)Steine so auf dem OHP anzuordnen, dass sie Jesu Haltung/Absicht unterstützen bzw. verdeutlichen. Ein gelenkter Impuls kann dabei die Sch. auf die Symbolik eines Weges führen: Es geht um die Einsicht, dass Vergebung einem schuldig Gewordenen neue „Wege“ eröffnet. Die Sch. legen mit ihren (Papier)steinen symbolisch den Weg, der die Frau von diesem Ort der Verurteilung fortführt. Anschließend kann eine „Definition“ von Vergebung versucht werden: Vergebung bedeutet jemandem wieder einen neuen Weg ermöglichen.

⇨ *Christus und die Sünderin* von Max Beckmann, 1917 (SB, S. 143)
Bildbetrachtung, erste Eindrücke sammeln. Worum geht es? Welche Stimmung vermitteln die Farben? Die Sch. sollten einzelne Personen und ihre Farbgebung in Bezug auf Körperhaltung, Gesichtsausdruck und Gesten genau beschreiben. Auf diesem Bild spielen Hände eine große Rolle. Was sagen die „spre-

chenden Hände“ der Frau, der umstehenden Richter, der Soldaten und beide Hände Jesu? Analog kann man auch die Füße und schließlich die Gesichter betrachten. Teilt das Bild in ein oben und unten. Untere Hälfte: die Frau, sonst nur Steine und Füße. Obere Hälfte: Männerköpfe und -hände. Jesus steht in der Bildmitte als Bollwerk gegen die Gewalt. Abschließender Vergleich zwischen diesem Bild und dem eigenen Christusbild der Sch.

E. Konkretisierung: Strafe so ... oder so

⇨ Bildbetrachtung (SB, S. 144): Der Mann guckt weder in den Spiegel, noch sieht er den Betrachter an, sondern seine großen dunklen Augen schweifen über den Betrachter hinaus ins Leere. Der Blick wirkt gegenstandslos, verloren oder nachdenklich. Der Spiegel ist zerbrochen, seine Scherben liegen zerstreut herum. Man kann jedoch auf einem unversehrten Teil des Spiegels das Profil des Mannes erkennen. Offenbar kann er sich – im übertragenen Sinn – nicht mehr unversehrt betrachten bzw. wiedererkennen. Die Sch. mutmaßen: Was könnte eigentlich vorher geschehen sein? Die Frage: Wie kommt es dazu, dass man sich selbst nicht mehr „sehen“ kann?, führt zur Vermutung einer Schuld. Die Sch. sollen sich eine Überschrift zu der Zeichnung überlegen: „Zerbrochenes Selbstbild“, „Fremd gewordenes Ich“, „Kein Erkennen mehr“ o. Ä. Man kann auch ein fingiertes Zwiegespräch zwischen dem Mann und seinem Spiegelbild schreiben lassen.

⇨ Textarbeit: *Gefängnisgedanken* (SB, S. 144). Mögliche Leitfragen sind: Inwiefern verändert sich ein Mensch in Gefangenschaft? Produziert die Haftzeit Wiederholungstäter? Was führt einen Menschen wirklich zur Reue? (Wie) Kann Vorbestraften eine Wiedereingliederung in die „heile“ Gesellschaft gelingen?

⇨ Das Protokoll eines völlig anderen Gefängnisalltags lässt sich am Tagesablauf *...oder so?* (SB, S. 145) ablesen. Ansätze einer sinnvollen Haftgestaltung sind: kleine Höhepunkte des alltäglichen Ablaufs schaffen (Bohnenkaffee), Berufsausbildung (Schneiderlehre), Interesse am Zeitgeschehen (Lesen der Tageszeitung), Weiterbildung (Modemagazin), Fitness (Volleyball), Solidarität (Einsatz in der Theatergruppe). Die Sch. schreiben nach beiden Modellen je einen Tagebucheintrag einer Entlassenen am letzten Abend ihrer Haft. Welche Perspektiven hat die eine, welche die andere? Hieran kann sich eine Diskussion anschließen, die Verwahrvollzugsanstalt (immer noch in vielen Ländern üblich) und Resozialisierungskonzepte einander gegenüberstellt – etwa am Beispiel eines Jugendlichen, der wegen Rauschgifthandels im Gefängnis sitzt.
Weiterarbeit
Einen Gefängnisseelsorger in den Unterricht einladen.

F. Zum Geleit

⇨ Eine Zugangsmöglichkeit zu diesem *Segenstext von Hans Dieter Hüsch* (SB, S. 146) ist der Versuch, seine Aussage in einem Satz zusammenzufassen. Die Schülerformulierungen werden sicher sehr unterschiedlich sein und darüber kann das Unterrichtsgespräch geführt werden.
Eine andere ist die Textanalyse. Die Sch. notieren die Textstellen, in denen die Rede davon ist, was Gott machen soll. Auch der Begriff „Menschwerdung“ sollte, zunächst unabhängig vom Segenstext, und dann in einem zweiten Schritt auf dem Hintergrund von Hüschs Aussagen interpretiert werden. Gibt es von den Sch. Ergänzungen dazu? Ein Schwerpunkt der Bearbeitung kann auf dem (hintersinnigen) Humor liegen, der diesen Text von H. D. Hüsch auszeichnet. Kann Humor Streitigkeiten, Vorurteile, Schuldzuweisungen usw. entwaffnen? Was bewirkt Humor? Haben die Sch. hier eigene Erfahrungen?

5. Materialien und Medien

- Thema: Wohin mit meiner Schuld? Materialbrief *Folien*, 1/95, Deutscher Katechetenverein e.V., München
- Manfred Häußler/Albrecht Rieder, Das Gewissen - die leise Stimme. 28 Arbeitsblätter mit didakt.-method. Kommentar, Klett, Korb 1997
- Reiner Marquard (Hg.), Buß- und Bettag - Umkehr und Erneuerung. Eine Arbeitshilfe für Gemeinde und Schule,Vandenhoeck & Ruprecht, Göttingen 1996
- Gewissen. Das innere (B)engelchen, in: Religion. Betrifft uns, Bergmoser + Höller Verlag GmbH, 2/1998
- Schuld und Sünde, in: Religion. Betrifft uns, Bergmoser + Höller Verlag GmbH. 1/1992
- Uwe Stamer (Hg.), Stundenblätter Freiheit - Verantwortung - Schuld, Klett, Korb 1986

Videos

- Die Bergpredigt. Selig, die reinen Herzens sind, Gino Cadeggianini, BRD, 1980, 20 Min.
- Bisher ist alles schlecht geloofen. Wenn aus Mädchen Gefangene werden, 1998, 30 Min.
- Dead Man Walking, Tom Robbins, USA, 1995,120 Min.
- Dekalog - Fünf, Krzysztok Kieslowski, Deutschland/Polen, 1988, 60 Min.
- Das Urteil, Oliver Hirschbiegel, Deutschland 1998, 90 Min.
- Weit gewandert, Schuld und Vergebung, 1992, 30 Min.

Wenn Mittelwege den Tod bringen

In Konfliktsituationen stehen einander sich ausschließende Handlungen gegenüber: einerseits das berechtigte Streben nach einer gewaltfreien Sicherung der Rechts- Friedens- und Freiheitsordnung und andererseits die ebenfalls begründete Einsicht in die Inhumanität moderner Kriegsführung zur Wiederherstellung und Erhaltung dieser Ordnungen. In Extremsituationen wird die Frage noch komplizierter:

Es geht hier nicht mehr um das relativ gute oder böse Tun, sondern nur noch um die Wahl, zwischen zwei oder mehreren Übeln zu entscheiden. In Extremsituationen, also auf der Grenze menschlichen Handelns, wo lediglich zwischen Selbsterhaltung oder Selbstaufopferung entschieden werden kann, erhält die Gewissensproblematik ihre äußerste Brisanz.

An der Grenze menschlicher Existenz muss eine Antwort auf die Frage gefunden werden: Was soll ich jetzt – in schier auswegloser Lage – tun? In der personalen Verantwortung für den anderen erhält der Schutzgedanke verpflichtenden Charakter. Zu fragen ist: In welchem Maße bedarf der schwache, unterdrückte, verfolgte, terrorisierte und vergewaltigte Mensch des Beistandes, der Hilfe und des Schutzes seiner Rechtssicherheit sowie der Erhaltung seiner Lebensgrundlagen? Hier bekommt der Schlüsselgedanke christlicher Ethik, namentlich „des Bruders Hüter“ zu sein, zentrale Bedeutung.

Zugespitzt stellt sich Verantwortungswahrnehmung im Konfliktfall als ethisches Dilemma dar: Wo nach Ausbruch gewalttätiger Konflikte gewaltfreie Befriedungsmaßnahmen ihr Ziel der Gewaltbeendigung verfehlt haben, kann offenbar nur noch politisch und rechtlich legitimierte Gegengewalt primäre Gewalt stoppen. „Du sollst dem Übel widerstehen, sonst bist du für sein Überhandnehmen verantwortlich“, folgert Max Weber. Gegengewalt kann jedoch einzig als Notwehr gegenüber primärer Aggression und Nothilfe gegenüber dem Schutzbedürftigen ethisch gerechtfertigt werden. Denn Christen dürfen nicht zulassen, dass der Schwache unter die Räder des Starken gerät. Wer sich aber nur den Gewaltopfern zuwendet, lässt den Ursache-Folge-Zusammenhang außer Acht und greift konfliktethisch zu kurz: Toleranz gegenüber Intoleranz, also den Aggressoren und Kriegsverbrechern, führt gleichsam zur Komplizenschaft.

Gegen den ethischen Normalfall formuliert: Es gibt Situationen, in denen es um der Liebe zum Menschen willen des Einsatzes von Gewalt bedarf. Die Bewältigung dieser widersprüchlichen Situation verlangt die Übernahme unvermeidbarer Schuld.

Ulrich von den Steinen

Teilt den Text in möglichst kleine Abschnitte (Partnerarbeit!) und gebt diese mit euren eigenen Worten – so einfach wie möglich – wieder (schriftlich)!

Analysiere ganz genau, in welcher Situation für einen Christen der Eingriff mit Waffengewalt das kleinere Übel zu sein scheint.

Wo liegen Gefährdungen dieses Ansatzes?

Ladet einen Militärseelsorger in den Unterricht ein und diskutiert mit ihm diesen Text!

In: Lutherische Monatshefte, Lutherisches Verlagshaus, Hannover 8/1995, S. 14 (gekürzt)

Warum? – Menschen im Leid

1. Theologische und didaktische Aspekte

„Warum?" ist eine der am häufigsten gestellten Fragen angesichts hereinbrechenden Leids. Warum trifft es mich? Warum die glückliche Familie von nebenan? Warum gibt es so viel unermessliches Leid auf der Welt? Warum lässt Gott das zu? Oder gar: Warum tut Gott das? Damit wird die Frage nach dem „Warum" zur Frage nach dem „Woher". Gott selbst wird zur Rechenschaft gezogen. Dieses Problem ist sehr alt. Der griechische Philosoph Epikur (gest. 270 v. Chr.) sah vier Alternativen: Gott will das Übel beseitigen, kann es aber nicht, oder er kann es beseitigen, will es aber nicht, oder er kann es nicht und will es nicht, oder er kann es und will es. So ist Gott entweder nicht allmächtig oder er ist nicht gütig oder sein Verhalten ist nicht verstehbar. Ähnlich argumentiert der jüdische Philosoph Hans Jonas (gest. 1992), der im Rahmen seiner Ausführungen zum Gottesbegriff nach Auschwitz zu der Überzeugung gelangt, dass Gott angesichts des Leids nicht gleichzeitig allmächtig, gütig und verstehbar sein kann. Ein allmächtiger Gott ist entweder nicht gütig oder nicht verstehbar. Jonas hält die Verstehbarkeit Gottes für unverzichtbar und opfert das Attribut der Allmacht. Gott will das Leid verhindern, aber er kann es nicht. Diese Überlegungen machen deutlich, wie stark die Frage nach dem Warum und Woher des Leids mit unserer Vorstellung von Gott verknüpft ist. Im Alten Testament wird von Gott in menschlichen Kategorien gesprochen. Er erschafft, ruht, sieht, schützt, zürnt, verflucht, straft, rächt, vernichtet. Gott herrscht über die Welt und greift in sie ein. Dieser Vorstellung entspringt die Annahme, dass ein Zusammenhang besteht zwischen dem sittlichen Verhalten eines Menschen und dem ihm von Gott dementsprechend zugewiesenen Schicksal. Aufgrund des Tun-Ergehen-Zusammenhangs wurde Leiden als Folge bösen Tuns angesehen. Gegenteilige Erfahrungen im Alltag allerdings ließen diese Auffassung bereits zu atl. Zeit fragwürdig werden. Im Buch Hiob (zwischen 5. und 3. Jh. v. Chr.) wird das Problem des Leidens Unschuldiger dichterisch verarbeitet. Der Tun-Ergehen-Zusammenhang, der in der Argumentation der Freunde Hiobs unbeirrt ins Feld geführt wird, kann im Fall Hiobs nicht mehr als Erklärung dienen. Eine befriedigende Lösung des Problems wird am Ende der Hiob-Dichtung nicht geboten. Immerhin wendet sich Gott aus dem Wettersturm an den Leidenden, aber seine Erhabenheit und allgewaltige Größe lassen Hiob verstummen und erkennen, dass er vor Gott ein „unwissender Tölpel" (J. Miles) war, und „mehr gesagt hat, als er wusste, Dinge, die viel zu hoch für ihn sind" (nach Hiob 42,3). Es steht dem Menschen nicht zu, Rechenschaft zu fordern. Gott erweist sich als der Unerforschliche. Damit wird nun aber doch eine Antwort gegeben. Hiob hat Gott, von dem er bislang nur gehört hatte, mit eigenen Augen gesehen und weiß nun, dass er sich menschlicher Berechenbarkeit entzieht. Der Tun-Ergehen-Zusammenhang hat als menschliches Wunschdenken mit der Gerechtigkeit Gottes nichts zu tun. Hiob wird von Gott indes gelobt für die Hartnäckigkeit, mit der er den Freunden, der Ehefrau und Gott selbst widersteht. Hiob fügt sich nicht in ein blindes Schicksal, sondern klagt Gott an. Hierin liegt sein Triumph. Sein Verhalten wird von Gott belohnt, hebt es sich doch von dem jener Gottlosen ab, „die auf ihren Hefen festsitzen und in ihrem Herzen sagen: Der Herr wirkt nichts Gutes und wirkt nichts Böses" (Zeph 1,12; Übersetzung nach J. Miles, Gott, S. 374).

Im Neuen Testament wird der Tun-Ergehen-Zusammenhang nicht grundsätzlich aufgehoben, aber neu akzentuiert. Jesus deutet Krankheit und Tod der Menschen nicht als Folge einer individuellen Schuld, sondern er sieht im Leiden das Zeichen eines die Gesamtheit der sündigen Menschen erfassenden Tun-Ergehen-Zusammenhangs und den Aufruf zur allgemeinen Umkehr. Mit Jesu Tod am Kreuz wird dieser Zusammenhang insofern aufgehoben, als Gott der Sünden und Übertretungen der Menschen nicht mehr gedenken will (Hebr 10,17). Für Paulus bedeutet Leiden, in der Nachfolge Jesu zu stehen und mit ihm auf die Teilhabe am Reich Gottes hoffen zu dürfen. „Denn ich bin überzeugt, dass dieser Zeit Leiden nicht ins Gewicht fallen gegenüber der Herrlichkeit, die an uns offenbart werden soll." (Röm 8,18). Anders als der auf Distanz bleibende Gott Hiobs kommt Gott in Jesus Christus den Menschen nahe. Jesus leidet auf zutiefst menschliche Weise („Mein Gott, mein Gott, warum hast du mich verlassen?"). In seinem Leid können Menschen ihr eigenes Leid erkennen, und da sich Gott in Jesus mit den Menschen im Leid solidarisiert, gilt auch ihnen die in der Auferstehung Jesu enthaltene Zusage, dass „Kreuze in der Geschichte nicht das letzte Wort Gottes sind" (K.J. Kuschel), was bei Paulus in dem Wunsch kulminiert, Jesus zu erkennen und die Gemeinschaft seiner Leiden, und so seinem Tod gleichgestaltet zu werden, „damit ich gelange zur Auferstehung von den Toten" (Phil 3,10).

Sozusagen von der anderen Seite nähert man sich dem Problem unter der Fragestellung, ob das Leiden dem Menschen zu einem bestimmten Zweck auferlegt werde. Indem eine Absicht Gottes vermutet wird, erfolgt eine Umwertung des Leids. Es wird als „pädagogische Maßnahme" gedeutet. Leid wird zur Botschaft, mit der Gott eine Lektion erteilen und auf falsche Lebenseinstellungen aufmerksam machen und zur Änderung von Verhaltensweisen drängen will. Aber auch so verstanden stellt Leid für Glaubende in jedem Fall eine Provokation und Herausforderung dar. Ob von Gott herbeigeführt oder vom Teufel bewirkt und von Gott geduldet, ist Leiden in jedem Fall eine Anfechtung des Gottvertrauens, das sich in dieser Situation bewähren muss und dann gestärkt aus ihr hervorgehen kann. Der Sinn eines so als Prüfung oder Versuchung gedeuteten Leids wird darin gesehen, den Glauben an Gott zu festigen und das Leben intensiver auf Gott zu gründen. Auch und gerade im Leid soll er als einzig wahrer Halt und als Grundlage des Lebens erfahrbar werden.

Diese Erklärungen sind Versuche, Leid in einen Sinnzusammenhang zu stellen, der es uns ermöglichen soll, die Situation zu verstehen um sie zu bewältigen. Aber jeder dieser Versuche bleibt unzureichend. Es kann im Unterricht also nicht darum gehen, möglichst glatte Lösungen anbieten zu wollen. Bei der Beschäftigung mit dem Thema Leid bleiben Unstimmigkeiten bestehen, die ausgehalten werden müssen. Es soll aber zur Auseinandersetzung angeregt werden, indem Widersprüche nicht bloß hingenommen und relativiert werden, sondern die Einstellungen zum Leid sowie das Leben mit ihm thematisiert werden.

Leid passt nicht in das Lebenskonzept des Menschen, schon gar nicht in das Jugendlicher. Durch die moderne Medizin und Technik kennt unsere Gesellschaft zudem früher nicht gekannte Möglichkeiten der Leidvermeidung. Andererseits sind Jugendliche durch die Medien jederzeit Zeugen weltweiten Leids. Darin liegt die Gefahr der Überforderung oder der Abstumpfung. Beiden Tendenzen ist entgegenzuwirken. Persönliche Schicksale erzeugen Empathie und es können an ihrem Beispiel Wege der Bewältigung aufgezeigt werden. B. Dressler empfiehlt aus diesem Grund die Arbeit mit Biografien, weist aber auch auf die Gefahr hin, extreme Leiderfahrungen didaktisch zu instrumentalisieren. (B. Dressler, Hat Leiden Sinn?, S. 28).

Eine Reaktion auf erlebtes Leid ist die Klage. Sie bringt stumm machendes Leiden zur Sprache und ist damit ein erster Schritt der Überwindung

(D. Sölle). Klage kann sowohl den unmittelbaren körperlichen Schmerz artikulieren als auch die mit dem Leid eingetretene Situation beschreiben. Der Aufschrei des Leidenden als Ausdruck seiner Einsamkeit, des Ausgeliefertseins oder der Verzweiflung ist ebenso kennzeichnend für Leidsituationen wie die Frage nach dem „Warum ich?".

Diese Frage jedoch muss überwunden werden zugunsten der Frage: „Was soll ich, da mir dies widerfuhr, nun tun?" (H. Kushner). Aufbegehren und Protest mögen vordergründig wenig sinnvoll erscheinen, stehen aber für den Willen, das Leben weiter zu gestalten. Die aufrechte Haltung und Stärke, mit der Leid ertragen wird, kann individuell durchaus so verstanden werden, dass „Gott diesen Menschen die Kraft gibt, jeden Tag hinzunehmen, wie er kommt, dankbar zu sein für einen Tag voll Sonnenschein oder einen, an dem sie relativ frei von Schmerzen sind." (H. Kushner, Wenn guten Menschen Böses widerfährt, S. 133). Das Leiden wird nicht beschönigt, aber positiv für das Leben nutzbar gemacht.

In ähnlicher Weise kann eigenes wie fremdes Leid als Chance gesehen werden, das Bewusstsein für die kleinen Dinge des Lebens zu schärfen. Was bislang selbstverständlich schien, ist es plötzlich nicht mehr, und Alltägliches wird zum Besonderen, wenn es nicht mehr oder nur unter großer Mühe in das Leben integriert werden kann.

Ohne Schmerz gäbe es für das Glück keinen Maßstab. Insofern ist Leid – so paradox es klingt – verstehbar als Teil des Glücklichseins eines Menschen. Leiden schafft den Kontrast, der Glück erst als solches wahrnehmbar werden lässt.

Diese Aspekte zeigen, dass im Leiden auch ein Heranreifen der Persönlichkeit ausgemacht werden kann. Der Mensch „wächst" im Leid. Es sieht bewusster, bewertet differenzierter und empfindet umfassender.

Diese positiven Akzentuierungen von Leiderfahrungen sollten in den Blick genommen und individuell als Möglichkeit zur Verarbeitung des Schmerzes angeboten werden, dürfen aber nicht verallgemeinernd als prinzipiell gültige Deutung von Leid missverstanden werden. Die Vorstellung einer dahinter verborgenen göttlichen Absicht muss auf jeden Fall mit kritischer Distanz reflektiert werden. Denn Leid vermag Leben auch so zu zerstören, dass jede positive Umdeutung als Hohn empfunden werden muss. In jedem Fall ist es notwendig, das Unvermeidliche in das Leben zu integrieren und Wege zu finden, das Leben trotzdem „lieb zu behalten". Eine Möglichkeit, Leid zu ertragen und zu verarbeiten, kann darin bestehen, das Leben auf eine Hoffnung zu gründen, die über den irdischen Bereich hinaus weist. Allerdings kann Leid oft nicht von den Betroffenen allein bewältigt werden. Menschen müssen auf eine Kraft vertrauen, die nicht ihrem Willen verfügbar ist und deren Quelle außerhalb ihrer selbst liegen muss. Aber auch die Mitmenschen können helfen, Leid zu tragen. Im Mitleid, das als ein Mit-Leiden ernst genommen wird, liegt für jeden Menschen die Möglichkeit, einem anderen im Leid beizustehen und es ihm „erträglich" zu machen.

Eine Annäherung an das Thema Leid ist über das Bild *Der Mönch am Meer* von Caspar David Friedrich (1774–1840) (SB, S. 149) möglich; über die Wirkung des Bildes, das eine Atmosphäre von Einsamkeit, Angst und Ausgeliefertsein vermittelt, lassen sich die Facetten des Begriffs „Leiden" thematisieren.

A. Wenn Leid geschieht:

Der Auszug aus dem Buch des Journalisten Jean-Dominique Bauby *„Schmetterling und Taucherglocke"* (SB, S. 150) berichtet aus der Perspektive des vollständig gelähmten Vaters von einem Nachmittag mit seiner Familie. Die Unmittelbarkeit der Darstellung ermöglicht den Sch. nicht nur eine Identifikation mit den Kindern, sondern auch das Miterleben der Leidsituation des Vaters.

Die *Predigt für die Opfer eines Flugzeugabsturzes* (SB, S. 151) spricht die Hinterbliebenen in ihrem Leid an. Der Text bietet Anlass, die Fragen zu erheben, die ein derartig in das Leben einbrechendes Unglück auslöst, und über Trost nachzudenken.

Psalm 22,1–12 und die Texte *Warum denn ich?* und *Maskenloses Leid* (SB, S. 152 und 153) repräsentieren Reaktionen auf erlebtes Leid. Während der Psalmist in seiner Verlassenheit noch auf die Zuwendung Gottes hoffen kann, bringen das klagende Ich des Gedichts vor allem Hoffnungslosigkeit und der an Krebs Erkrankte physischen Schmerz, Verzweiflung und Hass zur Sprache.

B. Warum?
Hiobs Prüfung (SB, S. 154) schildert die „Wette“ des Teufels mit Gott, ob Hiobs Gottestreue durch Leid zu brechen wäre.

Das Bild von *Erich Grün* (SB, S. 154) bietet in seiner Vielschichtigkeit verschiedene Deutungsmöglichkeiten zum Verständnis vom Ursprung und Erleben von Leiderfahrung.

Den *Erklärungen der Freunde Hiobs* (SB, S. 155) liegt die traditionelle Vorstellung vom Tun-Ergehen-Zusammenhang zugrunde: Hiob könne nicht unschuldig sein und müsse sich deshalb reumütig Gott unterwerfen.

C. Hat Leiden einen Sinn?
Im Text *Rons Lektion* (SB, S. 156) wird das den Apotheker Ron treffende Unglück von seinen Freunden als Botschaft Gottes zum Wohle Rons gedeutet.

In dem Gedicht *Menschen ohne Leid* (SB, S. 156) wird Leiden als elementarer Teil des Lebens gesehen, ohne den das Menschsein unvollkommen bleibt.

Die Person des *Holzreliefs* von Marianne Haas (SB, S. 157) bietet Anlass, über die Situation des Menschen angesichts seiner letztlich vergeblichen Suche nach Erklärung nachzudenken.

Der Ausschnitt aus dem Roman „Der achte Schöpfungstag“ von Thornton Wilder *Der Mensch sieht nur die Unterseite* (SB, S. 157) thematisiert die Unmöglichkeit, Sinn im Leid zu sehen: Der Mensch sei gar nicht imstande, den Gesamtplan Gottes zu erkennen.

D. Wer bist du, Gott?
Anhand dieser Zusammenstellung zentraler Aussagen Hiobs lässt sich seine *Auflehnung gegen das Leid* (SB, S. 158) von der Annahme des Unglücks über Zweifel an der Gerechtigkeit Gottes bis hin zur Anklage Gottes nachzeichnen. Hiob fügt sich nicht klaglos in ein Fatum, sondern lehnt sich gegen das hereingebrochene Leid und gegen einen Gott auf, der „nach Hiob seine eigene Zweideutigkeit (kennt), wie er sie nie zuvor gekannt hat“, und der jetzt weiß, dass er, wenn er auch nicht der Satan ist, doch „eine für den Satan anfällige Seite hat“ (J. Miles, Gott, S. 376). Die Antwort des übermächtigen Gottes wird durch das Bild von Erich Grün *Und der Herr antwortete Hiob aus dem Wettersturm* repräsentiert. Das Eingeständnis der eigenen Hybris ist aus der *Antwort Hiobs* (SB, S. 159), der die Größe Gottes anerkennt, zu erarbeiten.

E. Mit Leiden leben – Leid bewältigen
Das Jugendbuch *Behalt das Leben lieb* von Jaap ter Haar (SB, S. 160–161) thematisiert am Beispiel eines Jugendlichen die auch im Leid fortbestehende Sinnhaftigkeit des Lebens.

Der Aspekt des Mitleids wird in dem Text *Mit-Leid* (SB, S. 161) von Stefan Zweig vertieft. Er unterscheidet das falsche Mitleid vom wahren Mit-Leiden. Die Gedanken Zweigs sind als Ausgangspunkt für Überlegungen zum Umgang mit Betroffenen geeignet.

In dem autobiografischen Text der Theologin Bärbel von Wartenberg-Potter *Ich lebe, und ihr sollt auch leben* (SB, S. 162) beschreibt die Autorin die Verarbeitung des Todes ihrer beiden Kinder und der Trennung vom Ehemann. Sie hebt die Bedeutung der göttlichen Gnade und den Wert der Mitmenschen bei der Bewältigung des Leidens hervor.

In den Zusatzmaterialien findet sich mit dem fiktiven Brief *An Hiob* von Karl-Josef Kuschel (ZM 3) ein Text, der durch den Vergleich zwischen Hiob und Jesus das Leiden aus neutestamentlicher Perspektive beleuchtet und der deutlich macht, in welcher Weise sich der Gott Hiobs von dem unterscheidet, der sich am Kreuz zu den Leidenden bekennt und sie begleitet.

2. Intentionen

Die Sch. sollen
- erkennen, dass das Leben jederzeit von unvorhersehbar hereinbrechendem Leid bedroht ist
- sich in Leiderfahrungen einfühlen und die Sinnfragen Leidender nachvollziehen können
- die Bedeutung der Klage als eine Reaktion auf Leiderfahrungen kennen lernen und im Ansatz verstehen, in welcher Weise Leiden erlebt und empfunden wird
- am Beispiel Hiobs und seiner Freunde die Frage nach dem Warum des Leids erörtern und den Tun-Ergehen-Zusammenhang kritisch beurteilen können
- die Tendenz einer Sinnsuche im Leid verstehen können und unterschiedliche Deutungsansätze kennen lernen und beurteilen können
- die Frage nach Gott im Leiden als bedeutsam für den Umgang mit Leiderfahrungen erkennen und die Auflehnung als eine Möglichkeit des Weiterlebens mit Leid verstehen lernen
- Formen der Bewältigung von Leid kennen lernen, das Leid anderer als Aufruf zur Hilfe bei der Leidbewältigung verstehen und Kriterien für ein qualifiziertes Mit-Leid bedenken

3. Literatur zur Vorbereitung

- Horst Klaus Berg, Altes Testament unterrichten. Handbuch des biblischen Unterrichts, Bd. 3, Calwer Verlag, München 1999, Kapitel 11: Ijob
- Klaus Berger, Wie kann Gott Leid und Katastrophen zulassen? Gütersloher Verlagshaus, Gütersloh 1999
- Walter Dietrich/Christian Link, Die dunklen Seiten Gottes, Bd. 1. Willkür und Gewalt, Neukirchener Verlag, Neukirchen-Vluyn 2000[3]
- Walter Dietrich/Christian Link, Die dunklen Seiten Gottes, Bd. 2. Allmacht und Ohnmacht, Neukirchener Verlag, Neukirchen-Vluyn 2000
- Bernhard Dressler, Hat Leiden Sinn? Wie Kinder und Jugendliche Leid und Sinnlosigkeit erfahren. in: Dietmar Peter (Hg.), Und warum...? Die Theodizeefrage im Religionsunterricht, Arbeitshilfen Sekundarstufe I, Heft 6, Religionspädagogisches Institut Loccum, Rehburg-Loccum 2001, S. 24–33
- Erhard Gerstenberger/Wolfgang Schrage, Leiden. Kohlhammer Verlag, Stuttgart 1977
- Hans Jonas, Der Gottesbegriff nach Auschwitz. Eine jüdische Stimme. Suhrkamp Verlag, Frankfurt 1987
- Harold Kushner, Wenn guten Menschen Böses widerfährt. Gütersloher Verlagshaus, Gütersloh [6]1999
- Jack Miles, Gott. Eine Biographie. Deutscher Taschenbuch Verlag, München 1998
- Dietmar Peter (Hg.), Und warum...? Die Theodizeefrage im Religionsunterricht, Arbeitshilfen Sekundarstufe I, Heft 6, Religionspädagogisches Institut Loccum, Rehburg-Loccum 2001
- Albrecht Willert, Das Leiden der Menschen und der Glaube an Gott. Studienbuch Religionsunterricht Sekundarstufe II. Fragen, Positionen, Impulse. Band 5, Vandenhoeck & Ruprecht, Göttingen 1997
- Dorothee Sölle, Leiden. Kreuz-Verlag, Stuttgart 1973
- Heinz Zahrnt, Wie kann Gott das zulassen? Hiob – Der Mensch im Leid. R. Piper, München 1985[2]

4. Unterrichtsideen

Zur Annäherung an die Thematik können die Sch. aufgefordert werden, ein Plakat zum Thema „Was ist Leid?“ zu gestalten. Auch Collagen sind denkbar, doch verpflichtet das Plakat stärker zur Reduktion und Schematisierung. Die Entwürfe dienen zur Erhebung der Vorstellungen von Leid. Es sind vor allem folgende Aspekte zu erwarten: Krankheit, Verlust, Trennung, Angst, Scheitern, Ungerechtigkeit, Krieg, Ausgrenzung.

A. Wenn Leid geschieht

⇨ Bild: *Caspar David Friedrich, Der Mönch am Meer,* 1808–1810 (SB, S. 149)
C.D. Friedrich hat das Bild mehrmals umgearbeitet und zwei bereits gemalte Schiffe und einen Stern übermalt, sodass eine große Leere entsteht und der nachdenkliche Mönch verloren ins Unendliche blickt. Der Himmel liegt bedrohlich verfinstert über dem schwarzblauen Meer. „Als ob einem die Augenlider weggeschnitten wären“ (H. v. Kleist), öffnet sich eine grenzenlose Weite ohne Orientierungspunkte. Die Möwen in der Ferne verstärken noch den Eindruck des Alleingelassenseins. Sie unterstreichen die Teilnahmslosigkeit der Umgebung, in der der Mönch wie ausgesetzt erscheint. Der Dünenstreifen ist unwirtlich und bietet keinen Schutz.
Das Bild eröffnet verschiedene Interpretationsmöglichkeiten. Für die Deutung werden aber die Aspekte Einsamkeit, Verlorensein und Kleinsein bestimmend sein. Sind diese Gefühle einerseits Anlass für Leid, so kann das Bild auch in der Weise gedeutet werden, dass Leid gerade diese Gefühle auslöst. Der Leidende erlebt sich isoliert, bedroht, orientierungslos, schutzlos, von Finsternis umgeben, ohne Perspektive, am Rand des Lebens.
Bildbetrachtung: Die Sch. formulieren ihre Eindrücke und Empfindungen (Einsamkeit, Trauer, Bedrückung, Melancholie, Verlorenheit). *Möglicher Einstieg*: Gefällt dir das Bild / die Stimmung? *Arbeitsauftrag*: Finde für das Gemälde einen Titel, der deiner Meinung nach die Bildaussage wiedergibt!
Sch. überlegen, was den Mönch bewogen haben mag / Menschen veranlasst, die Einsamkeit des Strandes zu suchen. Welche Gedanken beschäftigen den Mönch in dieser Situation?
Weiterarbeit: Möglichkeiten finden, die „Leidsituation“ aufzulösen oder zu lindern. *Möglicher Impuls*: H. v. Kleist schrieb zu dem Bild, dass man darauf „alles zum Leben vermisst“. Wodurch würde sich der Eindruck des Leidens verringern lassen? Zeichne oder male das Bild auf einem Blatt Papier ab und verändere es oder setze es rechts oder links fort! Begründe die vorgenommene Änderung!

⇨ Text: *Jean-Dominique Bauby, Schmetterling und Taucherglocke* (SB, S. 150)
Am 8. Dezember 1995 erleidet der Journalist und Chefredakteur der französischen Zeitschrift ELLE Jean-Dominique Bauby (Jahrgang 1952) einen Hirnschlag. Als er nach zwanzig Tagen aus dem Koma erwacht, ist er bei klarem Verstand, aber vollständig gelähmt. Er kann seine Umwelt wahrnehmen, aber es ist ihm keine normale Kommunikation mit der Außenwelt mehr möglich (Locked-in syndrom). Um sich verständlich zu machen, bleiben ihm lediglich das Blinzeln mit einem Augenlid und ein zu diesem Zweck entwickeltes Alphabet. Während der Körper wie in einen Taucheranzug eingeschlossen ist, bewegt sich sein Geist frei wie ein Schmetterling. Er diktiert in fünfzehnmonatiger Arbeit das Buch „Schmetterling und Taucherglocke“, in dem er die Erlebnisse, Gedanken und Gefühle seiner letzten Lebensmonate hinterlässt. Am 9. März 1997 ist er gestorben.
Die Situation des Verfassers lässt sich im Wesentlichen aus dem Text erarbeiten und sollte nicht vorweggenommen werden. Die genaueren Hintergründe klären sich im Verlauf der Besprechung.
Text wird vom L. vorgelesen! Durch die Unmittelbarkeit der Darstellung lässt sich die Leidsituation Baubys nachempfinden, der, scheinbar apathisch, doch fähig ist, in seiner Situation Momente des Glücks zu empfinden. Sch. haben Gelegenheit ihre Gedanken und Betroffenheit zu artikulieren. Die Situation Baubys wird aus dem Text erhoben (Zusatz-

informationen vom L.). In welcher Weise hat sich das Leben für Bauby mit dem Hirnschlag verändert?

Vorschlag für ein Tafelbild:

J.-D. Bauby leidet daran, dass ...	und empfindet Glück dabei, ...
– er sich nicht äußern kann	– den Vatertag mit seiner Familie zu feiern
– er seine eigenen Kinder nicht streicheln kann	
– er seinen Kindern nicht sagen kann, dass er sie liebt	– noch Papa genannt zu werden
– er mit ansehen muss, dass seine Kinder Unbehagen mit ihm empfinden und mit leiden	– die Kinder gehen, laufen, weinen zu sehen und sie neben sich zu haben
– er von anderen abhängig ist	– mit seinen Kindern zu spielen
– er sich nur noch als „Schatten eines Papas" fühlt	– von seinen Kindern umsorgt zu werden
– er seine Lebenssituation nicht verstehen kann	
⇒ Er hat das Leben in seiner Fülle verloren	⇒ Er erlebt kleine, alltägliche Dinge als Glück

Es besteht auch die Identifikationsmöglichkeit mit den Kindern Baubys, deren Unbekümmertheit, Umsicht und Selbstverständlichkeit im Umgang mit dem behinderten Vater auffällt, die aber auch Unsicherheit und Belastung ertragen müssen.
Die Situation und das Verhalten der Kinder lässt sich auch im *Rollenspiel* erarbeiten (Freunde der Kinder sprechen mit ihnen über deren Situation und ihre Bewältigung).
Weiterarbeit: Du wirst beauftragt, für die Schülerzeitung einen Artikel über „Schmetterling und Taucherglocke" zu schreiben. Schreibe in dem Artikel deine Meinung zu dem Text und erörtere, ob du das Buch, dem der Text entnommen ist, deinen Mitsch. zur Lektüre empfiehlst!

⇨ Foto: *Concorde des Fluges AF 45 mit brennendem Treibstofftank* (SB, S. 151)
Am 25.7.2000 stürzt ein Überschallflugzeug der Air France vom Typ Concorde kurz nach dem Start bei Paris auf ein Hotel. Vier Personen in dem Gebäude und alle 113 Menschen an Bord kommen ums Leben, darunter 99 deutsche Urlauber auf dem Weg zu einer Kreuzfahrt. Unter den Passagieren sind drei Kinder.
Schüler nennen ihre Empfindungen beim Anblick des brennenden Flugzeugs, dessen Start –obgleich das Feuer bereits erkannt worden war – nicht mehr abgebrochen werden konnte.
Es können die Grenzen der Beherrschbarkeit moderner Technik thematisiert werden, die Zerbrechlichkeit menschlichen Lebens, und es kann der Allmachtsglaube des Menschen in Frage gestellt und diskutiert werden.
Die Frage nach dem Sinn und der Berechtigung, Katastrophen den Zuschauern möglichst unmittelbar in Bild und Film zu präsentieren, stellt sich in gleicher Weise nach der Liveberichterstattung des Terroranschlags auf das World-Trade-Center in New York am 11.9.2001.

⇨ Text: *Predigt für die Opfer eines Flugzeugabsturzes* (SB, S. 151)
Der Altbischof der Hannoverschen Landeskirche Horst Hirschler hielt am Tag nach dem Absturz eine Predigt für die Opfer. Er stellt dabei die Frage nach dem Warum in den Mittelpunkt. Hirschler macht die Diskrepanz deutlich zwischen der Notwendigkeit, eine Antwort bei Gott einzuklagen, um nicht einem sinnlosen Schicksal ausgeliefert zu sein, und dem Verstummen-Müssen, weil es keine befriedigende Antwort geben werde. Hoffnung erwachse aus dem Pauluswort, dass Gott den Menschen in der Antwortlosigkeit aufsuche.
Möglicher Einstieg: Überlegt, was ihr jeman-

dem, der Angehörige bei einer Katastrophe verloren hat, sagen würdet! Was würdet ihr als Betroffene von einer Predigt erwarten? Sch. äußern sich zur Wirkung der Predigt. Arbeit gemäß den Aufgaben im SB. Als Fragen drängen sich auf: Will Gott solche Katastrophen? Warum verhindert Gott sie nicht? Kann Gott überhaupt helfen? Was hat Gott mit dem Unglück zu tun? Warum trifft es gerade jene Urlauber und andere nicht? Handelt es sich um ein sinnloses Schicksal, oder kann Gott hier Sinn stiften?
Weiterarbeit: Es ist festzustellen, dass nach Katastrophen besonders viele Menschen in Gottesdienste und zu Gedenkfeiern gehen. Überlege, welche Gründe es dafür gibt!

⇨ Text: *Psalm 22,1–12* (SB, S. 152)
Der Psalm 22 folgt dem traditionellen Aufbau von Klagepsalmen: Der Anrede an Gott folgt die Klage, in der die Not geschildert wird. Der Bitte um Hilfe und Beistand wird auch hier durch den Verweis auf das Gottvertrauen des Beters Nachdruck verliehen. Die Wiederholung eines Gedankens mit anderen Worten im folgenden Vers (parallelismus membrorum) ist ein Kennzeichen der hebräischen Poesie und verstärkt die Einzelaussagen.
In der Not erlebt sich der Beter als von Gott verlassen, als wertloser Wurm, dem Spott und Hohn ausgeliefert. Sch. erklären, warum die Menschen in dieser Weise auf den Klagenden reagieren, bzw. warum er es so empfindet.
Sch. arbeiten heraus, ob der Psalm eher Verzweiflung oder Hoffnung zum Ausdruck bringt. Ambivalenz des Psalms: Im Leiden hat der Psalmist Grund zur Hoffnung, denn Gott hat früher („den Vätern") geholfen und er hat das Leben des Beters gewollt und wird ihn jetzt nicht im Stich lassen.
Methodischer Vorschlag: Psalmtext wird kopiert und so zerschnitten, dass die Sch. Verse der Klage und Verse der Hoffnung einander zuordnen können. Psalm wird anschließend „mit verteilten Rollen" von zwei Sch. vorgetragen.
Weiterarbeit: Sch. suchen nach aktuellen Situationen, auf die der Psalm noch heute zutrifft.

⇨ Abb.: *Johannes Schreiter, Kirchenfenster in St. Jacobi, Göttingen, Entwurf* 1993, (SB, S. 152)
Johannes Schreiter (Jahrgang 1930) hat für St. Jacobi in Göttingen fünf Fenster zum Psalm 22 entworfen, die 1997 ausgeführt wurden. Ein wiederkehrendes Symbol in Schreiters Kunst ist die links unten und rechts erkennbare U-förmige Klammer. Sie ist aus dem Bild der Hand abgeleitet und steht für ‚geben und nehmen' oder ‚zugewandt und abgewandt' und symbolisiert den Menschen. Durch die strengen Formen ziehen sich immer wieder Linien, die auf Emotionalität, Störungen, Risse verweisen und den Kontrast zwischen Geordnetem und Ungeordnetem, zwischen Heil und Unheil symbolisieren. Weiß bedeutet für Schreiter die Reinheit und das Göttliche.
Der L. sollte nach einer Phase des Betrachtens und des ersten Austauschs einige notwendige Informationen zur Symbolik Schreiters geben. Das Fenster ist in Bezug zum Psalmtext zu sehen. Die Sch. vergleichen Text und Fenster. Deutungsvorschlag: Der klagende, Gott zugewandte Beter findet sich in dem einsamen U im dunkelblauen Quadrat (vgl. ebenso dunkelblauer, nach oben unendlich scheinender Himmel) umgeben von erdfarbener Fläche („Wurm"); rechts oben zeigt sich ein Hoffnungsschimmer in Form des schmalen weißen (göttlichen) Streifens, der nach unten auf den Menschen verweist, ihn aber (noch) nicht erreicht.

⇨ Text: *Sabine Niebuhr, Warum denn ich?* (SB, S. 153)
Die Autorin hat im Abstand von drei Jahren ihre beiden Kinder verloren. Der Text ist Ausdruck tiefster Hoffnungslosigkeit. Während der Beter von Psalm 22 hoffen kann, dass Gott sich ihm wieder zuwendet, fehlt in diesem Gedicht jegliche Perspektive. Keine Form der Kommunikation vermag Hoffnung und Halt zu vermitteln: nicht die Sprache (laut ruf' ich) noch das Sehen (betteln meine Augen) noch das Hören (lauschen meine Ohren).
Sch. erarbeiten die Situation des lyrischen Ichs heraus. *Zusatzimpuls:* Benenne die Kör-

perorgane, auf die das Gedicht Bezug nimmt. Begründe diese Auswahl!
Sch. suchen nach Gründen dafür, warum „niemand den Hilferuf hören kann, niemand dem Blick standhält, niemand das blutende Herz sehen kann, niemand den Trost ausspricht“. Als Ursache könnte die Schwierigkeit (Unmöglichkeit?) erkannt und diskutiert werden, fremdes Leid wirklich zu verstehen und nachzuvollziehen.
Methodische Variante: Erschließen des Textes mit Hilfe einer Stimmskulptur: Ein Sch. sitzt in der Mitte auf dem Boden, L. verteilt die anderen Sch. hinter ihm im Raum. Jedem Sch. wird ein Vers des Gedichts zugeordnet, den er auf Anweisung des L. dem Sch. in der Mitte zu sagen hat. L. variiert die Abfolge. Zum Kontrast können auch Verse aus Röm 8 (V.18f.) von Sch. gesprochen werden. Ziel einer Stimmskulptur: intensives, eindringliches Erleben der Verse, hohe Emotionalität (!)

⇨ Text: *Fritz Zorn, Maskenloses Leid* (SB, S. 153)
Der schweizerische Gymnasiallehrer Fritz Zorn (eigentl. Fritz Angst, Jahrgang 1944) erfährt im Alter von 30 Jahren während einer psychotherapeutischen Behandlung, dass er an Krebs erkrankt ist. Die Krankheit sieht er als körperlichen Ausdruck seiner Neurose. Sein Buch „Mars“ (1977) wird zur schonungslosen Abrechnung mit seinem Elternhaus und der bürgerlichen Gesellschaft. Sein Leiden ist Kampf. Das Buch endet mit den Worten: „Ich habe aber auch noch nicht verloren, und, was das Wichtigste ist, ich habe noch nicht kapituliert. Ich erkläre mich im Zustand des totalen Krieges.“ Fritz Zorn starb im November 1976.
Der Text beschreibt den körperlichen und seelischen Schmerz, den die Krankheit hervorruft. Die körperlichen Reaktionen werden nicht von äußeren Einflüssen bewirkt, sondern sind das „maskenlose Leid der Seele“. Es treibt den Kranken in Hass (worauf?) und Verzweiflung. Die Auswirkungen der Krankheit und die Empfindungen lassen sich anschaulich erarbeiten, indem die Sch. die verwendeten Verben und Adverbien untersuchen und ihre Wirkung beschreiben.

B. Warum?

⇨ Text: *Hiobs Prüfung, Hiob 1,6–12* (SB, S. 154)
Es spricht einiges für die Auffassung, die Himmelsszenen (auch Hiob 2,1–7) seien ein späterer Zusatz zur Entlastung Gottes. Sie erscheinen einerseits zwar unverzichtbar, weil sie eine Erklärung dafür geben, warum der Gerechte leiden muss, andererseits ergibt sich durch sie aber das theologische Problem, dass Gott sich von Satan herausfordern und Hiob zum Spielball werden lässt.
Das Hiobbuch muss aber auch als literarisches Werk verstanden werden, das mit dramatischen Effekten arbeitet. Ausgangspunkt des Stücks ist ein Konflikt zwischen Gott und Satan, aus dem Satan als der Geprellte hervorgehen wird. Doch dies bleibt Hiob verborgen, sodass die Kernaussage von alldem unberührt ist: Gottes Plan bleibt dem Menschen verschlossen und Gott ist ihm keine Rechenschaft schuldig.
Sch. äußern sich zum Verhalten Gottes und Satans. Mögliche Kritik kann zum Anlass genommen werden, Alternativszenen zu entwickeln und zu spielen. Vergleich der Szenen mit der Vorlage. Was hat sich am Gottesbild / an der Gesamtaussage geändert? Welche Rolle kommt jeweils dem Teufel zu? Beurteilung der Alternativen.
Weiterarbeit: Suche in Zeitschriften / Werbung etc. Darstellungen des Teufels / des Bösen. Wie wird der Teufel dargestellt? Welche Funktionen werden ihm zugeschrieben?

⇨ Bild: *Erich Grün, 2001* (SB, S. 154)
Der heute in Hannover und in der Lüneburger Heide lebende Künstler (Jahrgang 1915) wurde in Sibirien geboren, wo die Familie im Ersten Weltkrieg unter der Zarenherrschaft als Deutsche zwangsinterniert wurde. Es folgte die Flucht nach Berlin. Im Zweiten Weltkrieg verlor er bei einem Bombenangriff 1944 seine Familie (Frau und drei Kinder). Biblische Themen durchziehen sein Gesamtwerk. Die Farben gelb und rot sind für E. Grün Farben der Zerstörung. Es sind die Farben des Feuers und des Blutes. Biografische Informationen zum Künstler sollten nicht vor der Begegnung mit dem Bild gegeben werden. Das Werk wirkt durch die Farbgebung, die Verteilung von

dunklen und leuchtenden Flächen, die beiden Augen und die sich abzeichnende Kreuzform. Die Sch. betrachten das Bild in Ruhe. Mögliche Assoziationen könnten sein: unheimlicher, dämonischer Blick, Feuer, Aggression, Schmerz, Rache, Hoffnung hinter der Dunkelheit, Kreuz. Bildwirkung wird besprochen. *Möglicher Impuls*: Würdest du das Bild zu Hause aufhängen? *Interpretation:* Stelle Fragen an das Bild und notiere sie! Die Fragen werden anschließend im Plenum zu beantworten versucht.
Weiterarbeit: Im Anschluss an die Deutungsversuche können die Sch. (auch in Partnerarbeit!) einen Begleittext für einen Bildband/Ausstellungskatalog formulieren.
L. gibt biografische Hinweise. Wenn zwischen Biografie und Bild Bezüge hergestellt werden, sollte L. unbedingt auf die Grenzen dieses Interpretationsverfahrens hinweisen.

⇨ Text: *Die Erklärungen der Freunde Hiobs* (SB, S. 155)
Die Antworten der Freunde stehen in der Tradition des Tun-Ergehen-Zusammenhangs. Sie versuchen, in der Welt eine verstehbare Ordnung zu sehen und das Leiden in einen kohärenten Sinnzusammenhang zu stellen.
Einstiegsimpuls: Hiob leidet inzwischen an schlimmen Krankheiten. Die Freunde besuchen ihn und versuchen, ihm die Gründe seines Leids zu erklären und ihn zu trösten. Sch. entwickeln Strategien und stellen Vermutungen zum Vorgehen der Freunde an.
Textarbeit: Die Sch. arbeiten folgende Erklärungsmuster, Argumente und Ratschläge der Freunde heraus:

Eliphas
- Gott ist gerecht und fügt keinem Unschuldigen Leid zu
- Wer Unrecht tut, erregt Gottes Zorn und wird dementsprechend behandelt
- Wer Gott in Frage stellt und hochmütig ist, wird von ihm zurechtgewiesen
- Leiden muss als Erziehungsmittel Gottes dankbar angenommen werden
- Wer vor Gott demütig ist und sich ihm unterwirft, erhält von Gott ein gutes Leben

Bildad
- Auch wenn die Kinder Unrecht tun, kann Hiob noch auf Gottes Hilfe rechnen, wenn er sich gottgefällig verhält
- Der Mensch ist gegenüber Gott so klein, dass er Gottes Maßstab nie gerecht werden kann

Zophar
- Der Mensch ist aufgrund seiner begrenzten Einsicht nicht in der Lage, Gottes Tun zu verstehen.

Die Argumente der Freunde werden beurteilt. Dabei sollten sie nicht vorschnell abgetan, sondern bedenkenswerte Gesichtspunkte diskutiert werden. *Zusatzimpuls:* Inwiefern konnten die Freunde Hiob trösten? Die Problematik des Tröstens kann in der *Weiterarbeit* vertieft werden: *Partnerarbeit*: Stelle dir vor, eine Freundin oder ein Freund haben einen großen Kummer zu bewältigen. In einem Gespräch versuchst du Trost zu geben. Spielt die Szene! Vergleicht euer Trösten mit dem der Freunde Hiobs!

C. Hat Leiden einen Sinn?

⇨ Text: *Harold Kushner, Rons Lektion* (SB, S. 156)
Die in den Freundesreden erfolgte Einordnung des Leids in einen verstehbaren Zusammenhang wird in diesem Text auf die Frage nach einer göttlichen Absicht hinter dem Leid zugespitzt.
Sch. nehmen Stellung zu dem Text. Wie beurteilt ihr den Satz: „Was und wie auch immer – alles, was geschieht, ist zu unserem Besten"? Die Argumentation des Freundes wird mit den Empfindungen Rons kontrastiert.
Vertiefung: Kannst du dir vorstellen, dass ein Mensch seine Lebenseinstellung aufgrund eines solchen Unglücks ändert? Kennst du Beispiele?

⇨ Text: *Norbert Mussbacher, Menschen ohne Leid* (SB, S. 156)
Das Gedicht eröffnet Möglichkeiten, über die Bedeutung des Leids für das Leben nachzudenken.
Einstieg: Sch. ergänzen den Satz „Menschen, denen alles Schwere im Leben erspart bleibt, ..."

Austausch über das jeweilige Verständnis und die Bewertung des „Schweren“ im Leben. L. trägt den Text vor. Das Unterrichtsgespräch wird sich auf die Deutung des Bildes von der Ernte konzentrieren. Das Leid lässt den Menschen zu einer ausgebildeten Persönlichkeit („reifen Frucht“) werden. Erst die Bewältigung von Leid lässt den Menschen reifen, wachsen, gedeihen, stark werden und einen unverwechselbaren Charakter hervortreten. In einem Leben ohne Leid gibt es kein Sterben, denn das Leben selbst ist bereits ein langer Verdorrensprozess (keine Leidenschaften, keine Herausforderungen, keine Tiefen und Höhen). *Impuls* (auch als Einstieg geeignet): Welche Gründe gibt es, dass Früchte bei einer Ernte vergessen werden? Sch. nennen möglicherweise: zu wenig entwickelt, nicht reif, unscheinbar, vergammelt. Anhand der konkreten Vorstellung wird das Bildhafte auf den Menschen übertragen. Kritische Stellungnahme: Stimmst du mit der Einschätzung des Autors überein? Sind Menschen ohne Leid unglücklich? Die Stellungnahme kann auch als Gespräch inszeniert werden (z.B.: Ein von schwerem Leid Betroffener spricht mit Mussbacher über das Gedicht).
Zusätzlich kann auch das Gedicht von Martin Gutl gelesen werden (ZM 1, WB, S. 137).
Das Leiden (Hiobs) wird hier als ein Bewusstwerdungsprozess verstanden. Leid wird nicht als Verlassensein erlebt, sondern als Weg zur „Erleuchtung“. *Leitfragen:* Welche Erkenntnisse kann ich im Leid über mich / über das Leben gewinnen? Ist mit dem „Aus-dem-Nest-geworfen-Werden“ ein Handeln Gottes gemeint?
Vorschlag einer Aufgabe vor der Lektüre: Vervollständige den Satz: „Aus dem Nest geworfen werden bedeutet, ...“ Der Begriff „Erleuchtung“ wird geklärt. Erleuchtung meint im engeren Sinn die Erkenntnis Gottes (Augustin). Ein Bezug zur buddhistischen Weltsicht und Erleuchtungslehre kann angeschlossen werden, auch wenn der Leidbegriff im Buddhismus umfassender als im Christentum verstanden wird.

Zum Buddhismus s. auch Der Weg des Buddhismus (SB, S. 165ff.)

⇨ Text: *Thornton Wilder, Der Mensch sieht nur die Unterseite* (SB, S. 157)
Der Auszug ist dem Roman „Der achte Schöpfungstag“ (The Eigth Day, 1967) entnommen, in dem die Sinnfrage des Leidens am Beispiel der Familie Ashley thematisiert wird, die vom Vater, der unschuldig eines Mordes angeklagt ist, mittellos zurückgelassen wird. Der Diakon erklärt dem Sohn Roger seine Auffassung von den verborgenen Zusammenhängen des Lebens.
Sch. erarbeiten die Weltsicht des Diakons: Jedes Menschenleben ist ein von Gott kunstvoll gestaltetes Muster. Aus menschlicher Perspektive ist dieses Muster nicht zu sehen, lediglich von oben, aus göttlicher Perspektive, ist ein zusammenhängendes Ganzes zu erkennen.
Sch. entwickeln gemäß der Aufgabe im SB ein Gespräch zwischen Ashley und dem Diakon, in dem es um die Rolle des Leids geht. Leid wird in diesem Schema als Teil des für den Menschen nicht überschaubaren Gesamtplans gesehen. Es wird als unverzichtbares Element im Ganzen des Lebens gedeutet, mit einer spezifischen Funktion. Trost liegt in der Erwartung, dass Leid eine Faser im komplizierten und kunstvollen Gewebe des Lebens ist und demnach nicht sinnlos sein kann.
Weiterarbeit: Setze dich mit der Vorstellung auseinander, dass Gott für dein Leben einen Plan entworfen hat!

⇨ Abb.: *Marianne Haas, Holzrelief,* 1999 (SB, S. 157)
Sch. betrachten die Skulptur und äußern ihre Eindrücke. Die Gestik und Mimik kann als Klage, Anklage, Frage, Hilferuf oder Aufforderung gedeutet werden.
Sch. stellen die Haltung der abgebildeten Figur nach und sprechen aus, was sie in dieser Situation sagt. *Methodische Variante*: Abb. auf Folie kopieren; Sch. zeichnen auf Folienstreifen eine Sprechblase und beschriften sie so, wie es ihrer Meinung nach der Figur gerecht wird. Sprechblasen werden auf die Folie gelegt und verglichen.
Welche Gründe mag es geben, dass sich die Person in dieser Weise verhält? Sch. entwickeln eine Vorgeschichte, die zu der dargestellten Situation führt.

D. Wer bist du, Gott?

⇨ Texte: *Hiobs Auflehnung gegen das Leid* (SB, S. 158)
Die Textauszüge aus den Reden Hiobs machen die Formen seiner Auseinandersetzung mit dem Leid und mit Gott deutlich. Nimmt Hiob anfangs das Böse von Gott an, wie er zeitlebens das Gute angenommen hat, so wendet er sich zunehmend gegen den Herrn, indem er dessen Gerechtigkeit und Loyalität zu den Menschen in Zweifel zieht und ihn schließlich offen der Grausamkeit anklagt und ihn zum Prozess herausfordert. *Einstiegsfrage*: Hiob lebte bislang gottergeben und muss nun großes Leid erdulden. Welche Reaktion erwartest du? Schreibe eine Rede Hiobs an Gott!
Sch. vergleichen ihre Fassung mit dem Text und arbeiten die Entwicklung in der Auseinandersetzung mit Gott heraus. Von Gott ist kein einheitliches Bild möglich: Gott gibt Gutes wie Böses; Gott ist unberechenbar und erscheint (!) Hiob ungerecht und als überlegener Prozessgegner, aber Hiob erwartet von Gott eine Prüfung der Tatsachen und „Wiederaufnahme des Verfahrens" und eine Antwort. Aus Hiobs Haltung spricht die Ablehnung eines blind herrschenden Schicksals; er rechnet mit einem Gott, von dem ein Sinn eingefordert werden kann (auch wenn der dem Menschen verschlossen bleibt). Auflehnung bedeutet Kampf gegen das Leid und gegen Ungerechtigkeit. *Leitfrage:* Seht ihr einen Sinn darin, Gott der Ungerechtigkeit anzuklagen? Der Prozess (s. Aufgabe im SB) sollte organisatorisch wie inhaltlich gut vorbereitet werden (Hiob, Verteidiger Gottes, Verteidiger des Teufels, Freunde, Zeugen). *Vertiefung:* Hältst du es für berechtigt, Gott aufgrund des persönlichen Schicksals anzuklagen? *Weiterarbeit:* Gibt es heute Situationen, in denen du Gott anklagen willst? Verfasse eine Anklage aus aktuellem Anlass!

⇨ Bild: *Erich Grün, Und der Herr antwortete Hiob aus dem Wettersturm,* 1983 (SB, S. 159)
In dem vom kühlen Blau dominierten Bild fallen die Augen (Gottes) und erst bei genauerem Hinsehen die kleine Hiobgestalt rechts unten auf. Gott erscheint Hiob, aber er beherrscht die Szene. Eine direkte Kommunikation erfolgt nicht. Hiob vergräbt den Kopf in seinen Händen, und die Augen Gottes sind nicht auf Hiob gerichtet. Die Antwort Gottes aus dem Wetter ist eine Demonstration seiner Größe und lässt die Fragen Hiobs unbeantwortet. Dies spiegelt sich in dem Bild wieder. Ausgehend vom Bildeindruck ziehen die Sch. Rückschlüsse auf die Gottesreden. Hinweise auf den vermuteten Inhalt der Reden lassen sich auch anhand ihrer Wirkung auf Hiob, die in seiner Antwort (Hiob 42,1–6) erkennbar wird, finden. Ein Abschnitt aus den Gottesreden findet sich bei den Zusatzmaterialien (ZM 2) und kann den Sch. bei Interesse vorgelegt werden.
Auf Folie präsentiert, kann die obere Bildhälfte zunächst abgedeckt werden, damit die Sch. Vermutungen zur Situation Hiobs äußern können (Beschreibung der Situation, Sprechblase).

⇨ Text: *Antwort Hiobs, Hiob 42,2–5.6* (SB, S. 159)
V. 4 nimmt einen Satz aus der Gottesrede auf (Hiob 38,3).
Trotz der unbefriedigenden Reaktion Hiobs (ebenso unbefriedigend wie die Gottesreden), eröffnet das Hiobbuch Perspektiven für das Leben mit Leid: Gott ist auch im Leid da. Gott schweigt nicht. Leid bedeutet nicht Schuld. Leid fordert zur Auflehnung auf.
Sch erarbeiten mögliche Gründe für Hiobs Reaktion:
- Hiob hat erkannt, dass Gott übermächtig und nicht mit menschlichem Maßstab zu messen ist
- Hiob hat erkannt, dass es anmaßend war, angesichts der begrenzten Erkenntnisfähigkeit des Menschen von Gott Rechenschaft zu fordern
- Hiob sieht ein, dass Gottes Geheimnis dem Menschen verschlossen bleibt / bleiben muss
- Hiob hat zwar keine Antwort auf seine Fragen erhalten, aber er ist zufrieden, denn Gott hat sich ihm gezeigt
- Hiob vertraut darauf, dass Gott, der alles vermag und Herr auch über das Böse ist, ihn nicht im Stich lassen wird

- Hiob resigniert vor der unerbittlichen Härte Gottes

Die Beurteilung des Verhaltens Gottes kann auf verschiedene Weise erfolgen, z.B. in Form eines Briefes an ihn.

E. Mit Leiden leben – Leid bewältigen

⇨ Text: *Jaap ter Haar, Behalt das Leben lieb* (SB, S. 160/161)

Der 13-jährige Beer, der durch einen Unfall erblindet ist und sein Schicksal nur schwer erträgt, lernt im Krankenhaus einen todkranken Studenten kennen, der ihm zu der Erkenntnis verhilft, dass das Leben in jedem Fall wert ist, gelebt zu werden. Wenn selbst der Tod nicht zu fürchten ist, um wie viel weniger dann ein Leben mit Behinderung. Für Beer relativiert sich seine Blindheit und er erkennt, dass dem Leben durch die Liebe zu anderen Menschen entgegen allem Unglück Sinn gegeben wird.

Die Sch. beschreiben Situation und Stimmung Beers und des Studenten. Einzelaussagen werden erläutert: Was heißt das Leben „lieb behalten, wenn es auch manchmal enttäuscht"? Glaubst du, dass ein Todkranker in dieser Weise über das Leben und den Tod spricht? Stimmst du Beer zu, dass es viel mehr schlimme, traurige, schreckliche als schöne Dinge im Leben gibt? Begründe deine Ansicht!

In der Bearbeitung der Aufgaben geht es darum, die Gründe für den Trost zu erkennen, den Beer in dem Gespräch mit dem Studenten findet. Die tröstende Wirkung, die in der Relativierung des eigenen Leids durch den Vergleich mit anderen Leidenden liegt, sollte angesprochen werden.

Weiterarbeit: Warum stellt sich Beer gerade in seiner Situation die Frage, was dem Leben Sinn gibt? Ausgehend von der Situation Beers suchen die Sch. vergleichbare Leiderfahrungen, die in ähnlicher Weise ein Umdenken im Leben erforderlich machen.

⇨ Text: *Stefan Zweig, Mit-Leid* (SB, S. 161)

Kann man jemanden im Leid wirklich trösten? S. Zweig sieht wahres Mitleid im Mit-Leiden, das unsentimental den ganzen Menschen fordert, der für seine Zuwendung zum Leidenden auch Opfer zu bringen bereit ist, während das falsche Mitleid ein Bedauern des Leidenden ist, das aber keine wirkliche Anteilnahme sucht.

Sch. illustrieren gemäß Aufgabe im SB die Formen des Mitleids im Spiel. Die von Zweig gemeinten Kriterien werden erarbeitet.

Weiterarbeit: Erinnere dich an die im Unterricht besprochenen Beispiele (z.B. J.-D. Bauby, S. Niebuhr, F. Zorn, Beer). Wie könnte das von Zweig geforderte Mitleid jeweils umgesetzt werden?

Der Student rät dem erblindeten Beer einmal: „Du musst dich gegen das Mitleid der Leute abhärten. Zeig jedem, dass du kein Mitleid willst. Lass vor allem kein Wrack aus dir machen."

Warum gibt der Student diesen Ratschlag? Beurteile ihn! Vergleiche diesen Ratschlag mit der Auffassung von Stefan Zweig!

⇨ Text: *Bärbel von Wartenberg-Potter, Ich lebe, und ihr sollt auch leben,* 1990 (SB, S. 162)

Die Bewältigung des furchtbaren Leids wird von der Theologin B. v. Wartenberg-Potter als „Gnade" erlebt. Die Erfahrung, dass das Leid durch einen Akt Gottes und nicht allein durch den eigenen Willen überwunden werden kann, beschreibt sie in der Terminologie der Auferstehung. Durch Gott hat für sie etwas Neues begonnen. Dennoch bleibt das Leid Bestandteil ihres Lebens (sie wird stets zur Gemeinschaft der Schmerzverletzten gehören), das durch das Leid neue Akzente erhalten hat. Die Andeutungen dazu werden von den Sch. aus der Ich-Perspektive (ohne dass eine völlige Identifikation mit der Autorin erwartet wird) mit Inhalt gefüllt.

Sch. konkretisieren das „Wegrollen von Steinen" anhand von Beispielen aus dem Leben (Karteikarten). Es bietet sich an, Bezüge zum Gedicht *Warum denn ich*? (SB, S. 153) herzustellen.

Ergänzend können Auszüge aus dem Römerbrief (Röm 8,18.28.31–32.34–39) gelesen werden, der mit rhetorischer Kraft die Hoffnung zum Ausdruck bringt, dass momentanes Leid überwindbar ist und überwunden wird. Dabei ist nicht nur an ein jenseitiges Heil gedacht, sondern die Macht der Liebe Gottes wird schon jetzt das Leid bewältigen helfen.

5. Materialien und Medien

- Sigrid und Horst Klaus Berg, Wege nach Golgatha. Biblische Texte verfremdet, Band 10, Kösel/Calwer Verlag, München/Stuttgart 1989
- David Feinstein/Peg Elliott Mayo, Zeit des Lebens. Zeit des Sterbens. Rituale für den Umgang mit der eigenen Sterblichkeit. Aus dem Amerikanischen übersetzt von Helga Fuchs-Entzminger, Kösel-Verlag, München 1996
- Ingrid Grill, „Aber meine Augen werden ihn schauen..." Hiob. Arbeitshilfe für den evangelischen Religionsunterricht, 1. Band: Ein Versuch zum Themenbereich „Die Bibel als Grundlage des Glaubens" für die 11. Jahrgangsstufe, hg. von der Gymnasialpädagogischen Materialstelle der Evangelisch-Lutherischen Kirche in Bayern, Marquardsenstraße 2, 91054 Erlangen, Tel. 09131/24001
- Die dunklen Seiten Gottes, Sechs Bildfolien mit Bilderschließung, methodischen Hinweisen und Anregungen zum Gespräch, Materialbrief Folien, Deutscher Katecheten-Verein e.V., DKV-Buchdienst, Preysingstraße 83c, 81667 München, Tel. 089/48092-242
- Heidi Kaiser (Hg.), Leiden und Hoffen. Ein Lesebuch für Schule und Gemeinde. Verlag Ernst Kaufmann, Lahr 1993
- Heike Klischka, Hiob – Frommer Dulder oder Rebell gegen Gott. In: Rudolf Tammeus (Hg.), Religionsunterricht praktisch. Unterrichtsentwürfe und Arbeitshilfen für die Sekundarstufe I, 8. Schuljahr, Vandenhoeck & Ruprecht, Göttingen 1989, S. 163–183

Belletristik
- Jaap ter Haar, Behalt das Leben lieb. Aus dem Niederländischen übersetzt von Hans Joachim Schädlich. Deutscher Taschenbuch Verlag, München [23]1999

Autobiographien
- A.L.I.S. (Association of the locked-in syndrome), http://www.club-internet.fr/alis
- Jean-Dominique Bauby, Schmetterling und Taucherglocke. Aus dem Französischen übersetzt von Uli Aumüller, Paul Zsolnay Verlag, Wien 1997
- Julia Tavalaro mit Richard Tayson, Bis auf den Grund des Ozeans. Sechs Jahre galt ich als hirntot. Aber ich bekam alles mit. Herder Verlag, Freiburg 1998
- Fritz Zorn, Mars. Fischer Taschenbuch Verlag, Frankfurt 1999

Dokumentarfilme
- Schmerzgrenze – Fünf Jahre unseres Lebens, Agneta Elers-Jarleman, Schweden 1983, 76 Min.
- Asphaltkreuze, Heidi und Bernd Umbreit, Deutschland 1988, 29 Min.
- Ich will wieder leben, Heidi und Bernd Umbreit, Deutschland 1989, 28 Min.

ZM 1

Gnade ist ...

aus dem Nest geworfen werden
und im Fallen noch die liebende Hand spüren,
von einer Bewusstseinsstufe
in die andere gestoßen werden,
durch Erleuchtung ein Wissender werden.

Martin Gutl

Aus: Horst Klaus Berg, Altes Testament unterrichten. Handbuch des biblischen Unterrichts, Bd. 3,

ZM 2

Gottes Antwort aus dem Wettersturm

Und der Herr antwortete Hiob aus dem Wettersturm und sprach:
Wer ist's, der den Ratschluss verdunkelt mit Worten ohne Verstand?
Gürte deine Lenden wie ein Mann! Ich will dich fragen, lehre mich!
Wo warst du, als ich die Erde gründete? Sage mir's, wenn du so klug bist!
Weißt du, wer ihr das Maß gesetzt hat oder wer über sie die Richtschnur gezogen hat?
Worauf sind ihre Pfeiler eingesenkt, oder wer hat ihren Eckstein gelegt,
als mich die Morgensterne miteinander lobten und jauchzten alle Gottessöhne?
Wer hat das Meer mit Toren verschlossen, als es herausbrach wie aus dem Mutterschoß,
als ich's mit Wolken kleidete und in Dunkel einwickelte wie in Windeln,
als ich ihm seine Grenze bestimmte mit meinem Damm und setzte ihm Riegel und Tore
und sprach: „Bis hierher sollst du kommen und nicht weiter; hier sollen sich legen deine stolzen Wellen!"?
Wer mit dem Allmächtigen rechtet, kann der ihm etwas vorschreiben? Wer Gott zurechtweist, der antworte!
Gürte wie ein Mann deine Lenden! Ich will dich fragen; lehre mich!
Willst du mein Urteil zunichte machen und mich schuldig sprechen, dass du Recht behältst?
Hast du einen Arm wie Gott, und kannst du mit gleicher Stimme donnern wie er?
Schmücke dich mit Pracht und Hoheit; zieh Majestät und Herrlichkeit an!
Streu aus den Zorn deines Grimmes; schau an alle Hochmütigen und demütige sie!
Ja, schau alle Hochmütigen an und beuge sie und zertritt die Gottlosen in Grund und Boden!
Verscharre sie miteinander in der Erde, und versenke sie ins Verborgene,
so will auch ich dich preisen, dass dir deine rechte Hand helfen kann.

Hiob 38,1–11; 40,2.7–14

aus: Lutherbibel, revidierter Text 1984, durchgesehene Ausgabe in neuer Rechtschreibung,

An Hiob

Ich glaube, Hiob – und du wirst mir diesen Hinweis zum Schluss nachsehen – , dass dein Glaubensbruder aus Nazaret, der ebenso wie du auf Gott in einzigartiger Weise vertraut hatte, eine solche Gläubigkeit gelebt hat. Seine letzte Frage, bevor er starb: wem gab sie mehr Recht als dir? Gerade sein „Fall" zeigt noch einmal besonders, wie unversöhnt die Schöpfung ist. Dieser Prediger aus Galiläa erlebte kein Happy-End wie du, Hiob. Er bekam nicht die Chance, „hochbetagt und satt an Lebenstagen" zu sterben. Sein Leben endete – er war noch keine 30 Jahre alt – als Torso, als Fiasko. Nichts bekam er zurück; er starb in Gottes- und Menschenverlassenheit. Aber als jemand, der glaubt, dass gerade dieser gekreuzigte Nazarener der Messias Gottes ist, lässt mich der Glaube nicht los, dass Gott diesen Mann ebenso wenig im Stich gelassen hat wie dich, Hiob, ja dass Gott gerade im Fall dieses Nazareners in radikaler Weise sich als ein anderer Gott gezeigt hat: nicht als ein Gott der omnipotenten Machtdemonstration, nicht als ein Marionettenspieler-Gott, der seinen zynischen Spaß daran hat, Menschen leiden zu sehen; nicht als ein Gott, der das Leiden des Menschen als Testfall für deren Glaubenshartnäckigkeit inszeniert, um dem Widersacher gegenüber Recht zu behalten. Nein, hier wurde ein Gott offenbar, der die Menschen auch in ihrer Rebellion bejaht, in ihrem Leiden stärkt und in ihrem Sterben nicht allein lässt, ein Gott des Mitleids und der Verheißung. Gewiss, auch dieser Gott erspart der Welt nicht das Leid, nicht die Arbeit an den Widersprüchen, aber mit ihm ist ein Weg durch die Welt des Leidens gewiesen. Dein Protest, Hiob, und der Glaube daran, dass die Kreuze in der Geschichte nicht das letzte Wort Gottes sind, machen mich stärker, das zu ertragen, was in meinem eigenen Leben an Leid passiert ist und wohl noch passieren wird, und die mit zu tragen, die mit ihrem Leiden nicht fertig werden, ja, die oft noch nicht einmal die Kraft haben, sich gegen ihr Leiden zu stemmen und auf ein Ende aller Leiden zu hoffen.

Karl-Josef Kuschel, in: Paul Niemann (Hg.), Liebe Eva, lieber David!. Briefe, Gütersloher Verlagshaus, Gütersloh 1989, S. 103–114 (Auszug)

- Stelle die Gemeinsamkeiten und Unterschiede zwischen Hiob und Jesus heraus!
- Beschreibe die zwei Seiten Gottes, die K.-J. Kuschel in Hiob und Jesus erkennt! Nimm Stellung zu seiner Charakterisierung Gottes!
- Erläutere, in welcher Weise Hiob und besonders der „Fall Jesu" helfen, Leid besser zu ertragen!

Der Weg des Buddhismus

1. Theologische und didaktische Aspekte

Die Schülersituation: Suche nach Orientierung in der Pluralität

Auf ihrer Suche nach Deutungsmustern für ihr eigenes Leben und ihre Alltagserfahrungen (z.B. Leid, Suche nach erfülltem Leben) gewinnen für Jugendliche im Alter von 14–16 Jahren zunehmend auch andere Konfessionen und Religionen an Bedeutung. Vom Buddhismus geht dabei neben vielen anderen Orientierungsangeboten der pluralen Gesellschaft eine besondere Faszination aus.

Diese hat ihren Grund einerseits in der starken medialen Präsenz dieser Religion: So sahen viele jugendliche Zuschauer aufwendig inszenierte Filme wie „Little Buddha", „Living Buddha" oder „Sieben Jahre in Tibet" und auf dem Literaturmarkt gibt es Bezüge zum Buddhismus in den verschiedensten Facetten (von den Krimis von Janwillem van de Wetering bis zu esoterischen Schriften). Der *Dalai-Lama*, dank häufiger Termine und Treffen in der westlichen Welt in den Medien immer präsent, personifiziert für viele Jugendliche den Buddhismus. Auch die steigende Zahl von buddhistischen Zentren lässt den Buddhismus – obwohl er zahlenmäßig einen Minderheitsstatus einnimmt (es gibt ca. 200.000 Buddhisten in Deutschland) – zu einer im direkten Umfeld erfahrbaren Religion werden.

Andererseits ist neben diesen „äußeren" Begegnungspunkten bei Jugendlichen oft auch die „Suche nach dem mentalen und emotionalen Kick" (Dehn, S. 10) bedeutsam, den sie sich von dem, was in den Medien zum Buddhismus transportiert wird, erhoffen: Erleuchtung durch Meditation, Ich-Stärke durch Selbstfindung, Gelassenheit, Glücksgefühl, Erfüllung etc.

Bei aller angebrachten Skepsis gegenüber diesem „Vorwissen" bzw. der daraus resultierenden Erwartungshaltung sollte und kann das Interesse der Jugendlichen auch für den RU fruchtbar gemacht werden.

Buddhismus: Ein geeignetes Beispiel – mit Besonderheiten

Im Gegensatz zu anderen östlichen Religionen bietet sich der Buddhismus als Unterrichtsgegenstand aus verschiedenen Gründen an:

- Der Buddhismus hat eine deutliche *„Lehre"* bzw. *„Lehrgestalt"* mit ausgeprägten und überschaubaren Grundsätzen. Dies hat den Vorteil, dass außer dem phänomenologischen Zugang auch der Zugang über seine Selbstdefinition (hier: Lehre als „Binnensicht") möglich ist.
- Der Buddhismus hat einen Religionsstifter: Die *Gestalt des Buddha* mit ihrer Vita ist selbst eine ausgezeichnete Zugangs- und Verstehensmöglichkeit für Schüler. Der Vergleich mit anderen „Religionsstiftern" (Mohammed, Jesus) liegt nahe – und wird von den Schülern häufig selbst gesucht. Hier können sie Bezüge zu bisher Gelerntem herstellen.
- Der dem Buddhismus zeitlich und inhaltlich

vorausgehende *Hinduismus* birgt die Schwierigkeit, dass ein phänomenologischer Zugang – in Ermangelung klarer „lehrmäßiger" Konturen und einer Stifterfigur – nur über die vielfältigen Göttergestalten und die noch zahlreicheren Feste möglich ist. Dies kann zu einem rein additiven Unterricht führen.

Bei der Behandlung des Buddhismus müssen jedoch einige Besonderheiten bedacht werden, die vor allem die Art der Überlieferung betreffen. Während die Sch. es aus der christlichen Überlieferung kennen, dass Aufzeichnungen über die Lehre und das Leben Jesu bereits ca. 40 Jahre nach seinem Tod in den Evangelien systematisch gesammelt wurden, gibt es im Buddhismus diese schriftliche Fixierung erst ca. 200 Jahre nach Buddhas Tod. Grund dafür ist die Tatsache, dass im Buddhismus nicht bestimmte Schriften, sondern die Rezitation auswendig gelernter Texte durch die Mönche als Garant für einen Überlieferung an spätere Generationen angesehen wird. Auch gibt es nicht *eine* autorisierte Textsammlung, *ein* „heiliges Buch", sondern eine ganze Bibliothek von „Lehr"-Büchern. Neben den Lehrreden Buddhas sind darin auch Dialoge, Gedichte und legendarische Erzählungen über Ereignisse aus Buddhas Leben enthalten. Und auch diese Inhalte unterscheiden sich noch je nach der jeweiligen Lehr-Tradition (*Theravada* oder *Mahayana*, Zen, Amida-Buddhismus, Tibetischer Buddhismus etc.).

Dennoch sind die biografischen Legenden und Erzählungen insofern „wahr", als sie Buddhas Lehre verdeutlichen – und somit eine Wahrheit beinhalten, die über historisch gesicherte Fakten hinausgeht.

Bei der Behandlung des Buddhismus in der Sek. I können nicht die Vielschichtigkeit, Vielgestaltheit und die Vielzahl verschiedener buddhistischer Glaubens- und Lebensformen im Mittelpunkt der Erarbeitung stehen, sondern die Reduktion bzw. Konzentration auf den gemeinsamen Ursprung: den Religionsstifter Buddha und die Grundzüge seiner Lehre. Insofern kann in dieser Jahrgangsstufe nur eine erste Annäherung geleistet werden, die ggf. zur Weiterarbeit und Vertiefung anregt. Sie sollte allerdings so gestaltet sein, dass sie den Einstieg in einen „interreligiösen Dialog" ermöglicht.

Zielperspektive: Dialogfähigkeit

Sehr treffend formuliert H. Dumoulin, der lange Jahre konkret im Dialog mit dem Buddhismus gelebt hat, diese Perspektive:

„Das zwischenreligiöse Gespräch zwischen Buddhisten und Christen lädt nicht nur zur Besinnung ein und gibt die Gelegenheit zum Rückblick auf Vergangenes, auf die Geschichte, sondern wird auch Anlass zur Hinwendung in die Zukunft. Es gehört wohl zu den Eigentümlichkeiten unserer Epoche, dass alle Religionen sich in verstärktem Maße ihrer Zukunftsverantwortung bewusst werden ... Es öffnet sich der Horizont einer neuen Zukunft. Das Miteinandersprechen aller religiösen Menschen ist eine der großen Hoffnungen der Menschheit." (zit. nach U. Dehn, S. 141)

Damit diese Hoffnung auf eine neue Zukunft auch von den Sch. mitgetragen und gestaltet werden kann, sind bestimmte Konsequenzen für den Unterricht über Weltreligionen zu beachten. Sie finden sich schon 1988 sehr prägnant und praxisrelevant formuliert bei Achilles/Lähnemann/Siedschlag, wo es u.a. heißt (vgl. J. Lähnemann, Evangelische Religionspädagogik, S. 140):

- Unterricht über Weltreligionen erfordert, nach der „Mitte" der jeweiligen Religion zu fragen, damit sie nicht von ihr fremden Sichtweisen her schabloniert wird.
- Unterricht über Weltreligionen ist nicht zu bewältigen, ohne den anderen als expliziten oder impliziten Gesprächspartner zu haben: Kann er sich in meiner Darstellung seines Glaubens wiederfinden?
- Unterricht über Weltreligionen strebt über die gedankliche Beschäftigung hinaus zu existenzieller Begegnung.

Für solche „Begegnungen" entwickelt K.E. Nipkow in seinem fundamentalen Werk „Bildung in einer pluralen Welt" (1998) sechs sog. „Kommunikationsregeln" für den Beitrag des RU zur Ermöglichung eines *interreligiösen Dialogs*. In ihnen geht es vor allem um den Respekt gegenüber den Glaubensaussagen anderer, die als persönliche Aussagen den gleichen Schutz genießen müssen, den man selbst für seine eigenen Glaubensaussagen erwartet; sodann sollen abwertende Abgrenzungen und freundliche Einvernahmungen vermieden werden. Der Ernsthaftigkeit der Glaubensaussagen von anderen Gläubigen muss auch die Ernsthaftigkeit des Interesses der Sch. entsprechen. Nur so können in einer Atmosphäre des Vertrauens und einer religionsfreundlichen Grundhaltung vorschnelle, rein kognitive Be-/Verurteilungen anderer Glaubensinhalte aus einer Position der Überheblichkeit vermieden werden. (vgl. Nipkow, Bildung, Bd. 2, S. 112–123)

Dennoch darf die Existenz dieser Regeln nicht darüber hinwegtäuschen, dass der Dialog auch weiterhin noch Probleme birgt: so die Gefahr der zu starken Verkürzung einer Religionslehre durch den für eine differenzierte Darstellung zu begrenzten Raum im Lehrbuch oder der Unterrichtsplanung; auch die Kontaktaufnahme mit Vertretern der Religion (z.B. Dialogverweigerung fundamentalistischer Gruppen) oder praktische Annäherung an die Glaubenspraxis der anderen Religion (z.B. Meditation) können zu Schwierigkeiten führen.

Konsequenzen für den Unterricht

Die bisherigen Überlegungen spiegeln sich deutlich in der Struktur des Kapitels: *Elementarisierung* und *Dialog* sind die prägenden Auswahl- und Gestaltungsprinzipien. So wurde versucht, die Materialien so auszuwählen, dass sie weitgehend als charakteristische Selbstaussagen des Buddhismus verständlich sind. Damit korrespondieren Texte/Materialien, die aus dem westlich-christlichen Kontext stammen und zum dialogischen Erschließen des Buddhismus anregen sollen.

Ausgangspunkt ist das Lebens- und Weltverständnis des Buddhismus: Es ist geprägt von der Erfahrung des Leids und dem Wunsch nach Befreiung aus dem „Rad der Wiedergeburt“. Gerade dazu lassen sich auch Grunderfahrungen und Befindlichkeiten der Sch. in Beziehung auf Freiheit/Befreiung setzen: Auch bei ihnen gibt es die Erfahrung von Leid und das Bedürfnis erlöst zu werden – allerdings eher aus den „Mühlen des Alltags“.

Die „Erleuchtung“ bzw. neue Erkenntnis Buddhas wird dokumentiert durch die *Vier Edlen Wahrheiten* und den *Edlen Achtfachen Pfad*, die den Weg zur Überwindung des Leids markieren; auch hier ergänzt das korrespondierende Material die Reaktionen darauf aus einem christlich geprägtem Umfeld. Eigene Übungen der Sch. zu der auch im „Achtfachen Pfad“ angesprochenen *Achtsamkeit* (z.B. durch eine Atem-Meditation; s.u.) können an dieser Stelle praktische Erfahrungen ermöglichen.

Im Zentrum des nächsten Abschnitts steht die Umsetzung der „Achtsamkeit“ im Leben eines Buddhisten: Ein *deutscher Buddhist* erläutert kurz seine „Meditationspraxis“, *Thich Nhat Hanh* entfaltet seinen Begriff von „Achtsamkeit“ und die Alltags-Praxis *buddhistischer Mönche* wird vorgestellt. Es werden Fremdheit und Schwierigkeiten deutlich, aber auch Parallelen zur Tradition christlicher Orden. Die Sch. können ggf. eigene (Meditations-)Erfahrungen einbringen oder durch gezielte Kontakte zu christlichen und buddhistischen Klöstern neue Erfahrungen sammeln. So wird „Dialog“ möglich.

Die Begegnung zwischen christlicher und buddhistischer Glaubens- und Alltagspraxis wird im Schlusskapitel ausgeweitet zu einem grundlegenden Dialogansatz, der durch Materialien sowohl von buddhistischer als auch von christlicher Seite fundiert wird. *Eine* Möglichkeit der Dialog- bzw. Begegnungsmöglichkeit bietet die *christliche Mystik*, die zum Abschluss des Kapitels einerseits anhand von Texten des christlichen Philosophen *Dag Hammerskjöld* und des christlichen Meditations- und Exerzitienmeisters *Anthony de Mello* und der *Mandala- bzw. Meditationspraxis* andererseits konkretisiert wird.

2. Intentionen

Die Sch. sollen
- Grundkenntnisse über den Religionsstifter und die Lehre des Buddhismus erwerben
- Leiderfahrung und den Wunsch, das Leid zu überwinden, als Ausgangspunkte der buddhistischen Lehre erarbeiten
- anhand des „Achtfachen Pfades“ die von Buddha vorgelebte Möglichkeit der Befreiung vom Leid kennen lernen
- Konkretionen dieses Weges im buddhistischen Alltag erarbeiten und mit der christlichen Tradition vergleichen
- anhand einer buddhistischen und einer christlichen Position Möglichkeiten und konkrete Aspekte eines interreligiösen Dialogs erörtern
- sich in Formen gelebten Buddhismus' (z.B. Meditation) einfühlen und sie zu christlichen Formen (z.B. Gebet) in Beziehung setzen.

3. Literatur zur Vorbereitung

- Ulrich Dehn, Das Klatschen der einen Hand. Was fasziniert uns am Buddhismus? Hannover 1999.
- Thich Nhat Hanh, Die Sonne, mein Herz – Wie Glück entsteht, Herder, Freiburg 1997; ders., Wie Siddharta zum Buddha wurde. Eine Einführung in den Buddhismus, Theseus, Zürich u.a. [4]2001.
- Hans Küng, Spurensuche. Die Weltreligionen auf dem Weg, Piper, München [4]2000; ders. u.a., Christentum und Weltreligionen: Buddhismus, Piper, München 1998.
- Lexikon der östlichen Weisheitslehren: Buddhismus, O.W. Barth, München 1986.
- Anthony de Mello, Meditieren mit Leib und Seele, Herder, Freiburg [2]1998.
- Karl Ernst Nipkow, Bildung in einer pluralen Welt. Bd. 2: Religionspädagogik im Pluralismus, Kaiser, Gütersloh 1998.
- Sogyal Rinpoche, Das Tibetische Buch vom Leben und vom Sterben, O.W. Barth/Scherz, Bern 1998.
- Hans Wolfgang Schumann, Buddhismus – Stifter, Schulen und Systeme, Walter, Olten 1997.

4. Unterichtsideen

Im Folgenden sollen weniger methodische Anregungen gegeben werden, diese finden sich schon in den Arbeitsvorschlägen des SB. Vielmehr soll durch Zusatzmaterialien (ZM) der sehr komplexe Unterrichtsgegenstand „Buddhismus“ so aufbereitet werden, dass er auch für Kolleginnen und Kollegen, die keine „Experten“ in dem Bereich sind, unterrichtbar wird.

A. Leiden am Leben

⇨ Abb.: *Das Rad des Lebens* (SB, S. 165)
Bei der Verwendung dieser Darstellung ist darauf zu achten, dass die Bildelemente deutlich erkennbar sind. Dies kann erreicht werden, wenn das Bild auf eine *OH-Folie* vergrößert wird. Die Sch. sollen die Bedeutung einzelner Bildelemente nicht erraten müssen: Es ist davon auszugehen, dass sie sie nicht kennen. (Zur Arbeit mit Bildern im Unterricht s. S. 170ff.)
Vielmehr geht es um den Gesamteindruck (z.B. Bedrohung) und auffällige Einzelheiten, die die Sch. wahrnehmen (z.B. die Struktur, den Weg, die in allen Segmenten vorkommende Figur auf der Wolke). Von diesen zentralen Bildelementen kann dann eine interpretierende Annäherung versucht werden, die

durch das Arbeitsblatt ZM 1 ergänzt werden kann.

⇨ Text: *Das Rad des Lebens – Erläuterungen* (ZM 1)
Bei der Deutung des Lebensrades sollten einzelne Segmente in arbeitsteiliger Gruppenarbeit anhand der Erläuterungen erschlossen werden. Sprecher der einzelnen Gruppen erläutern den anderen dann jeweils ihren Bildausschnitt wie bei einer Museumsführung. Gemeinsam sollten anschließend Verbindungen der Einzelsegmente und eine Gesamtaussage der Darstellung erarbeitet werden.
Für die Menschen des alten Indien war die Wiederverkörperung einer unsterblichen Seele nach dem Tod in einem neuen Körper (*Reinkarnation*) eine Tatsache. Der Buddha modifiziert diesen Glauben nur dadurch, dass er – überzeugt von der Unbeständigkeit aller Phänomene – die Unsterblichkeit einer Seele bestreitet und bei der Bildung eines neuen Menschen nur Tatfolgen (*Karma*) eines früheren Lebens wirksam sieht. Der allgemeine Wunsch, nicht wieder geboren zu werden, passt zu den oft schwierigen Lebensbedingungen dieser Zeit, die dann in der Lehre des Buddha von der Leidhaftigkeit allen Lebens Ausdruck gefunden haben.
Unbestreitbar ist auch die sexuelle Aktivität für die Schaffung neuen und immer neuen Lebens – es entsteht so der „Kreislauf der Wiedergeburten" (Samsara), dargestellt *im äußeren Ring* des Lebensrades. Durch konsequente Enthaltung von sexueller Aktivität, wie sie den Mönchen der ursprünglichen Lehre verordnet wurde, kann dieser Kreislauf unterbrochen werden, doch führt die einfache Unterdrückung sexueller Impulse zu einer Steigerung Leid schaffender Gier. Normalerweise führt ein Sinnesimpuls in unbewusster Automatik über die *Kettenglieder 5–8* zu gierigem Verlangen (*Kettenglied 9*). Die Lösung aus buddhistischer Sicht besteht darin, dass in den unbewussten Verarbeitungsprozess durch konsequente Übung eines achtsamen Umgangs mit der Sinneserfahrung ein Impuls gegeben wird, der dem Begehren seinen zwanghaften Charakter nimmt. Es entsteht so die Freiheit einer Wahl, ob ich eine sexuelle Aktivität als sinnvoll ausführe oder sie entspannt sein lasse. Da die Möglichkeit, zwanghafte Impulse durch Achtsamkeit zu verändern, ganz allgemein gegeben ist, kommt dieser auf dem buddhistischen Heilsweg zentrale Bedeutung zu – auch unabhängig vom Glauben an die Reinkarnation. So werden gerade in einem modernen buddhistischen Verständnis die Bilder des Lebensrades als Symbole für Zustände und Ereignisse eines Lebens interpretiert; die *Sechs Daseinsbereiche* z.B. „psychologisch" (vgl. M. Epstein, Gedanken ohne den Denker. Das Wechselspiel von Buddhismus und Psychotherapie, Fischer, [2]2000, S. 27ff.) oder „gesellschaftlich" (vgl. L. Khantipalo-Mills, Buddhism Explained, Silkworm Books, 1999).

⇨ Text: *Dalai Lama, Nirvana als Befreiung* (ZM 2)
Falls der Text schon gleich zu Beginn eingesetzt wird, sollte die Erschließung eng mit der Deutung des Bildes vom Rad des Lebens (s.o.) gekoppelt werden: Zu überprüfen ist dann der Zusammenhang zwischen der „Definition" des Dalai Lama und der bildlichen Darstellung.
Mit den Sch. kann vergleichend das christliche Verständnis von „Befreiung" erarbeitet werden; Grundlage hierfür: einschlägige Texte der paulinischen sowie der lutherischen Theologie.

⇨ Gedicht: *Utha Thomsen, Wer nimmt mir meine Traurigkeit* (SB, S. 166)
In die Mitte eines Stuhlkreises (oder: einer jeden Gruppe) wird ein Plakat gelegt, auf dem ein großer Schlüssel abgebildet ist. Die Sch. bekommen Stifte und halten Assoziationen zum Thema „Schlüssel" um den Schlüssel herum in Stichworten fest.
Noch anschaulicher ist es, wenn die Sch. ihre eigenen Schlüssel, die sie in der Tasche haben, für kurze Zeit in die Mitte legen. Schon die unterschiedlichen Formen regen Phantasie und Neugier an. Im Auswertungsgespräch sollten neben den Assoziationen auch folgende Fragen im Mittelpunkt stehen: Welche Bedeutung haben Schlüssel für mich im Alltag? Was wollen/müssen wir uns „erschließen"?

⇨ Bild: *Samuel Bak, Schwierige Fragen,* (SB, S. 166)
Die Sch. können als kreative Schreibaufgabe einen Text für einen Ausstellungskatalog schreiben, der das Bild von S. Bak und das Gedicht von U. Thomsen miteinander in Beziehung setzt.

⇨ Text: *Die Vier Ausfahrten* (SB, S. 167)
Je nach Interesse der Sch. bietet es sich an, (a) diesen Text oder (b) den Text *Die Vier Edlen Wahrheiten* (SB, S. 168) zum Ausgangspunkt einer Collage zu nehmen. Im ersten Fall steht mehr das Erschrecken Gautamas im Mittelpunkt. Leitfrage könnte sein: „Wovor erschrecken wir heute?" oder „Worüber wäre Gautama heute erschrocken?"

B. Das Leiden überwinden

In diesem Abschnitt steht die Begegnung der Sch. mit zentralen Elementen der *buddhistischen Lehre* im Mittelpunkt. Bei der inhaltlichen Erschließung kann es dazu kommen, dass die Texte bzw. ihre Aussagen den Sch. trotz aller Bemühungen „fremd" bzw. schwer verständlich bleiben. Dies ist für die Beschäftigung mit einer „Fremd"-Religion nicht verwunderlich; der völlig unterschiedliche Stellenwert des ICH im europäischen und indischen Kulturkreis trägt dazu bei: Während hier die Aufklärung gerade das Selbstbewusstsein und ICH der Menschen gestärkt hat, wird buddhistische Erleuchtung erst durch ICH-Losigkeit ermöglicht. Dieser Widerspruch ist kaum lösbar und verlangt nach anderen Wegen der Annäherung: *Meditations-Übungen* zur „Achtsamkeit" und *direkte Kontakte* zu Buddhisten können den Sch. helfen, die Fremdheit zu überwinden und Antworten auf ihre Fragen zu bekommen.

⇨ Text: *Die Vier Edlen Wahrheiten* (SB, S. 168)
Die Sch. erstellen Collagen, evtl. in Gruppen, zu den vier Wahrheiten. Eine aktualisierende *Collage*, die von diesem Text ausgeht, muss Buddhas Analyse der Leidensursachen in den Mittelpunkt stellen. Zentral ist dafür die Frage: „Was verursacht heute Leid?" Vor dem Hintergrund der Collagen kann dann der „Lösungsvorschlag" Buddhas auf seine Gültigkeit – auch und gerade für die aktuellen Leidursachen – hin überprüft werden.
Als Ergänzung (oder Kontrast) zu den vier Wahrheiten können die Sch. auch selbst „Vier Wahrheiten" formulieren, die ausdrücken, was für ihr Leben zentral ist.

⇨ Text: *Die Fünf Daseinsgruppen* (SB, S. 168)
Die Fünf Daseinsgruppen der buddhistischen Psychologie sind eine vollständige Beschreibung der menschlichen Person. Dabei bedeutet „Empfindung" das Phänomen „angenehm, unangenehm, neutral", auch als „Gefühl". „Wahrnehmung" bezieht sich auf die Sinneseindrücke, die nicht nur unsere fünf Sinne „Sehen, Hören, Riechen, Schmecken, Tasten" sondern auch das „Denken" umfassen: Gedanken sind Denkobjekte, die wie Sinnesobjekte wahrgenommen werden können. „Geistesregungen" beziehen sich auf das, was mit Willen, Energie geschieht: Aufmerksamkeit, Entschluss, Sammlung. „Achtsamkeit" ist eine besondere Form von Geistesregung, die sich auch als *absichtslose Aufmerksamkeit* beschreiben lässt.

⇨ Text: *Der Edle Achtfache Pfad* (SB, S. 169)
Die Struktur des „Pfades" bzw. „Weges" findet sich auch in der christlichen Tradition, z.B. bei Kreuzwegen. Die Sch. können an dieser Stelle Kreuzwege in der Umgebung suchen, abgehen oder sich darüber informieren und mit dem buddhistischen „Pfad" vergleichen. Wichtige Gesichtspunkte sind dabei das Symbol „Weg" und der Zusammenhang mit „Erlösung".

C. Der Schlüssel: Achtsamkeit

Der wichtige Aspekt der „Achtsamkeit", der sowohl in den Vier Edlen Wahrheiten als auch dem Edlen Achtfachen Pfad direkt angesprochen wird, wird durch Aussagen von Buddhisten vertiefend konkretisiert; verschiedene Zugänge werden deutlich: der eher „meditative" Weg (Helmut Witte) und der Weg, der durch „aktive" Achtsamkeit die Umwelt/Gesellschaft und mich verändert (Thich Nhat Hanh).

⇨ Bild: *Der unter dem Bodhi-Baum meditierende Buddha* (SB, S. 170)

Insgesamt sechs Jahre nach seinem Aufbruch von Haus und Familie begann Siddharta Gautama, den „mittleren Weg" jenseits der Extreme von Üppigkeit und Askese zu beschreiten. Unter Anwendung von Meditationskenntnissen fastete und meditierte Siddharta 49 Tage lang im Wald von Uruvela unter einem Pappelfeigenbaum. In drei Stufen gelangte er 1. zur Erinnerung an frühere Daseinsformen, 2. zur Erkenntnis des Naturgesetzes der ethischen Kausalität *(Karma)* und schließlich 3. zur Erkenntnis des Leidens und der Vier Edlen Wahrheiten. Mit dieser Erkenntnis war für ihn das Gesetz des *Karma* durchbrochen und er selbst ein Erleuchteter, der gewiss sein konnte, dass er nicht wiedergeboren wird.

Das Bild zeigt folgende Szene: Kurz bevor Siddharta Gautama zur Erleuchtung gelangt, versucht Mara, der buddhistische Satan, dies mit allen Mitteln zu verhindern und den werdenden Buddha von seinem Ziel abzulenken, allerdings zunächst nur mit Abschreckungs- und Verhinderungsmaßnahmen: fratzenhafte Ungeheuer, die ihn mit Speeren und Pfeilen bedrohen, Schlangen bespeien ihn. Erst als er hierauf nicht reagiert, verlegt sich Mara auf die lustvollen Ablenkungen: die Sinnlichkeitsgöttin Ran tritt auf, welkt aber vor dem Fast-Buddha dahin. Siddhartas Sieg über Mara ist damit besiegelt.

(nach U. Dehn: Das Klatschen der einen Hand, S. 46)

Der Bodhi-Baum wird nach Buddhas Erleuchtung als „heiliger Ort" verehrt. Die Sch. können recherchieren, ob und wo es in unserer Kultur (am besten: in der näheren Umgebung) *„heilige Orte"* gibt und welche Entstehungsgeschichte sie haben.

⇨ Text: *Der Weg der Erleuchtung* (ZM 3)

Der Text erläutert, was unter „Erleuchtung" zu verstehen ist und macht an ihr den Beginn der buddhistischen Lehrtradition fest. Die Sch. können dieses Erlebnis mit „Bekehrungserlebnissen" anderer Religionsstifter bzw. „Heiliger" vergleichen und Unterschiede bzw. Gemeinsamkeiten herausarbeiten.

⇨ Text: *Helmut Witte, Achtsamkeit üben* (SB, S. 170)

Es bietet sich an, die von H. Witte beschriebene Übung mit Sch. zu praktizieren; andere *Achtsamkeitsübungen* sind denkbar: gemeinsam Tee kochen und trinken, kochen u.a.

Bevor man mit einer Gruppe eine Achtsamkeitsübung wie vom Autor beschrieben macht, sollte in einem Vorgespräch geklärt werden, ob sich alle aus der Gruppe auf diese Erfahrung einlassen wollen. Im Zweifelsfall sollten diejenigen, die das nicht wollen, auch nicht dazu gezwungen werden.

⇨ Text: *Helmut Witte, Buddhist sein* (ZM 4)

Der Text stellt eine *Vertiefung* dar, indem der Autor seine Deutung und Umsetzung der buddhistischen Lehre im Alltag erläutert. Dabei werden die für Sch. schwer zu verstehenden Begriffe der „Aufhebung des Leidens" und der „Achtsamkeit" anschaulich konkretisiert.

Der Text fasst das bisher Erarbeitete zusammen, stellt es aber aus einem neuen Blickwinkel dar, sodass der Text sich sehr gut als *Klassenarbeit/Klausur* eignet.

Die Sch. können die im Text enthaltenen Aussagen in Form eines *Gedankenexperimentes* anwenden: Wie und an welchen Stellen würde sich z.B. mein (Schul-)Alltag verändern, wenn mir die Umsetzung der „Achtsamkeit" gegenüber Menschen und Dingen immer gelänge? Die Ergebnisse werden in Form einer *Wandzeitung* festgehalten und im Plenum diskutiert. Die Wandzeitung kann dann im weiteren Verlauf des Unterrichts ergänzt werden.

Fragen, die sich daraus ergeben, sollten zusammengetragen und über den Verlag direkt an Herrn Witte geschickt werden (Verlag Vandenhoeck & Ruprecht, Redaktion Schulbuch Religion, Theaterstr. 13, 37073 Göttingen, E-Mail: schulbuch@vandenhoeck-ruprecht.de).

⇨ *Anleitung zu einer Achtsamkeitsübung* (ZM 5)

Der Text kann in ruhigem Ton mit entsprechenden Pausen gelesen werden. Über die bei der Meditation gemachten Erfahrungen sollten sich die Sch. austauschen; dabei können sie auch andere Übungen/Situationen benennen, in denen sie ähnliche Erfahrungen machen.

Die Sch. können aus verschiedensten Quellen

sammeln, welche Bedeutung der „Atem“ (in biologischer und symbolischer Hinsicht) für den Menschen hat und dies mit seiner Bedeutung bei einer Achtsamkeitsübung vergleichen.

⇨ Text: *Thich Nhat Hanh, Achtsamkeit verändert* (SB, S. 171)
Die Sch. entwerfen eine Illustration zu diesem Text, der auf der Einladung zu einer Friedenskonferenz stehen soll. Durch einen Vergleich mit „indianischer Weisheit“ können Parallelen und Unterschiede erarbeitet werden.
„Thich Nhat Hanh wurde vor über 70 Jahren in Vietnam geboren. Bereits mit 16 Jahren entschloss er sich, Mönch zu werden und erlebte die Schrecken des Zweiten Weltkrieges. Später organisierte er den gewaltlosen Widerstand nach Gandhis Vorbild gegen die Besatzungsmacht. Er arbeitete bei sozialen Hilfsorganisationen mit und leistet im Vietnamkrieg auf vielfältige Weise Hilfs- und Friedensarbeit. Als er sich auf keine der beiden Seiten schlagen wollte, durfte er nach einer viel beachteten Vortragsreise durch die USA nicht mehr in sein Land zurückkehren. Er engagierte sich bei den Friedensverhandlungen, später für die flüchtenden Boatpeople. Seine vielleicht beeindruckenste Stärke liegt in dem gelebten Bewusstsein von der Verbindung mit allem, er nennt es ‚Interbeing‘, so heißt auch sein Orden. Es gibt keine abgetrennte Existenz, nur ein ‚gegenseitiges Sein‘.“ *(http://www.connection-medien.de/lexikon/49.htm)*
Kontakt zu Thich Nhat Hanh: Plum Village, F-47120 Loubès-Bernac, http://www.plumvillage.org/

⇨ Text: *Entwicklung des Buddhismus* (ZM 6)
Als unterrichtsbegleitende Langzeitaufgabe sollen die Sch. in arbeitsteiliger Gruppenarbeit weitere Informationen über die verschiedenen im Text aufgeführten buddhistischen Traditionen bzw. Strömungen sammeln und ihre Ergebnisse dann in Form eines Kurzreferates im Plenum präsentieren. Zusätzlich ist auch die Fixierung dieser Ergebnisse an einer Wandzeitung sinnvoll.

D. Leben als buddhistischer Mönch

⇨ Texte: *Gautama begegnet dem „Hauslosen“ / Regeln für die Mönche* (SB, S. 172f.)
Im Kontext dieses Abschnitts ist es empfehlenswert, wenn die Sch. ein christliches und/oder buddhistisches Kloster besuchen. Der Besuch sollte durch Fragen vorbereitet sein, die dann mit den Mönchen diskutiert werden können. Adressen buddhistischer Klöster findet man im Internet (vgl. „Ideen-Ecke“, SB, S. 179: dort weitere Links).
Zur Ergänzung ist es auch sinnvoll, dass die Sch. Kontakt zu einem Mönch aufnehmen. Dies ist über die auf den Internetseiten angegebenen Adressen möglich. Hilfreich ist auch hier die gemeinsame Formulierung von Fragen, die auf diesem Weg geklärt werden können. Ein regelmäßiges „Forum“ im Rahmen des Unterrichts bietet den nötigen Raum, um die – unterschiedlichen – Antworten im Plenum zur Kenntnis zu nehmen und für den Unterricht fruchtbar zu machen.
Nähere Informationen zu den *Regeln für Mönche und Laien* finden sich in „Die 10 Silas“ (ZM 7).

⇨ Bild: *Kopfrasur eines Mönchs* (SB, S. 172)
An dieser Stelle sollen die Sch. (z.B. anhand von Fotos in Zeitschriften oder Ausschnitten aus dem Musical-Film „Hair“) über die Zeichensprache/Signalwirkung des Kopfhaares reflektieren. Als aktuelles Beispiel aus der gemeinsamen Erfahrung bieten sich die Skin-Heads an, deren haarschnittbedingte Aussage/Wirkung mit der von buddhistischen Mönchen verglichen werden kann („Herausfallen“, „Protest“ etc.).

E. Respekt vor anderen Religionen

⇨ Text: *Dalai Lama, Der eigentliche Zweck der Religion / K.-J. Kuschel, Keine gönnerhafte Schulterklopferei* (SB, S. 174f.)
Zur besseren Visualisierung der Positionen bietet sich eine Tabelle an, die die Kernaussagen des Dalai Lama und von K.-J. Kuschel gegenüberstellt.
Eine *szenische Erarbeitung* (Rahmen: „Runder Tisch der Weltreligionen“) nimmt die beiden

Positionen als Ausgangspunkt für ein Gespräch, das dann allerdings zwischen den jeweiligen Repräsentanten der Religionen – im Rahmen dieses „Runden Tisches“ – weitergeführt wird. Hierfür müssen die Vertreter der Religionen allerdings in einer Vorbereitungsphase noch eigenständig weitere Aspekte sammeln.

⇨ Bild: *Max Rüedi, ohne Titel* (SB, S. 175)
In einem Rollenspiel soll eine Kommission ein Symbol für das neu gegründete *„Gesprächsforum Weltreligion“* auswählen und dafür ein Gutachten erstellen. Bisher liegen mit dem Bild von M. Rüedi und einem schon vorhandenen Symbolbild (s.u.), das allerdings erweitert werden müsste, zwei Entwürfe vor. Diese sollen kritisch auf ihre Eignung hin untersucht werden. Es können auch noch weitere eigene Entwürfe angefertigt werden.
Die Sch. können sich auch Informationen beschaffen über Gremien, in denen die Weltreligionen bereits zusammenarbeiten: z.B. über die *Weltkonferenz der Religionen für den Frieden* (WCRP/Deutschland) im Internet (www.wcrp.de) oder per Post vom Sekretariat der WCRP, Stafflenbergstr. 46, 70184 Stuttgart.

F. Annäherungen

Das Schlusskapitel wurde bewusst „Annäherungen“ genannt, weil hier Berührungspunkte von Christentum und Buddhismus in der „Praxis“ (des Gebetes bzw. der Meditation) erkundet werden sollen. Die vielleicht noch vorhandene „Fremdheit“ gegenüber buddhistischer Lehre soll dabei nicht ignoriert und „meditativ aufgehoben“ werden.

⇨ Gebet: *Dag Hammerskjöld, Die Reise nach innen* (SB, S. 176)
Die Sch. können den Text mit anderen Gebeten aus der biblischen Tradition vergleichen. Hierzu bieten sich an: Gen 18,16–23; 1. Kön 3,4–15; Ps 23; Lk 1,46–55; Mt 6,5–15.
Ein zentraler Gesichtspunkt des Vergleiches könnte das Verhältnis zwischen dem betenden Ich und Gott sein und die Veränderung, die durch das Gebet geschieht.

⇨ Bild: *Mandala* (SB, S. 177)
Das Sanskritwort „Mandala“ bedeutet „Kreis“ oder „Zauberkreis“. Seine Symbole umfassen alle konzentrisch angeordneten Figuren und Kreisläufe um ein Zentrum, rund oder im Quadrat; und alle radialen oder kugelförmigen Anordnungen. Das ganze Mandala ist demnach auf diese Mitte hin zentriert, von der alle Bewegung ausgeht und auf die alles hinführt. Solche „Bilder der Mitte“, die Weg und Ziel in einem Gebilde zusammenfassen, üben auf den Betrachter eine konzentrierende, einsammelnde und mittebildende Wirkung aus. Sie wirken, wie C. G. Jung dies ausdrückt, gleichsam wie ein Magnet auf das uneinheitliche und widersprüchliche seelische Material und befördern wohl darum einen rhythmischen Ablauf der seelischen Prozesse, weil die kreisende und viergeteilte Mandalaform dem Strukturprinzip des seelischen Lebens wesenhaft entspricht. C. G. Jung bezeichnet sie durchaus sinngerecht als „Bilder des Zieles“.
(Aus: Alfons Rosenberg, Christliche Bildmeditation, Kösel, München 1975, S. 125f., in Auszügen)

⇨ Text: *Sasaki Nobutsuna, Mein Weg* (SB, S. 177)
Nachdem die Sch. mit dem Mandala-Ausmalen und der Schreibmeditation zwei Arten der „aktiven" Meditation kennen gelernt haben, können sie sich durch geeignete Quellen über andere Arten „typisch" buddhistischer Meditationspraxis informieren: ZEN, Ikebana, Bogenschießen etc. Sie können zusätzlich durch Interviews bei Judo-, Kendo-, Aikido- (= Budo-)Vereinen erkunden, inwieweit dort noch der buddhistisch-meditative Hintergrund (erkennbar an der Silbe „do" = Weg) bei der Ausübung dieses Sportes eine Rolle spielt.

⇨ Text: *Anthony de Mello, Nicht eins – nicht zwei* (SB, S. 178)
Die Sch. können im Rahmen einer kreativen Schreibaufgabe von der ersten Zeile des Textes ausgehen und einen eigenen (auch Gegen-)Text zu de Mello verfassen.

⇨ Bild: *Horizont* (SB, S. 178)
Es ist sinnvoll, eine OH-Farbfolie herzustellen. Durch gezieltes Abdecken von bestimmten Bereichen des Bildes entsteht eine andere Wirkung, die die Sch. an sich selbst nachvollziehen können.
Die im Aufgabenteil des Schülerbandes vorgeschlagene „Positionierung im Bild" können die Sch. auch konkret mit Hilfe von Symbolen machen, die sie vorher auf ein Stück Folie gezeichnet haben und die sie nun auf der OH-Folie platzieren. Ihre Wahl sollten sie jeweils kurz begründen. In diesem Zusammenhang könnten die Sch. auch eigene Erfahrungen mit dem Horizont am Meer einbringen und darüber reflektieren, warum es viele Menschen immer wieder zum Meer zieht und warum der Horizont dort für viele so eine Faszination ausübt.

5. Materialien und Medien

Neben zahlreichen audio-visuellen Medien, die in jeder städtischen oder (landes-)kirchlichen Medienstelle erhältlich sind, eignen sich besonders folgende Materialsammlungen:

- Kurt Bätz (Hg.): Weltreligionen heute – Buddhismus. Material für Schule und Erwachsenenbildung. Planung, Texte, Kopiervorlagen, Folien, Dias, Benziger/Kaufmann, Köln 1983.
- Dieter Faßnacht, Weltreligionen. Geschichte – Quellen – Materialien: Buddhismus, Diesterweg, Frankfurt/M. [2]1978.
- Johannes Lähnemann, Weltreligionen im Unterricht. Teil 1: Fernöstliche Religionen, Vandenhoeck & Ruprecht, Göttingen [2]1994; ders., Evangelische Religionspädagogik in interreligiöser Perspektive, Vandenhoeck & Ruprecht, Göttingen 1998.
- Religionspädagogisches Seminar der Diözese Regensburg (Hg.): Buddhismus. Teil A: 21 Farbfolien mit Erläuterungen und 3 schwarzweiß Kopiervorlagen. Teil B: Eine Einführung in Religionsgeschichte, Kultur, Brauchtum, Regensburg 1999.

Das Rad des Lebens – Erläuterungen

I. Die zwölf Glieder der Formel vom Entstehen in Abhängigkeit

Das Lebensrad versucht, in seinem äußeren Ring in bildlicher Weise als Kettenglieder die zwölf Bedingungen darzustellen, die erfüllt sein müssen, damit der Lebensstrom (*Samsara*), in dem alle Lebewesen gefangen sind, entstehen und bestehen kann.

(1) Das erste Bild vom Blinden und vom Blindenführer symbolisiert die Unwissenheit über den Ursprung des Samsara und den Weg der Befreiung daraus (*Die Vier Edlen Wahrheiten*).

(2) Voller Unwissenheit beginnen wir zu handeln, uns eine Form (Identität) zu schaffen, so wie der Töpfer den Krug formt. Des Menschen eigenes Tun und Handeln, seine *Karma* gestaltenden Triebkräfte, sind der Ton, aus dem er sich selbst zu einer illusorischen Identität formt.

(3) Wir können formen, können etwas wollen. Bewusstsein entsteht. Wir haben es selbst geschaffen, es gibt es nicht als solches, es entsteht nur immer dort, wo man sich selbst als das Andere wahrnimmt. Wie ein Affe von Ast zu Ast, von Frucht zu Frucht springt, so findet der Mensch sein Selbstbewusstsein, wenn er von unwissendem Handeln zu unwissendem Handeln springt und sich so vormacht, er sei ein Selbst.

(4) Und so wird der Mensch – eine Fleischwerdung des Bewusstseins eines illusorischen Ichs, entstanden aus unwissendem Tun und Handeln! Ruderer und Boot bringen im Bild zwei Menschen über den Fluss. Weder der Ruderer allein noch das Boot ohne den Ruderer können solches leisten. Sie bedürfen einander und sind so Sinnbild dafür, wie das Bewusstsein einer Verkörperung bedarf, einer geistig-leiblichen Individualität.

(5) Seine sechs (!) Sinne befähigen ihn dazu: Hören, Sehen, Tasten, Riechen, Schmecken und Denken. Das leere Haus der Sinne stellt diese Sinnesfähigkeit bildlich dar.

(6) Der Mensch wendet seine Sinnesfähigkeit an, er sieht, er hört, er tastet usw. So „begreift“ er seine Umwelt, dargestellt im Bild als Zusammentreffen der Liebenden.

(7) Was der Mensch so mit seinen Sinnen erfasst, ruft in ihm eine sinnliche Wahrnehmung hervor, eine Empfindung. Ein „Eindruck“ entsteht, dargestellt im Bild als Getroffenwerden vom Pfeil, der in einen eindringt.

(8) Das Empfundene ruft im Menschen ein Begehren hervor nach mehr, nach erneuten Reizen der Sinne. Das erfrischende Getränk der Sinnesreize wird, im Bild, dem Manne durch die Frau gereicht. Der Mensch wird getrieben von Lebensdurst.

(9) Was er begehrt, will er festhalten, so wie er die Früchte des Baumes in Körben sammeln. Der Mensch ist dem Dasein verhaftet.

(10) Die intensivste Form des Begehrens und Verhaftetseins ist die sexuelle Vereinigung von Mann und Frau. Und sie ist zugleich die unmittelbare Ursache allen Geboren-Werdens. Gezeugt-Werden geht der Geburt voraus und diese dem Tod und dieser der Geburt – der nimmer endende Kreislauf des Samsara beginnt:

(11) Mit der Geburt beginnt ein neuer Existenzabschnitt in einer der sechs Weltensphären, die im inneren Kreis des Lebensrades bildlich dargestellt sind.

(12) Alter und Tod: Ein Verstorbener wird zum Platz der Toten getragen (d.h. tibetischer Tradition entsprechend den Totenvögeln überlassen; oft auch als Leichenverbrennung dargestellt): Alles Leben ist Sterben, führt zum Tod, zu neuem Leben, zu neuem Sterben.

II. Lebensrad: Tragende Illusion und Befreiung

(13) Das Abbild eines Gottes (es kann *Mahakala*, der Gott der Zeit, sein oder der Gott *Yama*, Herr und Richter der Toten), der uns hier das Rad des Lebens wie einen Spiegel vorhält, einen Spiegel der gesamten Wirklichkeit, in der wir leben, bis wir dem Gesetz von Ursache und Wirkung (*Karma*) entrinnen, dessen Kausalität im äußeren Kreis dargestellt ist.

(14) Das Rad des Lebens dreht sich um die eine große Illusion: dass dem Menschen (auch dem Gott oder jeder anderen Verkörperung in einer der sechs dargestellten Lebenswelten) ein Ich, eine Identität, eine individuelle Seele eigen sei. Die Achse des illusorischen Ichs zeigt im Bild drei Tiere: Schwein, Hahn und Schlange. Denn dreierlei ist die Wurzel der Ich-Illusion: Unwissenheit/Selbsttäuschung (Schwein), Lebensgier (Hahn) und Hass/Neid (Schlange).

(15) Um die Achse schließt sich ein Ring, bestehend aus einer dunklen und einer hellen Hälfte:

a) Menschen werden ins Dunkel der Tiefe niederer Existenzweisen (Geister-, Höllen- und Tierwesen) gerissen; sie folgten nicht dem Weg der Lehre (*Dharma*) und entfernten sich so immer mehr von der Selbstbefreiung aus dem Kreislauf von Geburt und Wiederverkörperung;

b) Menschen steigen auf in höhere Existenzweisen (Mensch, Götter): Laien und Mönche, die den Weg des Dharma beschreiten. Ein tibetischer Lama (Sanskrit Guru, Lehrer, Meister) weist hinauf:

(16) das Ziel der Selbstbefreiung aus der Existenz: das Erlöschen des individuellen Bewusstseins, das *Nirvana*, die Verwirklichung der Buddhanatur.

III. Die sechs möglichen Existenzbereiche

Die kleine Figur in der Ecke eines jeden Existenzbereichs stellt den *Bodhisattva Avalokitesvara* (d.h. „Herr, der gnädig herabblickt“) dar, der in jeder Weltensphäre mit dem dieser entsprechenden Mittel den Weg zur Befreiung weist. Er ist auch in der rechten oberen Ecke des Gesamtbildes zu sehen.

(17) Die himmlische Region der Götter ist die höchste aller Weltensphären. Den in ihr Wiedergeborenen erwartet als Lohn ihres guten Lebens als Menschen ein Leben des göttlichen Luxus. Allerdings bleibt dabei keine Zeit für religiöse Übungen, die Nirvana näherbringen; wenn so schließlich angesammeltes gutes Karma aufgebraucht ist, kommt es zu neuer Geburt in einer niederen Lebenswelt. Der Erobererpalast des Gottes Indra, oberster Herr des vedischen (!) Götterhimmels, steht auf dem Gipfel des mythischen Berges Meru, im Zentrum einer Paradies-

welt, deren Früchte freilich durch die eifersüchtigen Götter ständig streitig gemacht werden und so immer neu verteidigt werden müssen.

In diesem göttlichen Paradies wieder geboren zu werden, ist großer Wunsch der Gläubigen. Freilich: Auch ein Leben in dieser Götterwelt ist nur vorübergehend und dem Nirvana nicht näher als in den übrigen Weltensphären.

(18) Als Lohn für gutes Leben, das jedoch von Stolz geprägt war und sich überlegener Frömmigkeit brüstete, kommt man zu neuer Geburt in der Welt der eifersüchtigen Götter. Sie, die aus dem Himmel der Götter einst wegen ihres Stolzes Ausgestoßenen, leben in einer „Welt des Lichts', zwischen Himmel und Erde am Fuße des Berges Meru in befestigten Palästen. Ihr König ist Rahu, Gott der Sonnen- und Mondfinsternisse. Sie frönen wohl einem Leben der Lust und Lebensfreude, aber dies ist überschattet von ständigen kriegerischen Auseinandersetzungen mit den Göttern des Himmels, deren paradiesischen Luxus sie neidvoll an sich reißen wollen. (Der paradiesische Wunschbaum hat seine Wurzeln in ihrer Welt, trägt aber nur in der Welt der Himmelsgötter Früchte!) Sie sterben immer eines qualvollen Todes vor ihrer neuen Geburt in einer anderen, niederen Welt.

(19) Das Rad des Lebens stellt hier die Lebenssphäre der Menschen dar: Bilder des alltäglichen Lebens in Tibet – die Zelte wandernder Viehzüchter, das Haus wohlhabender Bauern, Tempel und Platz der Toten mit Stupa. Das Leben ist Mühe und Arbeit, ist Freude und Trauer: pflügender Bauer, Lasten tragende Frauen, liebendes Paar, Tote, den Geiern überlassen. Zwei Tempel versinnbildlichen des Menschen Suche nach Erlösung: Frauen (Laien) beim Gebet, Mönche vor der Statue des Buddha. In die Welt menschlichen Lebens wurde Gautama Siddharta geboren, genannt der Buddha, um den Menschen den Weg zur Befreiung aus dem Samsara zu weisen.

(20) Die drei in (17) bis (19) genannten Existenzen gelten als gut. Von den schlechten Wiederverkörperungen ist am schlimmsten die Geburt in einer der Höllenregionen, in dauernder Finsternis der Unterwelt, über die Gott Yama herrscht. Am Eingang zum Reich der Folterungen begegnen die Toten ihrem Richter, Yama, der ihnen seinen Spiegel (!) des Karma (linke Hand) vorhält und ihre Taten – gutes und schlechtes Karman – wiegen lässt; danach entscheidet er über die Art ihrer Wiederverkörperung und das Maß ihrer Höllenstrafen in den acht heißen (links) und acht kalten Höllen (rechts); welche Folterungen in den Höllen zu erwarten sind, ist in der Bildmitte dargestellt.

(21) Habgieriges Leben bringt Wiedergeburt im Reich der Hungergespenster, die rastlos unter der Erde umherziehen. Ihr Hunger ist unersättlich, ihr Durst unstillbar: Nahrung wird in ihrem Mund zu Feuer, Wasser zu Eiter und Blut, ihre Hälse sind zu dünn zum Schlucken. (Allein die rituell zubereiteten Opfergaben der Menschen, dargebracht vor allem am Fest der Hungergeister, können sie aufnehmen.)

(22) Triebhaftigkeit, bewusste geistige Unwissenheit, aber auch Überheblichkeit und das Töten von Tieren führt zu Wiederverkörperung im Reich der Tiere (Jede Tierart ist besonderen Vergehen des menschlichen Lebens zugeordnet). Hier herrschen allein Instinkt, Trieb, Unwissenheit.

W. Sonn, in: K. Bütz (Hg.), Weltreligionen heute – Buddhismus, Benziger/Kaufmann, Zürich u.a. 1983. S. 17f., gekürzt.

Nirvana als Befreiung

Wenn also die Rede davon ist, dass wir die vollkommene Weisheit eines erleuchteten Wesens, eines Buddhas, erlangen können, sollten wir nicht denken, dass wir Eigenschaften entwickeln müssten, die nicht schon in uns angelegt wären, oder dass wir sie uns von irgendwo außerhalb besorgen müssten. Vielmehr müssen wir die vollkommene Weisheit eines erleuchteten Wesens als ein *Potenzial* [Buddha-Natur] verstehen, das nur zu entwickeln ist. Die Verdunklungen unseres Geistes verhindern, dass dieses Potenzial, das unserem Bewusstsein innewohnt, natürlich zum Ausdruck kommt. Es ist, als wäre die Fähigkeit, ohne Hindernisse zu wissen, in unserem Geist vorhanden, aber von Verblendungen verdeckt und verdunkelt, die ihre Entwicklung und Entfaltung behindern. Erhält unser Verständnis jedoch die Information, dass die wahre Natur des Geistes klar und erkennend ist, können wir uns vorstellen, dass sich diese leiderzeugenden Faktoren vollständig eliminieren lassen.

Wenn wir also davon ausgehen, dass Befreiung möglich ist, wie sollen wir sie verstehen? In den Schriften wird Befreiung durch vier Eigenschaften charakterisiert. Die erste Eigenschaft beschreibt sie als die wahre Beendigung der Kontinuität des Leids; die zweite als wahren Frieden, einen Zustand vollkommener Ruhe, in dem die Person vollständige Freiheit von den Verdunklungen des Geistes erlangt hat; die dritte als vollständig befriedigend, weil man die höchste Zufriedenheit erlangt hat, und die vierte beschreibt sie als endgültiges Heraustreten, weil man definitiv und endgültig aus dem Kreislauf nicht-erleuchteter Existenzen herausgetreten ist.

Aus: Dalai Lama: Die Vier Edlen Wahrheiten. Die Grundlagen des Buddhismus. © Wolfgang Krüger Verlag, Frankfurt am Main 1999, S. 106/107.

Der Weg zur Erleuchtung

Siddharta Gautama berichtet rückblickend von seiner Erleuchtung in Uruvela unter dem Pappelfeigenbaum, der danach Bodhi-Baum (d.h. „Baum der Erleuchtung") genannt wird:

Durch diese Methode, auf diesem Pfad, mittels dieser harten Askese gelangte ich nicht zum höchsten von einem Menschen erreichbaren Ziel, (nämlich) der wahrlich edlen Wissenserkenntnis. Und warum nicht? Weil ich jene edle Weisheit nicht erlangt hatte, welche, wenn man sie hat, sich als Hinausführerin (aus dem Wiedergeburtenkreislauf) erweist und für den Betreffenden gänzliche Vernichtung des Leidens bewirkt.

Ich richtete meinen Geist auf die Erkenntnis der Vernichtung der Einflüsse und erkannte wirklichkeitsgetreu: Dies ist das Leiden; dies seine Ursache; dies seine Aufhebung; dies der Weg zu seiner Aufhebung. Und indem ich dies erkannte und einsah, wurde mein Geist von den Einflüssen der Lust, Daseinsbegierde und Unwissenheit befreit. Das Wissen ging mir auf: Vernichtet ist (für mich) die Wiedergeburt, verwirklicht habe ich das religiöse Leben, was zu tun war, ist getan, diese Art (von leidhaftem) Leben gibt es nicht mehr für mich!

Gesichert ist meine Erlösung, dies ist meine letzte Geburt, ein Wiederentstehen gibt es nicht mehr!

Majjhima-Nikaya 36, 1 (Pali); aus: Hans-Wolfgang Schumann, Der historische Buddha, Diederichs, Köln 1982, im Heinrich Hugendubel Verlag, Kreuzlingen/München, S. 72.

Buddhist sein ......

Der Buddhismus macht mich darauf aufmerksam, dass die Menschen vor allem deshalb leiden, weil sie ständig zwischen gieriger Aneignung und starker Ablehnung hin- und herschwanken.
Ihr "Ich" braucht das zu seiner Erhaltung und Förderung. Ich habe Angst, dass ich etwas nicht bekomme, dass mir zustößt, was ich nicht will, dass ich verliere, was ich habe. Diese Angst beschäftigt meinen Geist, ständig denke ich an etwas, was mit einer nicht mehr wirklichen Vergangenheit und einer noch nicht wirklichen, nur möglichen Zukunft zu tun hat. Ich bin nur mit Mühe im Hier und Jetzt.
Erst wenn ich im Umgang mit einem anderen Menschen wirklich wahrnehme, was jetzt ist, frei von Befürchtungen und Erwartungen ist Begegnung, Liebe möglich – die Mitte zwischen Ich und Du. Das gilt aber auch für den Umgang mit anderen Lebewesen wie mit materiellen Dingen. Wenn ich diese nur unter dem Gesichtspunkt ihres Nutzens für MICH sehe, wird meine Wahrnehmung im Umgang mit ihnen bestimmt sein von Gedanken an den Nutzen und ich sehe sie nicht als das, was sie jetzt sind, in ihrer Ganzheit, in ihrer Schönheit. Diese von selbstsüchtigen Gedanken nicht verfälschte Wahrnehmung ist "Achtsamkeit" (buddhistisch sati – ein Element des Edlen Achtfachen Pfades) Sie macht für mich Begegnung mit anderen Menschen und Umgang mit anderen Lebewesen und Dingen erst zu einer sinnvollen Erfahrung. Sie ist ständig zu üben und ich bemühe mich um diese Wachsamkeit von morgens bis abends. Gelingt sie, entsteht eine stille Freude, die nicht wie ein Rausch verfliegt.

Helmut Witte

Helmut Witte (geb. 1933) war Professor für organische Chemie; während seiner Ausbildung zum Chemiker studierte er auch Sinologie (Chinawissenschaften). Als junger Mann engagierte er sich in der katholischen Jugendbewegung. Nachdem er bei den Zen-Meistern Deshimaru in Frankreich und Tenryu Tenbreul in Deutschland Meditieren gelernt hatte, entschied er sich für den „buddhistischen Weg". Heute hält er u.a. Seminare zum Buddhismus innerhalb der Lehrerfortbildung.

ZM 5

Anleitung zu einer Achtsamkeitsübung

Diese einfache Übung gibt den meisten Menschen sofort ein Gefühl des Entspanntseins. In den meisten Gruppen fühlt sich der eine oder andere bei dieser Übung so entspannt, dass er einschläft! Einer der größten Feinde des Gebets ist nervöse Spannung.

Wähle eine Körperhaltung, die bequem und entspannt ist. Schließe die Augen.

Werde dir nun gewisser Körperempfindungen bewusst, die du in diesem Augenblick zwar spürst, die dir aber nicht deutlich bewusst waren ... Nimm wahr, wie die Kleider deine Schultern berühren ... Nimm wahr, wie die Kleider den Rücken berühren oder wie die Lehne des Stuhls, auf dem du sitzt, den Rücken berührt. Werde dir nun deiner Hände bewusst, wie sie sich berühren oder auf deinem Schoß liegen ... Nun werde dir deiner Oberschenkel bewusst, wie sie gegen den Stuhl drücken.

Spüre nun die Füße, wie sie die Schuhe berühren ... Nun werde dir deutlich deiner Sitzhaltung bewusst Noch einmal: deine Schultern – dein Rücken – deine rechte Hand – deine linke Hand – deine Oberschenkel – deine Füße – deine Sitzhaltung.

Und wieder: Schultern – Rücken – rechte Hand – linke Hand – rechter Oberschenkel – linker Oberschenkel – rechter Fuß – linker Fuß – Sitzhaltung.

Wandere nun in deiner Vorstellung nach eigener Wahl von einem Körperteil zum anderen. Konzentriere dich nicht länger als ein paar Sekunden auf jeden einzelnen Körperteil – Schultern, Rücken, Oberschenkel usw. ... Konzentriere dich auf einen Körperteil nach dem anderen.

Du kannst dich auf die Körperteile konzentrieren, die ich genannt habe, oder auf andere: deinen Kopf, deinen Nacken, deine Arme, deine Brust, deinen Magen. Wichtig ist, dass du von jedem Körperteil, mit dem du dich befasst, das *Gefühl* bekommst, die *Empfindung*, dass du sie ein paar Sekunden behältst und dann weiterschreitest ...

Öffne nach fünf Minuten die Augen langsam und beende die Übung.

Aus: Anthony de Mello, Meditieren mit Leib und Seele, © Verlag Butzon & Bercker, Kevelaer, [8]1996

ZM 6

Die Entwicklung des Buddhismus

Die Lehre des Buddha war so offen formuliert, dass sie aus Indien in andere Kulturbereiche Asiens wandern und sich modifizieren konnte, ohne die wesentlichen Elemente aufzugeben.

So fand durch Auseinandersetzung mit der chinesischen Philosophie des *Taoismus* eine Akzentverschiebung statt, die zur typischen Form des *Zen-Buddhismus* führte. Schamanistische Traditionen der Bön-Religion in Tibet gingen in den *tibetischen Buddhismus* ein. Auch Vertreter des *Amida-Buddhismus* in Japan sehen sich mit anderen Buddhisten als „Fahrende im gleichen Boot“ (*Mahayana* = „großes Schiff“) und grenzen sich ohne Feindschaft von Anhängern der ursprünglichen indischen Form, dem *Theravada*-Buddhismus (früher *Hinayana* – „kleines Schiff“) ab. Der Theravada-Buddhismus (heute u.a. in Sri Lanka, Thailand) betont die Erlösung des einzelnen Menschen aus eigener Kraft, mit einem eher weltabgewandten, asketischen Charakter. Demgegenüber betonen die Vertreter des Mahayana, zu denen auch *Thich Nhat Hanh* gehört, die Verbundenheit mit anderen Menschen, ja mit der ganzen Natur. Die Entwicklung der Achtsamkeit dient so nicht in erster Linie dem eigenen Heil, sondern der Entfaltung des Mitgefühls, das die Bedeutung des individuellen Heils völlig relativiert. Dem entspricht, dass z.B. im Zen-Buddhismus das Leben in achtsamer Verbundenheit am jetzigen Ort zum Heil wird, das Nirvana ist dann jetzt und wird nicht mehr für einen späteren Zeitpunkt, womöglich in einer folgenden Reinkarnation gesucht.

Die 10 Silas – Regeln für Mönche und Laien

Die Schritte 3–5 des Edlen Achtfachen Pfades (SB, S. 169) – Rede, Handeln, Lebenserwerb – sind zunächst als Empfehlungen auf dem Weg zur Befreiung vom Leiden zu sehen. Verstöße gegen diese Handlungsanweisungen bestrafen sich entsprechend der buddhistischen Karmavorstellung von selbst. Im Lauf der Zeit entstanden daraus Mönchsregeln, deren Nichteinhaltung innerhalb der Mönchsgemeinschaft (Sangha) auch zu Sanktionen bis zum Ausschluss aus der Gemeinschaft führen konnte.

Die 10 Regeln für Mönche und Nonnen sind:

1. Vermeidung des Zerstörens von Leben
2. Nicht gegebene Dinge nicht nehmen
3. Vermeidung von sexuell-unsittlichem Handeln
4. Vermeidung von unrechter Rede
5. Abstehen vom Genuss berauschender Getränke und Drogen
6. Vermeidung, nach der Mittagsstunde feste Nahrung zu sich zu nehmen
7. Meiden von Musik, Tanz, Schauspiel und anderen Vergnügungen
8. Abstehen von der Verwendung von Parfüms und Schmuckgegenständen
9. Vermeidung vom Schlafen in hohen, weichen Betten
10. Keine Berührung von Geld und anderen Wertsachen

Das im SB, S. 173 dargestellte Leben der Mönche entspricht Vorstellungen des Theravada-Buddhismus, die sich zum Teil sehr verändert haben. Zenmönche des Mahayana-Buddhismus können z.B. verheiratet sein und arbeiten auch körperlich im Klostergarten. Der chinesische Meister Pai-Chang (etwa 800 n.Chr.) sagte: „Ein Tag ohne Arbeit – ein Tag ohne Essen." Darin spiegelt sich auch die in **ZM 6** beschriebene Weltoffenheit des Mahayana.

Das konsequente Gehen des buddhistischen Weges bedeutet, sich einer Mönchsgemeinschaft anzuschließen, da der Unterstützung durch einen Lehrer und die anderen Mönche große Bedeutung beigemessen wird. Ist ein Mensch nicht dazu bereit, kann er trotzdem als Laie ein befriedigendes Leben führen, indem er für sich unter Beobachtung der ersten fünf Silas positives Karma und – im Rahmen der Reinkarnationsvorstellung – für eine folgende Existenz positive Voraussetzungen schafft.

Zeit

1. Theologische und didaktische Aspekte

Das Thema „Zeit" ist populär – und dies auch nach dem Jahrtausendwechsel 1999/2000, der, nicht nur im Bereich der Religionspädagogik, zu einer Fülle von Veröffentlichungen und Materialien führte (s. 3. Literatur zur Vorbereitung). Die Jahrtausendwende hat in vielfacher Weise für das Thema Zeit sensibilisiert: Vielen Menschen war es wichtig, den Übergang in das neue Jahrtausend an einem bestimmten Ort zu erleben oder ihn auf andere Weise ganz besonders zu gestalten. Das Datum löste apokalyptische Ängste aus. Es gab den Wettstreit um das „Erstgeburtsrecht" im neuen Jahrtausend. Mitten in unser vordergründig rational-aufgeklärtes Zeitverständnis platzte ein Datum (noch dazu ein falsch bestimmtes) und löste, was an Sehnsüchten, Ängsten und anderen existenziellen Bedürfnissen latent vorhanden war.

Friedrich Schweitzer (Schweitzer, 1994) nennt das Thema Zeit ein „Schlüsselthema", weil es existenzielle Fragen des Menschseins und der Lebensgestaltung anspricht.

Das sind zum einen anthropologische Fragen, z.B. Fragen nach der Herkunft und nach dem Ziel des eigenen Lebens, nach der Entstehung der Welt und ihrer Zukunft, nach der eigenen Eingebundenheit in diese Weltstruktur.

Einen zweiten Block bilden Fragen der Lebensgestaltung: Termindruck, Verplanung und Hektik als Rahmenbedingungen des alltäglichen Lebens betreffen Kinder und Jugendliche genauso wie die in unserer Gesellschaft gültigen Vorstellungen von Effektivität als zeitgebundener Leistung.

Kindheit als „Eigenzeit" (Schweitzer, 1999) wird für Kinder und Jugendliche immer schwerer wahrnehmbar: Je stärker diese Lebensphase in den durchorganisierten Alltag der Erwachsenen eingebunden ist, desto weniger Raum bleibt für das eigene Erfahren von Zeit, für Tagträume, Selbstvergessenheit im Spiel oder auch für die Erfahrung der Langeweile als sich dehnender Zeitform. Angebote der Unterhaltungsindustrie und der Pädagogik propagieren Vorstellungen einer vermeintlichen Intensität, die sich in schnellen Schnitten und dem Versuch, möglichst viel in möglichst kurzer Zeit zu erleben respektive zu erlernen, erschöpft. Lebensgefährdend kann sich der „pausenlose" Umgang mit Zeit dann auswirken, wenn die körperliche Dimension der Zeit, der biologische Rhythmus eines Menschen – seine „innere Uhr" – über einen längeren Zeitraum ignoriert wird.

Über die genannten existenziellen Fragen hinausgehend, stellt Zeit als Thema die „religionspädagogische Grundfrage" (Schweitzer, 1999), wessen Zeit-Perspektive in religiösen Bildungsbezügen eigentlich gilt: Wenn das besondere Zeitverständnis von Kindern und Jugendlichen – im Sinne ihrer „Eigenzeit" – den Religionsunterricht strukturiert, ergeben sich konsequenterweise auch andere Fragen und Antworten, vielleicht auch andere theologische Zugänge, als sie sich Erwachsenen stellen.

Theologische Anknüpfungspunkte für das Thema Zeit bieten u.a. folgende Aspekte:

- Zeit als auf den Menschen hin geordnete zeigt sich bereits in den Erzählungen von der Schöpfung: in den Grundrhythmen von Tag und Nacht (Gen 1,14–19) und in der Festsetzung des Sabbats als Tag der Ruhe (Gen 2,2–3; Dtn 5,12–15) und als rhythmisierende Unterbrechung der Gleichförmigkeit des Alltags. „Schabbat“: Zeit für den Menschen, um ruhig zu werden und zu sich selbst und zu Gott zu finden.
- Die Weisheitsliteratur lehrt einen rechten Umgang mit der Zeit: „Alles hat seine Zeit“ (Koh 3,1ff.; Sir 4,20) fordert den Menschen dazu auf, das jeweils im Moment Wichtige zu erkennen und sich ganz darauf einzulassen. Es ist wichtig, dass z.B. das Weinen und das Lachen die ihnen gemäße Zeit auch bekommen. Töricht dagegen ist der Mensch, der das verkennt. In der Unterscheidung der Antike zwischen „chronos“ und „kairos“ käme dieses weisheitliche Zeitverständnis dem „kairos“ nahe, Zeit, die in Beziehung zum Handeln des Menschen steht, biblisch gesprochen: Zeit, die Gott dem Menschen zubemessen hat, um das Rechte zu tun.
  Den Gegensatz dazu bildet „chronos“, die linear abstrakte Zeit, der Zeitpfeil, der inhalts- und subjektunabhängig weiterschreitet.
- Im biblischen Verständnis meint Zeit immer die dem Menschen von Gott geschenkte Zeit (Ps 31,16; Ps 90,4–12, Hiob14,1–6). Zeit und Gegenwart Gottes werden zusammen erfahren.
- Die Botschaft vom hereinbrechenden Reich Gottes in der eschatologischen Spannung von „schon jetzt“ und „noch nicht“ durchbricht die Kategorie der linearen Zeit, in der sich die Zukunft kontinuierlich als Verlängerung der Vergangenheit darstellt. Die Bitte des Vaterunsers „Dein Reich komme!“ und die Gleichnisse vom Wachsen der Saat (Mk 4,26 –19; Mt 13,24–30) zeigen, wie die Gegenwart auf eine nicht berechenbare Zukunft hin geöffnet wird. „Jetztzeit“ wird wichtig und gewinnt eine messianische Dimension, wenn mit der Diskontinuität der Zeit, ja sogar mit ihrem Abbruch gerechnet wird. Apokalyptisch ließe sich von der menschlichen Unbeherrschbarkeit der Zeit sprechen, wie sie im Buch der Offenbarung entdeckt werden kann.
  Ebenfalls in diesem Kontext, wenn auch nicht in der gleichen eschatologischen Diktion, sind das Gleichnis vom reichen Kornbauern (Lk 12,16–21) und die Warnung vor der falschen Sorge (Mt 6,19–34) zu verstehen.
- Ein etwas weiter gefasster, aber für diese Unterrichtsreihe grundlegender theologischer Anknüpfungspunkt betrifft die grundsätzliche Frage der menschlichen Lebensplanung: Auf welcher Grundlage kann der Mensch sein Leben sinnvoll planen? Wie lässt sich in Lebenbezügen, die die individuelle Machbarkeit von Lebenserfolg und die Beherrschbarkeit von Zeit voraussetzen, Identität finden und bewahren?
  Rechtfertigung, als die von Gott zugesprochene Annahme des eigenen Lebensfragments, kann dabei vor der Überforderung durch die Aufgabe, das eigene Leben erfolgreich zu entwerfen und zu „managen“, bewahren.

Anknüpfend an die Unterrichtsreihe „Zeit zum Leben – Zeit zum Feiern“ (vgl. Religion entdecken – verstehen – gestalten Bd. 5/6), die ihre Schwerpunkte auf das Bewusstmachen von Zeiterfahrungen, das Entdecken des Nebeneinanders von physikalisch gemessener und subjektiv erlebter Zeit und auf die Sensibilisierung für zyklische Zeitbezüge legt, wendet sich die Unterrichtsreihe in diesem Band der besonderen Zeiterfahrung und Zeitperspektive von Jugendlichen zu.

Im Mittelpunkt steht die Lebenssituation des Jugendlichen in den Dimensionen des Gewordenseins („Ich war“), der Identität („Ich bin“) und der Zukunftsplanung („Ich werde“).

Alle drei genannten Aspekte sind eng miteinander verbunden: Die Fähigkeit zur biographischen Selbstreflexion, die in diesem Alter eine neue Stufe erreicht (Schweitzer, 1999), kann bereits auf einen ersten Abschnitt gelebten Lebens (die Kindheit) zurückblicken und wirft zugleich die Frage nach der Lebensplanung als ganzer auf, die sich konkret in ersten Gedanken an eine Berufswahl ausdrückt. Damit verbunden ist die Suche nach einer umfassenden Sinnperspektive für das eigene Leben. In gesellschaftlichen Situationen, die die Hoffnung auf eine solche verweigern (z.B. durch hohe Arbeitslosigkeit, Bedrohung durch ökologische Katastrophen oder soziale Kälte) haben Jugendliche große Schwierigkeiten mit der Identitätsfindung und bei der Frage nach Lebensplänen.

In der Beschäftigung mit dem Thema „Zeit“ kann die Kultur und Gesellschaft durchdringende Ökonomisierung des Leben zwar nicht aufgehoben, aber durchaus kritisch in Frage gestellt werden. Der Umgang mit der Spannung von Selbstbestimmung (Eigenzeit) und Fremdbestimmung (Fremdzeit) problematisiert herrschende Lebensbedingungen und führt als Perspektive stabilisierende Gegenbilder wie „Balance“, „Verlangsamung“, „Entschleunigung“ ein.

Nicht nur in Michael Endes Roman *Momo* verweist das Ausgeliefertsein an Zeitstrukturen zugleich auf Herrschaftsstrukturen. Exemplarisch liegt in der Neubewertung des Jetzt, das die Chance der Wiederaneignung von Zeit bietet, auch die Verheißung, das eigene Leben in einem erfüllten, auf den anderen Menschen bezogenen Sinne zu gewinnen.

Entwicklungspsychologisch betrachtet, erlaubt der bereits im frühen Jugendalter beginnende Aufbau einer Systemperspektive (Schweitzer, 1999) in Klasse 9/10 die Reflexion komplexerer Zusammenhänge – auch in der eigenen Biographie. Über die Wahrnehmung von Ereignissen als Einzelgeschichten oder als einfache Ereignisfolge hinausgehend, wird ihre Deutung als ein geschichtlicher Prozess möglich.

Wenn man die Möglichkeit ernst nimmt, dass sich die theologischen Anknüpfungspunkte Jugendlicher von denen eines Erwachsenen unterscheiden können, so ergibt sich als Konsequenz für die Unterrichtsplanung zum einen die Forderung, Zeit-Räume zu bewahren, die von den Erfahrungen der Sch. aus gestaltet werden können, zum anderen die nach Materialien und Methoden, die weniger vorgeben als vielmehr dazu anregen, eigene Gedanken und Gefühle zum Ausdruck zu bringen. Ein wichtige Erschließungsform, die gerade bei diesem Thema nicht verschenkt werden sollte, sind alle Formen der sinnlichen Annäherung an das Thema, also alles, was gehört, gesehen, vor allem aber gespürt werden kann. Eine Vielzahl von Übungen gerade in diesem Bereich finden sich u.a. in Wilhelm Behrendts Aufsatz „Im Wettlauf mit der Zeit“ und bei Hubert Temel, „Entspannt lernen“ (s. Literatur zur Vorbereitung).

2. Intentionen

Die Sch. sollen

- ein Gefühl für die sinnliche Wahrnehmung von Zeit in der Unterscheidung von innerem und äußerem Geschehen entwickeln
- sich ihrer eigenen Lebensphase als Jugendliche/r in den Dimensionen von Vergangenheit, Gegenwart und Zukunft bewusst werden
- das technisch-rationale Zeitverständnis und die mit seinen ökonomischen Zwängen verbundenen Auswirkungen analysieren
- die Erfahrung des Augenblicks als Ausgangspunkt einer Neubewertung zeitlich-beherrschender Verhältnisse kennen und schätzen lernen
- den Gedanken des Sabbats und seine Bedeutung als „Eigen- und Gotteszeit“ nach jüdischem und christlichem Verständnis erarbeiten
- kommerzielle, biblische und literarische Positionen zur Notwendigkeit und Begrenztheit menschlicher Lebensplanung kritisch hinterfragen
- konkrete und programmatische Lebensentwürfe untersuchen und eigene Lebensentwürfe entwickeln
- Zeit als Verhältnisbegriff zwischen eigenen Bedürfnissen, in Beziehungen zu anderen Menschen und in seiner religiösen Dimension erschließen

3. Literatur zur Vorbereitung

- Sigrid Baden-Schirmer, Zeit zum Leben - Zeit zum Feiern, in: Gerd-Rüdiger Koretzki, Rudolf Tammeus (Hg.), Religion entdecken - verstehen - gestalten. Werkbuch Religion 5/6, S. 147-159
- Wilhelm Behrendt, Im Wettlauf mit der Zeit. Eine Anregung für die Sekundarstufe I, Zeit zu beobachten und einzufangen, in: Christenlehre/Religionsunterricht - Praxis, 52. Jg. 1999, Heft 2, S. 34-38
- Rolf Bick, Zeiten, Ewigkeiten, Augenblicke, Gestalten, in: Zeitschrift für Gestaltpädagogik, 11. Jg. 2000, Heft 1, S. 2-7
- Georg Hilger, „Achte auf den rechten Augenblick!“ (Sir 4, 20). Zum Umgang mit der Zeit in Religionsunterricht und Christenlehre, in: Christenlehre/Religionsunterricht - Praxis, 52. Jg. 1999, Heft 2, S. 9-18
- Friedrich Schweitzer, „Zeit“. Modethema oder religionspädagogische Grundfrage? In: Christenlehre/Religionsunterricht - Praxis, 52. Jg. 1999, Heft 2, S. 4-8
- ders. Zeit. Ein neues Schlüsselthema für Religionsunterricht und Religionspädagogik? In: JRP 11/ 1994, S. 145-163
- Werner Thissen, Mitten im Zeitenwirbel: Neues Jahrhundert - neue Besinnung,: Butzon und Bercker, Kevelaer 1999

4. Unterrichtsideen

A. Die Zeitspirale

„Die Zeitspirale“ ist der Name des Titelbildes von Manfred Ludes, 1998. Es taucht im Kapitel „Zeit“ in doppelter Funktion auf: um in die Arbeit am Thema einzuführen (Titelbild) und als rückverweisendes Material in einem späteren Abschnitt der Unterrichtsreihe (S. 193). Als Leitmotiv des Kapitels weist das Bild über seine Formensprache eine Reihe von Verbindungen zu anderen Bildern auf (S. 193, Jean Jaques Dournon, 1998; S. 192, Antonio Tapies, 1998; grafische Gestaltung, S. 192): Es geht um Zeit und ihre Erfahrbarkeit in zyklischen und linearen Zusammenhängen. Das Bild der wiederkehrenden Zeit ist der Kreis, wie man ihn auch im Jahresring eines Baumes oder im Gehäuse einer Schnecke wiedererkennen kann. Jahreszeiten und Feste symbolisieren den wiederkehrenden Rhythmus der Natur. Das Bild der voranschreitenden Zeit dagegen ist die Strecke. Biografische Erfahrungen, bewusst wahrgenommen in der Feier von Gedenktagen (Geburtstagen oder Sterbetagen) drücken sich in diesem Bild als einmalige Erfahrungen aus, als Einschnitte auf der Zeitachse.

Menschen, die in Verhältnissen leben, die sie von einer hohen Lebenserwartung ausgehen lassen, nehmen die Zeit eher als Kreis wahr. Der Kreis dreht sich und seine wiederkehrenden Stationen können scheinbar selbstverständlich auf Jahre hinaus geplant werden.

Menschen, die von Katastrophen bedroht sind, haben die Zeit eher als Strecke im Blick, da ihnen die Wiederkehr einer Jahreszeit oder eines Festes als ungewiss erscheint.

Beide Wahrnehmungsformen gehören zum menschlichen Leben und damit zu einem angemessenen Umgang mit Zeit. Der Wahrnehmung der eigenen Lebenszeit als Kreis und Strecke zugleich entspricht eine Grundhaltung von Gelassenheit und Achtsamkeit. Die geometrische Verbindung von Kreis und Strecke aber ist die Spirale.

⇨ Bild: *Manfred Ludes, Zeitspirale* 1998 (SB, S. 181)
Eine Interpretationshilfe für L. und Sch., die auch als Meditationstext zum Bild geeignet ist findet sich in ZM 1 „In der Zeitspirale“.
Ein wichtiges Symbol, das bei der Erschließung des Bildes berücksichtigt werden sollte, ist das Auge - die Anwesenheit Gottes in der Mitte der Zeit. Das Symbol des Auges und die Dreiecksform am oberen Rand des Bildes lassen sich symboldidaktisch weiter vertiefen. Anregungen und weitergehende bildliche Darstellungen dazu finden sich in: Ingrid Riedel, Formen, S. 67-87.

Alternative zu den Arbeitsaufträgen des SB: Betrachte das Bild mehrere Minuten: Wandere mit den Augen in ihm herum und suche dir einen Punkt, an dem du innerhalb des Bildes bleiben könntest!
Erläutere die Wahl deines Ortes!
Beschreibe, was du von deinem Blickpunkt aus wahrnimmst!
Vertiefung: Erörtere, welche Unterschiede in der Wahrnehmung von Zeit aus der Perspektive des Läufers und des Auges entstehen können!
Der Arbeitsauftrag des SB, eigene Entwürfe zur Darstellung von Zeit anzufertigen, kann als Gelenkstelle für die Planung der Unterrichtsreihe weiterentwickelt werden: Welche Themenstellungen liegen den Entwürfen zugrunde? Welche sollen weiter bearbeitet werden? In welcher Reihenfolge?

B. Ich war

⇨ Text: *Thomas Braasch, Bleiben, wo ich nie gewesen bin?* (SB, S. 182)
Das Gedicht steht in seinem originalen Kontext im Vorwort eines Buches über das Reisen und die damit verbundenen Sehnsüchte. Der Hinweis auf diesen Kontext kann weiterführend sein: „Reisen" lässt sich im Gespräch über die biografische Entwicklung als Metapher für Veränderung deuten.
Wo siehst du Parallelen zwischen einer unternommenen Reise und dem Leben eines Menschen?
Vertiefung: Ändere das Gedicht so ab, dass es für deine aktuelle Lebenssituation passt. Lies es einem Partner deines Vertrauens vor. Bitte ihn um eine kurze Rückmeldung!

⇨ Text: *Regina Springmann, ... und ich begann zu leben* (SB, S. 182)
Alternativen zu den Arbeitsaufträgen im SB: Zeichne einen Zeitstrahl, auf dem du wesentliche Veränderungen, z.B. in deinen Einstellungen oder Gewohnheiten der letzten Jahre einträgst.
Diskutiere, inwieweit der vorliegende Bericht typisch für die Biografie eines Mädchens ist! Was könnte sich bei einem Jungen anders darstellen? Evtl. Vergleich mit ZM 2 „In der Welt stehen".

Vertiefung:
Zeitsprung: Stell dir vor, du bist bereits 30/50/80 Jahre alt. Beschreibe deine jetzige Lebenssituation rückblickend!
Stellt Erinnerungen zusammen, die ihr mit „Zeit" als Kinder gemacht habt. Vergleicht sie mit eurer heutigen Wahrnehmung von Zeit!

⇨ Bild: *Jean Jacques Dournon, Straße von Damaskus* 1998 (SB, S. 183)
Das Bild stellt die Frage nach dem „roten Faden" im Leben eines Menschen, nach dem, was sich durch Höhen und Tiefen, Vergangenheit und Zukunft als Verbindliches durch das eigene Leben zieht. Die einzelnen Ereignisse, die ich erlebe, verbindet der Faden, er gibt ihnen eine Sinn. Ohne ihn wird mein Leben kein Ganzes.
In der Bilddiagonale zeigt sich der rote Faden auf weißem Grund. Er ist nicht überall gleich stark. In Phasen meines Lebens wirkt er verdeckt, kaum erkennbar. Er verläuft nicht geradlinig. Aber er gehört zur Straße meines Lebens dazu.
Alternative zu den Arbeitsaufträgen im SB: Eine Wollfadensammlung, Pappen und Fingerfarben auslegen. Die Sch. überlegen, was der „rote Faden" ihres Lebens ist und wie er sich durch ihren bisherigen Lebensweg gezogen hat. Wer will, kann an dem Lebensweg Stationen markieren. Die gestalteten Werke werden in Dreiergruppen ausgewertet. Evtl.: Erst die anderen sagen lassen, was sie auf dem Bild sehen, dann selbst ergänzen.
Exkurs in die Biografie des Paulus: Über den Originaltitel kann das Leben von Paulus in den Blick genommen werden. Die Sch. werden aufgefordert, sich über Paulus zu informieren: Welche Stationen, welche Höhen und Tiefen hatte sein Lebensweg? Was zog sich durch sein Leben? Versuchsweise kann die Frage „Wer bist du, Herr?" (Apg. 3ff.) als „roter Faden" im Leben des Paulus interpretiert werden.

C. Ich bin

⇨ Bild: *aus dem Film „Modern Times"* 1936 (SB, S. 184)

Einer der letzen Filme, der es sich vor der Umstellung auf den Tonfilm noch leisten konnte, fast ohne Sprache auszukommen. Charlie Chaplin drehte den Film und trat in ihm zum letzten Mal selber auf: Er mimt einen singenden Kellner – der Text des Liedes besteht jedoch nur aus Nonsens-Worten. Der Film ist eine gesellschaftskritische Satire und geißelt die übertriebene Rationalisierung im Industriezeitalter und die zunehmende Mechanisierung des Lebens.

Vertiefung: Welche Szenerie würdest du heute wählen, um das Anliegen des Filmes zum Ausdruck zu bringen?

⇨ Text: *Michael Ende, Nie an die ganze Straße auf einmal denken.* Ein Auszug aus Michael Endes Buch „Momo" (SB, S. 184f.)

Der Märchenroman *Momo* behandelt das Thema der „gestohlenen Zeit" in der modernen Gesellschaft. Falls das Buch vielen Sch. nicht bekannt sein sollte, lohnt sich ein Referat mit Lesevorträgen zu den schönsten Stellen.

Beppo, Momos Freund, ist ein alter Straßenkehrer, der nur dann, wenn Momo auf ihre unnachahmliche Weise zuhört, seine philosophischen Gedanken ausdrücken kann.

Analyse und Anregungen für eine fächerübergreifende Werkstattarbeit zu diesem Buch finden sich bei Inge Lucke, Zeit gestalten, in: Christenlehre/Religionsunterricht – Praxis, 52. Jg. 1999, Heft 2, S. 30–34.

⇨ Bild: *Roger van Akelyen, Die Zeitfrau 1984* (SB, S. 185)

Eine Figur mit vor der Brust verschränkten Armen ist auf ein Holzbrett montiert, das mit Rollen versehen ist. Die offen gelegten Brüste und die Art der Bekleidung weisen sie auf den ersten Blick als weiblich aus. Das Größenverhältnis lässt vermuten, dass die Figur nach unten abgeschnitten wurde – sie hat keine Beine und Füße. Statt eines menschlichen Gesichtes weist sie ein Zifferblatt auf, die Zeiger werden von einer Schere gebildet. Das Zifferblatt ist an einer Stelle zerbrochen. Die Figur befindet sich in einer Art Wüstenlandschaft, im Hintergrund sind eine Palme, der Mond und eine Wasserlache zu erkennen. Die Perspektive erweitert sich von einem im Hintergrund liegenden Punkt strahlenförmig nach vorne, sodass die Strahlen vom Kopf der Figur auszugehen scheinen. Der Eindruck eines Nimbus wird verstärkt durch die Darstellung der Haare als das Ziffernblatt umrahmende Bogenlinien. Unten auf dem Boden vor der Figur liegen Münzen, die verschiedene Prägungen erahnen lassen.

Bei nähere Betrachtung des Bildes fallen eine Reihe von Widersprüchen auf: Zwar ist die Figur vordergründig als weiblich dargestellt, weist aber eine Reihe von männlichen Merkmalen auf: Breite Schultern, Fliege, Behaarung der muskulösen Arme. Auf dem rechten Oberarm ist eine Markierung erkennbar; zu lesen sind die Buchstaben „es". Die Ellenbogen der Figur sind auffallend spitz. Diese Widersprüche der Darstellung bieten ein guten Einstieg in ihre Deutung.

Alternativen zu den Arbeitsaufträgen im SB: Schreibe eine kurze Geschichte, in der die Redewendung von der „Schere im Kopf" wörtlich genommen wird: „Als ich die Schere in meinem Kopf das erste Mal spürte, ..."

Inszeniert eine Talk-Show zum Thema „Stress", in der neben der literarischen Figur Beppos, des Straßenkehrers, weitere repräsentative Gäste eingeladen sind: z.B. Michael Schumacher, eine Mutter von fünf Kindern, ein Schriftsteller, ein Lehrer, ein Grundschulkind etc. Bestimmt zwei Moderatoren und bereitet die Show vor:

Die Moderatoren überlegen sich Themen und Fragen, die angesprochen werden sollen.

Die Gäste bereiten sich durch Verfassen einer kurzen Rollenbiographie auf ihre Rolle vor: Wer bin ich und welche Bedeutung hat Zeit in meinem Leben?

Weitere Einsatzmöglichkeiten: Ein „technisches Team", das sich um Sitzordnung Aufbau, Licht, evtl. eine Videokamera kümmert. Beobachter, die anschließend versuchen, ein Fazit zum Thema für den „Normalzuschauer" zu ziehen.

⇨ Text: *Ein Tag, um zu sich zu kommen (Ex 20,8–11)* (SB, S. 186)

Die Behandlung des Sabbatgebotes (besser: „Schabbat") lädt zum interreligiösen Dialog ein. Der Besuch in einer jüdischen Gemeinde oder eine Einladung eines jüdischen Gemeindemitgliedes in den Unterricht schafft die Möglichkeit, einen direkten Dialog über den Schabbat zu führen.
Verbindungen und Unterschiede zwischen dem Schabbat und der christlichen Feier des Sonntags finden sich in der grafischen Darstellung ZM 3.
Vertiefung:
Interpretation der Überschrift: Worin kann der „Segen" eines solchen Tages liegen?
Anknüpfend an diese Frage bietet sich ein gesellschaftspolitischer Exkurs zum Thema „Ohne Sonntag gibt es nur noch Werktage" an. Als Materialien eignen sich Zeitungsartikel aus der Debatte um die Ladenschlusszeiten oder Stellungnahmen von Gewerkschaft und Kirche. In den Materialien findet sich ein Auszug der gemeinsamen Erklärung der Deutschen Bischofskonferenz und des Rates der Evangelischen Kirche in Deutschland (ZM 4).

⇨ Bild: *Der leere Stuhl* (SB, S. 186)
Ergänzung zu den Arbeitsaufträgen im SB:
Schreibe einen anschaulichen Text: „Sonntags an meinem Lieblingsplatz". Stelle dabei heraus, was dir der Aufenthalt an diesem Platz „gibt"!

⇨ Text: *Du sollst den Sabbat eine Wonne nennen (Jes 58,13)* nach Hans Walter Wolff (SB, S. 187)
Alternative zu den Arbeitsaufträgen im SB:
Schreibe eine kurze Szene, in der du „Sabbatwonne" erlebst. Stellt verschiedene Texte passend zusammen, so dass sich ein Alternativtext zu Wolffs Textcollage ergibt!
Bringt euren Text in einem Lesevortrag zur Geltung. Evtl.: Illustriert eure Fassung!

⇨ Bild: *Lichthof der Indischen Botschaft in Berlin* (SB, S. 188)
Alternative zu den Arbeitsaufträgen im SB:
Mache einen bewussten Rundgang durch dein Schulgebäude: Notiere, welche Botschaften das Gebäude ausdrückt!
Beschreibe oder zeichne ein ideales Schulgebäude. Begründe, warum dir bestimmte Formen, Farben oder Größenverhältnisse wichtig sind!
Falls du die Möglichkeit hast, nach Berlin zu reisen: Ein Spaziergang im Botschaftsviertel mit dem Untersuchungsschwerpunkt „Botschaft an die Betrachter" lohnt sich.

⇨ Text: *Der reiche Kornbauer (Lk 12, 16–21)* (SB, S. 188)
Vertiefung: Rollenspiel „Gerichtsverhandlung". Der Kornbauer, ein Verteidiger, z.B. ein Anlagenberater, Gott als Ankläger, eine Reihe von Geschworenen, die sich um die Urteilsfindung, evtl. eine gerechte Strafe, bemühen. Schon das Formulieren der Anklageschrift, ebenso die Rollenbesetzungen (ist Gott Kläger oder Richter?) fordern zu einer intensive Auseinandersetzung mit dem Thema heraus.
Schreibe eine moderne Fassung des Gleichnisses!
Sammle Anzeigen zum Thema: Analysiere sie unter der Fragestellung, welcher Umgang mit „Zukunft" nahe gelegt wird!

⇨ Bild: *Rummelplatz* 2001 (SB, S. 189)
Alternativen zu den Arbeitsaufträgen im SB:
Verfasse einen Brief, in dem du dich mit der Frage des Mädchens auseinander setzt!
Nimm die Abbildung zum Anlass für eigene Bild-Textkompositionen. Formuliere deine Lebensfragen und suche nach passendem Bildmaterial, um sie zum Ausdruck zu bringen. Evtl.: Collagiere ein Photo oder einen Photoausschnitt von dir mit ein.

⇨ Text: *Friedrich Rückert, Leb in der Gegenwart* (SB, S. 189)
Vertiefung: Kreative Bearbeitung des Gedichtes, eine bildliche Umsetzung oder eine Collage, die die drei Häuser als je eigenes „Zeitgebäude" und in ihrem Verhältnis zueinander darstellt. Evtl.: Die Häuser mit persönlichen Symbolen, Photos oder Texten für die jeweilige Zeitform füllen lassen.
Das Gedicht als Ausgangspunkt einer Diskussion über die Bedeutung von Geschichte wählen: Evtl. eine fächerverbindende Unterrichtsstunde mit dem Geschichtslehrer planen, z.B. zu der Frage, welchen Stellenwert die Auseinandersetzung mit Vergangenheit haben und welcher Art diese Auseinandersetzung sein

sollte („Wer die Vergangenheit nicht versteht, ist gezwungen sie zu wiederholen.“).

D. Ich werde

⇨ Bild: *Gerhard Richter, Umgeschlagenes Blatt 1965* (SB, S.190)
Das „unbeschriebene Blatt“ symbolisiert Reiz und Risiko einer neuen Sache. Noch ist alles möglich. Die Leistungen und Fehler von früher stehen auf einem „anderen Blatt“. Aber jetzt wird ein „neues Kapitel“ aufgeschlagen. Man wird mich von einer „ganz neuen Seite“ kennen lernen ...
Die Darstellung erinnert an einen Abreißkalender. Es reizt, dass Blatt umzuschlagen, um vorzublättern, was kommt. Aber auch der gegenteilige Impuls ist möglich: Das Blatt glatt streichen, damit alles wieder so ist, wie es war, alles möglichst lange so bleibt, wie es ist.
Wessen Handschrift wird das Blatt tragen? Leben lässt sich als Leben in Beziehung zu Gott und Mitmenschen verstehen. In welchen Schrifttypen drückt sich das aus?
Alternative zu den Arbeitsaufträgen im SB: Beschreibe dich auf einer ersten Seite selbst, so wie du dich heute siehst (oder wie du als Kind warst).
Entwirf auf einem zweiten Blatt ein Porträt deiner Zukunft, so wie du sie dir wünschst und für möglich hältst. Achte auf deine Gefühle beim Schreiben!
Die Bearbeitung sollte durch eine kritische Auswertung abgeschlossen werden: Worin liegen Reiz, Nutzen und Gefahren von Zukunftsentwürfen? Was würde sich für den Einzelnen verändern, wenn er wüsste, was sein weiteres Leben bringt?

In dieser Phase der Unterrichtsreihe kann unter Umständen bereits auf die Ergebnisse aus der Arbeit mit den Materialien S. 188f. zurückgegriffen werden.
Eine wichtige Differenz besteht allerdings zwischen der allgemeinen Diskussion der Frage nach Zukunftsplanung und den persönlichen, individuellen Entwürfen der Schüler in dieser Phase. Auf dieser Ebene verlangt das Thema behutsame Bearbeitung.
Thematische Verbindungen: Spiritistische Formen der Lebensbewältigung wie „Wahrsagen“ oder „Horoskope“, aber auch das Thema „Prädestinationslehre“.

⇨ Text: *Heike Doutiné, Jung sein,* Auszug aus: *Wanke nicht mein Vaterland* (SB, S. 191)
Alternative zu den Arbeitsaufträgen im SB: Schreibt Jens einen Brief aus eurer eigenen Perspektive als junge Menschen!

⇨ Bild: *Antonio Tapies, Spuren auf weißem Grund* (SB, S. 192)
Die Fußspuren kommen von außen in das Bild. Der Kreis, den sie beschreiten, scheint enger zu werden. Er erscheint begrenzt: ein kleiner Kreis. Die jüngsten Eindrücke sind die kräftigsten, die älteren verblassen bereits. Wie viele Menschen sind dort gegangen, einer oder mehrere? Einer „in den Fußspuren“ des anderen? Das Bild erinnert an Spuren am Strand, das Warten auf die große Welle, die alles wieder neu macht, oder den vergeblichen Kampf um den Erhalt der eigenen Spur. Die Enge und Wiederholung der Kreisspur lassen an das „Hin- und Hertigern“ eines Menschen in einer Zelle denken.
Alternative zu den Arbeitsaufträgen im SB: Probiere in einer Übung verschiedene Weisen zu gehen aus. Achte auf das, was sie an inneren Prozessen auslösen. Welches Gehen führt zu Spuren, wie sie in dem Bild dargestellt werden? Notiere Gedanken und Gefühle, die dir bei einem solchen Gehen kommen!

⇨ Text: *Günter Kunert, Vorschlag* (SB, S. 13)
Vertiefung: Interpretiere die vierte Strophe! Veranschauliche Kunerts Gedanken an Beispielen.
Setze die Bilder von Antonio Tapies, Manfred Ludes und das Gedicht von Günter Kunert in Bezug zueinander: Welche Auffassungen von Zeit lassen sich erkennen? In welchen geometrischen Formen drücken sie sich aus?
Erläutere, wie du Zeit wahrnimmst: Nimm Stellung zu dem auf Seite 192 montierten Zitat!

⇨ Text: *Jörg Zink, Herr meiner Stunden* (SB, S. 194)
Vertiefung: Konkretisiere, was die Bitte „Segne du meinen Tag!“ für einen ganz normalen Montagmorgen bedeuten könnte!

Vergleiche die Einstellung zur Zeit, die in diesem Gebet ausgedrückt wird, mit der des Gedichtes „Vorschlag"!
Als weiterer Vergleichstext kann Kohelet 3,1–8 (im Kapitel „Leben, Sterben und Tod" SB S. 117ff.) herangezogen werden: Charakterisiere die diesem Text zugrunde liegende Auffassung von Zeit mit eigenen Worten! Nimm Stellung zu dieser Auffassung!
Falls du sie positiv bewertest, überlege weiter: Wie kann ein Mensch sich eine solche Auffassung innerlich aneignen?
Falls du sie negativ bewertest: Verfasse einen Gegentext in ähnlicher Form!

5. Materialien und Medien

Materialien:
- Hubert Rüvenauver/Heribert Zingel, Den Sonntag feiern. Ein umfassendes Materialbuch nicht nur zum Thema „Sonntag", Kösel, München 1992
- Karl-Theo Siebel u.a. (Hg.), Thema: Zeit, in: BRU 15/Magazin für die Arbeit mit Berufsschülern, 1991
- dies., Ein Hauch von Utopie. Thema: Lernwege, in: BRU 18/Magazin für die Arbeit mit Berufsschülern, 1993

Ganzschriften zum Thema „Zeit":
- Michael Ende, Momo. Die seltsame Geschichte von den Zeitdieben und von dem Kind, das den Menschen die gestohlenen Zeit zurückbrachte. Märchenroman, Thienemann, Stuttgart 1979
- Peter Härtling, Fränze. Ein Mädchen erlebt, wie ihr Vater in die Obdachlosigkeit abgleitet. Realistischer Kinderroman, Beltz & Gelberg, Weinheim 1989
- Irma Krauß, Kurz vor morgen. Ein Mädchen erfährt die historische Bedingtheit des eigenen Lebens in der Begegnung mit ihrem Urgroßvater, Aaare, Aarau 1999
- Karsten Stollwerk, Früher war Papa ganz anders. Die Geschichte vom sozialen Abstieg eines Familienvaters zum „Penner" aus der wechselnden Sicht von Sohn und Vater. Realistischer Kinderroman, Jungbrunnen, Wien 1997

Sachbücher zum Thema „Berufswahl":
- Michaela Böhm, Und was dann? In anschaulicher Sprache werden viele Aspekte von Berufsausbildung bis Arbeitswelt dargestellt – zahlreiche Erfahrungsberichte und Fallbeispiele, Rowohlt, Reinbek 1999
- Brigitte Treu, Check dir deinen Job. Tipps und Übungen, wie man vom „Beginner" (einer, der nichts zuende bringt) zum „Winner" (einer, der alles schafft, was er will) wird, Htp, Wien 1998

Übungen zur Entspannung, Wahrnehmung und Meditation:
- John O. Stevens, Die Kunst der Wahrnehmung, Chr. Kaiser, Gütersloh [13]1993
- Hubert Temel, Entspannt lernen Linz [5]1995
- Evelyne Maaß/Karsten Ritschel, Phantasiereisen leicht gemacht, Junfermann, Paderborn 1996 (neben fertigen Übungen auch Anleitung zum Selberschreiben von Phantasiereisen)

In der Zeitspirale

Im innersten Drehmoment beginnt die Spirale,
ohne dass der Anfang genau zu orten wäre.
Er ist verdeckt, da das Auge
durch alle Windungen der Spirale in Beschlag genommen wird.

Kann ich so mein Leben denken:
Aus der Anschauung Gottes hervorgegangen und von ihr geleitet?
Geleitet durch den Kreislauf meiner Jahre hindurch,
die sich entfalten im Erleben der Natur,
für die stellvertretend Bäume und Vögel stehen.
Entfaltung aber auch durch Schöpfungen der Kultur,
die durch Bauwerke, Musikinstrumente und Noten in den Blick kommen.

So ziehe ich den Kreis meiner Jahre immer weiter,
wie der Läufer oben links, mit weit ausholenden Schritten.
Weisen sie darauf hin, dass ich den Jahreskreis
immer schneller zu umrunden scheine, je mehr Jahre hinter mir liegen?

Kein Jahresring ist gleich wie der andere.
Manche Jahre ufern aus. Andere verengen sich.
Es gibt Verbindungen und Abbrüche.
Und es gibt am oberen Bildrand das leuchtende Dreieck,
von dem die letzten Ausläufer der Spirale aufgenommen werden.

Geburt und Tod als Anfang und Ende meiner Lebensstrecke sind Geheimnis.
Sie sind mir Lebendem nicht erfahrbar.
Sie sind meinen Sinnen nicht zugänglich.
Dieses Geheimnis aber prägt den Kreislauf aller meiner Jahre.

Aus: Werner Thissen, Mitten im Zeitenwirbel, © Verlag Butzon & Bercker, Kevelaer, ²2000

In der Welt stehen

Ich weiß zur Zeit nicht so genau, wo ich denn in der Welt stehe.
Vor einigen Jahren war es noch leichter für einen Jungen.
Man musste eine große Klappe haben und jedem Prügel androhen, der an einem vorbeiging, weil es „in" war und man sich stark vorkam. Dies ist nun vier Jahre her und mittlerweile hat sich meine Einstellung völlig geändert.

Eine Zeit lang versteckte ich mich hinter „Bits and Bites" und versank in der Welt der Computer. Es wurde aber leider immer mehr, zu viel, sodass ich Freunde vergaß und die Sonne am Himmel, die jeden Tag schöner zu scheinen schien.

Irgendwann bemerkte ich meinen Fehler und versuchte langsam vom Medium Computer loszukommen, was mir auch gelang. Unterstützung erhielt ich durch meine Freunde.
Sie wurden ebenfalls erwachsener und reifer. Obwohl keiner dem anderen gleicht, hat sich unsere Freundschaft in letzter Zeit vertieft. Ich lernte von ihnen z.B. auch, mich in bestimmten Situationen besser zurückzuhalten, mich nicht immer in den Vordergrund zu spielen.

Alexander, 15 Jahre

Aus: Marlene Schütte, Expedition in die eigenen Kindheit, in: Zukunft/ Schüler 1998, Erhard Friedrich Verlag in Zusammenarbeit mit Klett 1998, S. 24

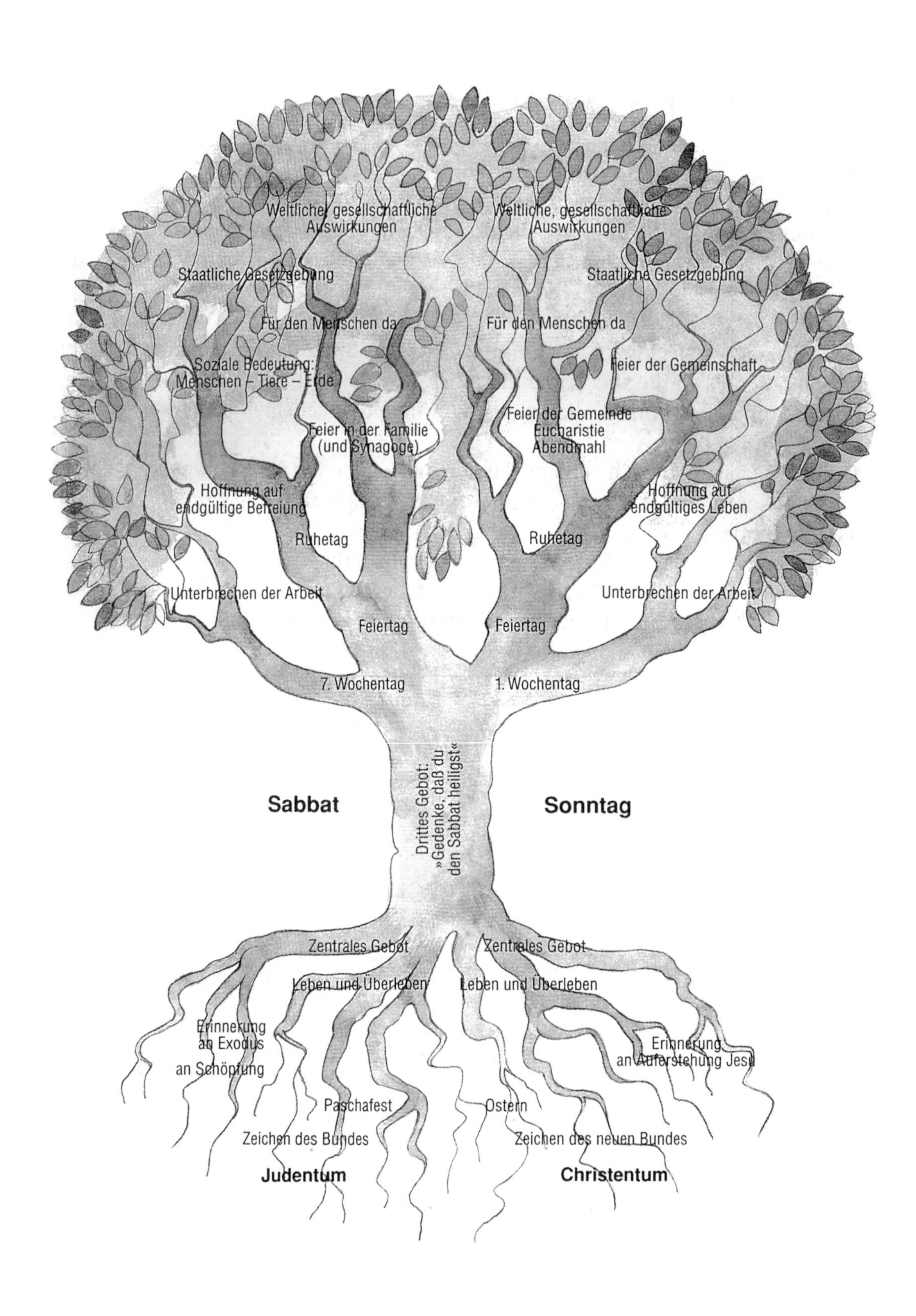

Aus: Hubert Rüenauver / Heribert Zingel, Den Sonntag feiern, Kösel, München 1992, S. 215

Ein Tag, der dazu dienen soll, dass der Mensch seine Bestimmung erfährt

Seit geraumer Zeit gibt es Entwicklungen in unserer Gesellschaft, die den Sonntag gefährden. Auch viele Christen sind sich des religiösen Ursprungs des Sonntags und des Sinns, den das Heilighalten und Feiern an diesem Tage haben soll, nicht mehr bewusst. Zugleich sind technische, wirtschaftliche und soziale Entwicklungen am Werk, die eine allmähliche Aushöhlung des Sonntags bewirken können.

In dieser Situation brauchen wir eine Besinnung: Die Christen, aber auch alle Menschen guten Willens, die gesellschaftlichen Gruppen, die Politiker müssen sich fragen: Was ist uns der Sonntag wert und wie können wir ihn als Tag des Herrn und als einen grundlegenden Wert unserer Kultur erhalten?

Wir rufen die Christen auf, sich an den Sinn des Sonntags neu zu erinnern und den Sonntag zu heiligen. Nur wenn wir uns des religiösen Kerns bewusst bleiben und dies auch in unserem Leben praktizieren, wird es gelingen, die Sonntagsruhe in der Gesellschaft zu erhalten. Für die Sonntagsheiligung ist von Bedeutung: die Feier des Gottesdienstes in der christlichen Gemeinde. Wichtig für die Gestaltung des Sonntags sind Gemeinschaft und Gemeinsamkeit mit anderen, Austausch, Umgang und Gespräch. Wir sollten uns auch fragen, wie der Sonntag als Ruhetag uns wirklich Muße und Erholung schenken kann. Ausruhen von ermüdender Arbeit, so unverzichtbar es ist, darf noch nicht gleichgesetzt werden mit der Muße, mit der Ruhe, mit der Sonntagsruhe. An Sonn- und Feiertagen sollten wir das tun, was uns Erholung und Freude bereitet. Dazu gehören die Besinnung, die innere Einkehr, die schöpferische Entfaltung, die Erbauung, das Zu-sich-selbst-Kommen und Abstand-Gewinnen, aber auch das gemeinsame Spiel, die Zerstreuung, die bereichernde Unterhaltung, der spielerische Wettbewerb. Erholung und Entspannung dienen dabei nicht primär der Rekreation von und für die Arbeit, sondern sie haben eine eigenständige Bedeutung.

Bei den Gewerkschaften wird die Sorge um den Sonntag in der Regel im Zusammenhang mit dem von ihnen erkämpften freien Samstag gesehen. Oft werden Samstag *und* Sonntag zur Erholung genutzt. Für viele machen die ständig gestiegenen Anforderungen im Arbeitsprozess neben dem täglichen Feierabend einen längeren Zeitraum am Ende und zu Beginn einer Woche erforderlich, wie er sich in weiten Teilen der Wirtschaft eingespielt hat. Ohne wirkliche Notwendigkeit darf diese soziale Errungenschaft nicht preisgegeben werden. Allerdings besteht aus christlicher Sicht zwischen dem Sonntag und dem „Wochenende“ ein qualitativer Unterschied.

Auszug aus der gemeinsamen Erklärung der deutschen Bischofskonferenz und des Rates der Evangelischen Kirche in Deutschland, 1988

(nach einem Zeitungsartikel der Frankfurter Rundschau vom 13.2.1998, Nr. 37, S. 10)

Kunst im Religionsunterricht

Katharina Neß

1. Zur Praxis des Umgangs mit Kunstwerken im RU

- Bilder erscheinen als „hübsche Garnierung“ und „auflockernde Elemente im Layout“ der Religionsbücher. (Fendrich)
- Bilder haben vor allem in der Anfangsphase von Lernprozessen ihren Platz als thematische Assoziations- und Motivationsmedien. Sachverhalte werden (danach) an *Texten* erarbeitet. (Stock)
- Es herrscht ein bestimmter Typ von Bildrezeption vor: die Bildbetrachtung / Bildmeditation, die unsystematisch „Sehwünsche und Verwertungsinteressen des Betrachters“ in das Bild hineinprojiziert. (Stock)

2. Gefahren eines solchen Umgangs mit Kunstwerken

- Kunstwerke werden nicht ernst genommen, sie werden oberflächlich behandelt und „unter Wert“ eingesetzt; sie werden in ihrer „ästhetischen Würde“ und in ihrem Eigenwert missachtet und verschlissen: didaktisiert, funktionalisiert, instrumentalisiert; sie werden „Mittel zum Zweck“. (Lange)
- Das „rhetorische Verständnis von Kunst“ versteht Bilder als verschlüsselte Worte; Bilderschließung ist danach nicht mehr als die Rückübersetzung der visuellen Sprache in die verbale, das Aufdecken und Nachvollziehen des Wortbezugs des Bildes. So verstanden ist das Bild nur „Dienst am Wort“. (Lange, Burrichter)

3. Gefahr erkannt – Gefahr gebannt? Die ästhetisch orientierte Betrachtungsweise

- Es gilt, das Bild *an sich* zur Geltung kommen zu lassen in seinem ästhetischen Eigenwert, in seiner Eigenart von Farben und Formen, von Gestalt und Gehalt.
- Es gilt, das Bild davor zu bewahren, dass es zur reinen Projektionsfläche zufälliger Assoziationen wird. (z.B. anhand der „Strukturalen Bildanalyse“ nach Stock)
- Es gilt, ästhetisch anspruchsvolle Kunstwerke in den RU einzubeziehen, die statt eines „statischen Wiedererkennens“ „ein dynamisches Mitkonstituieren des Bildsinns“ erforderlich machen, bei dem der „Potenzialität des Kunstwerks“ (d.h. seiner Mehrdimensionalität und Polyvalenz) die „Prozessualität der Bilderfahrung“ (d.h. das Entdecken immer wieder neuer Sichtweisen der Betrachter/innen) korrespondiert. (Burrichter, Lange)
- Es gilt nicht zuletzt, dem verbreiteten Dilettantismus mit verstärkter ästhetischer Sensibilität und Kompetenz zu begegnen. (Lange, Stock)

4. Zur Methodik der Bildbegegnung

Günter Lange hat folgendes *„Standardschema“* der Begegnung mit Kunstwerken vorgelegt. Die dabei vorgeschlagenen fünf Schritte dürfen nicht schematisch angewendet werden – ihre Reihenfolge ist zwar nicht beliebig, aber auch nicht absolut zwingend –, sie sollen vielmehr als verinnerlichtes Muster eine intensive Begegnung zwischen Bild und Betrachter/innen fördern helfen.

Insgesamt geht es um eine *Verlangsamung* des Sehens, um eine Stärkung der Sehgeduld.

1. Spontane Wahrnehmung

Was sehe ich?
Stilles Abtasten und „Lesen" des Bildes; spontane, unzensierte Äußerungen; im Bild spazieren gehen, hier und dort verweilen mit ungelenkter Aufmerksamkeit.

2. Analyse der Formensprache

Wie ist das Bild aufgebaut?
Systematische Wahrnehmung und Benennung der „Syntax" des Bildes, seiner Formen, Farben, Strukturen und Rhythmen. Bewusstmachung der Bildordnung.
Volle Außenkonzentration.

3. Innenkonzentration

Was löst das Bild in mir aus?
Meine Gefühle und Assoziationen. Auf welche Gestimmtheit zielt das Bild selbst?
An was erinnert es mich? Anziehend oder abstoßend?

4. Analyse des Bildgehalts

Was hat das Bild zu bedeuten?
Die Thematik des Bildes; sein Bezug zum Text der Bibel oder zu sonstigen Quellen. Sein Standort innerhalb der Ikonographie; seine Innovationen bzw. seine Bestätigungen der Tradition. Die Glaubenssichten und Lebenserfahrungen, individuelle oder epochale, die sich im Bild niedergeschlagen haben. Rückbindung des geistigen Gehalts an die sinnliche Gestalt: der spezifische Gehalt, den das Bild dem Thema verleiht.

5. Identifizierung mit dem Bild

Wo siedele ich mich an auf dem Bild?
Sich in das Bild hineinziehen, sich in die Geschichte verwickeln lassen. In welcher Figur finde ich mich am ehesten wieder? Wie behandelt das Bild mich als Betrachter? Was erwartet es von mir? Bewirkt es Einverständnis oder Irritation? Kann es mich unmerklich verwandeln? Zieht es mich in seinen Bann? Überlasse ich mich ihm oder sträube ich mich?

Das Fünf-Schritte-Schema versucht im *Wechsel* die *Balance* zu halten zwischen Distanz und Nähe, zwischen rationaler Analyse (Schritte 2 und 4) und intuitiver Verschmelzung (Schritte 1, 3 und 5).

Während die Schritte 1, 3 und 5 von der jeweiligen Unterrichtssituation abhängig und nicht durch Vorbereitung bestimmbar sind, erfordern die Schritte 2 und 4 eine sorgfältige Vorbereitung und Planung.

Literatur

- *Berg, Horst Klaus/Weber, Ulrike*: Kreativ mit Kunst arbeiten – 23 Ideen, in: ru Ökumenische Zeitschrift für den Religionsunterricht 3/1999, S. 102–108
- *Burrichter, Rita*: Theologische Kunstvermittlung – fundamentaldidaktische Überlegungen, in: Kunst und Religion, Jahrbuch der Religionspädagogik (JRP), Bd 13, Neukirchen-Vluyn 1997, S. 163–186
- *Fendrich, Herbert*: Wozu sind Bilder gut?, in: Katechetische Blätter 2/1991, S. 123–131
- *Lange, Günter*: Zum religionspädagogischen Umgang mit modernen Kunstwerken, in: Katechetische Blätter 2/1991, S. 116–122
- *Ders.*: Umgang mit Kunst, in: Adam, Gottfried/Lachmann, Rainer (Hg.): Methodisches Kompendium für den Religionsunterricht, 2., durchges. Aufl., Göttingen 1996, S. 247–261
- *Niehl, Franz Wendel / Thömmes, Arthur*: 212 Methoden für den Religionsunterricht, München 1998 (Kap. 1. Damit uns die Augen aufgehen. Bilder im Religionsunterricht)
- *Stock, Alex*: Keine Kunst: Aspekte der Bildtheologie, Paderborn u.a. 1996, S. 136–142
- *Ders.*: Strukturale Bildanalyse, in: Wichelhaus, Manfred/Stock, Alex: Bildtheologie und Bilddidaktik, Düsseldorf 1981, S. 36–43
- s. a. http://www.uni-leipzig.de/ru
http://www.reliweb.de

Für einen zeitgemäßen Religionsunterricht

Religion entdecken – verstehen – gestalten

Herausgegeben von Gerd-Rüdiger Koretzki
und Rudolf Tammeus.

Religion entdecken – verstehen – gestalten integriert wichtige konzeptionelle Erkenntnisse der jüngeren Religionsdidaktik und stellt Verknüpfungen her zwischen traditionserschließenden, problemorientierten und symboldidaktischen Strukturen.
Der Schülerband von *Religion entdecken – verstehen – gestalten* geht auf die veränderten Erscheinungsformen und Aneignungsformen von Religion für heutige Schülerinnen und Schüler ein. Die einzelnen Kapitel präsentieren die Themen und Intentionen der gültigen Lehrpläne durch sorgfältig ausgewählte unverbrauchte Materialien.

5./6. Schuljahr

Erarbeitet von Sigrid Baden-Schirmer, Ursula Kirstein, Maren Köhler und Birgit Rump.
2000. 224 Seiten, durchgehend farbig illustriert, kartoniert
ISBN 3-525-77557-1

Themen: 1. Ankommen im Religionsunterricht / 2. Exodus – Aufbruch in ein neues Land / 3. Schöpfung: Staunen – erkennen – bewahren / 4. Andere Menschen – andere Religionen: Das Judentum / 5. Angst und Geborgenheit / 6. Abraham steht am Anfang / 7. Zeit zum Leben – Zeit zum Feiern / 8. Die Bibel: Das Haus der vielen Türen / 9. Gesucht: Ein Mensch namens Jesus / 10. Andere sind anders / 11. Evangelische Christen – Katholische Christen / 12. Die Sache Jesu geht weiter

7./8. Schuljahr

Erarbeitet von Ulrike von Fritschen, Cornelia Lorentz, Evelin Schwartz und Michael Stille.
2001. 224 Seiten, durchgehend farbig illustriert, kartoniert.
ISBN 3-525-77560-1

Themen: 1. Nächstenliebe / 2. Mehr als alles – Sucht und Sehnsucht / 3. Gottessymbol Hand / 4. Propheten / 5. Frauen der Kirche / 6. Andere Erfahrungen – andere Religionen: Der Islam / 7. Von Wundern erzählen / 8. Kreuzeserfahrungen / 9. Bedingungslose Annahme – die Sache mit der Rechtfertigung / 10. Bruder Franziskus / 11. Naturreligionen / 12. Begegnungsgeschichten

9./10. Schuljahr

Erarbeitet von Hans-Günter Gerhold, Kerstin und Hendrik Heizmann, Martin Rehermann, Carolin Schaper, Kathrin Stoebe.
2002. Ca. 224 Seiten, durchgehend farbig illustriert, kartoniert
ISBN 3-525-77563-6

Themen: 1. Sehnsucht nach Gerechtigkeit / 2. Zukunft braucht Erinnerung – Juden und Christen / 3. Kirche / 4. Identität – Liebe – Partnerschaft / 5. Schöpfung / 6. Glaube und Naturwissenschaft / 7. Kreuz und Auferstehung / 8. Leben, Sterben und Tod / 9. Schuld und Vergebung / 10. Warum? – Menschen im Leid / 11. Der Weg des Buddhismus / 12. Zeit

Werkbuch Religion entdecken – verstehen – gestalten

Materialien für Lehrerinnen und Lehrer

Die Werkbücher halten für Lehrerinnen und Lehrer neben der Vorstellung des Schulbuchkonzeptes und Hinweisen zum Einsatz des Schülerbandes auch Materialien und Unterrichtsideen bereit, die im Unterricht Verwendung finden können.

Neben einer Einführung in die didaktisch - methodische Gesamtkonzeption des Unterrichtswerks bieten die Werkbücher *Religion entdecken – verstehen – gestalten* 5/6 und 7/8 Hinweise zum Einsatz des Schülerbandes. Zu jedem Einzelkapitel gehören:

Theologische und didaktische Einführung zum Thema / Intentionen der Themeneinheit / Erläuterungen zu den Materialien des Schülerbandes / Variabel einsetzbare Unterrichtsideen / Tafelbilder, Arbeitsblätter, Zusatzmaterialien (z.T. Kopiervorlagen) / Literaturhinweise

5./6. Schuljahr

Erarbeitet von Sigrid Baden-Schirmer, Ursula Kirstein, Maren Köhler und Birgit Rumpp.
2000. 192 Seiten mit zahlreichen Abbildungen, kartoniert
ISBN 3-525-61477-2

7./8. Schuljahr

Erarbeitet von Ulrike von Fritschen, Cornelia Lorentz, Evelin Schwartz und Michael Stille.
2001. 164 Seiten mit zahlreichen Abbildungen, kartoniert
ISBN 3-525-61478-0